KB124733

NE능
미래를
창조합니다.

건강한 배움의 고객가치를 제공하겠다는 꿈을 실현하기 위해
40년이 넘는 시간 동안 열심히 달려왔습니다.

앞으로도 끊임없는 연구와 노력을 통해
당연한 것을 멈추지 않고

고객, 기업, 직원 모두가 함께 성장하는 NE능률이 되겠습니다.

NE 능률이는

· 빠르고 체계적으로 완성하는 고등 기본 어휘 ·

능률

고교기본

VOCA

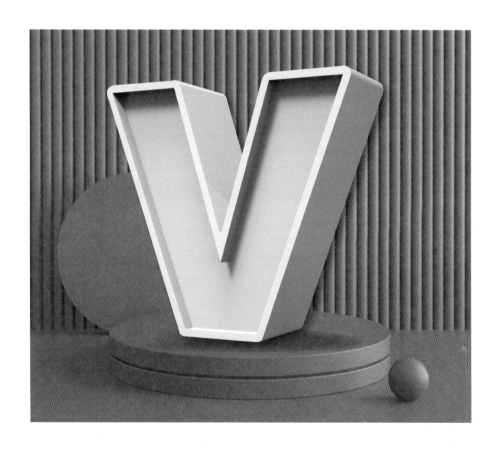

DAY 01
고등 핵심 어휘

① 클래스카드

---

2 **0001** ☐☐☐
judge
[dʒʌdʒ]

3 몡 판사 동 1. 판단하다 2. 재판하다
Don't **judge** people by their looks or clothes.
사람들을 외모나 옷차림으로 판단하지 마라.
◎ judg(e)ment 몡 판단, 판결

0002 ☐☐☐
worth
[wəːrθ]

혱 ~의 값어치가 있는, ~할 가치가 있는 몡 가치, 진가
4 This baseball card is **worth** more than $300.
이 야구 카드는 300달러 이상의 가치가 있다.

---

5 **0003** ☐☐☐
encourage
[inkə́ːridʒ]

6 동 격려하다, 장려하다 (⊕ discourage)
All citizens are **encouraged** to vote in the election.
모든 시민은 선거에서 투표하도록 장려된다.
◎ encouragement 몡 격려, 장려

0004 ☐☐☐
luxury
[lʌ́kʃəri]

몡 호화로움, 사치(품)
Sports cars are **luxury** items.
스포츠카는 사치품이다.
7 ◎ luxurious 혱 호화로운, 사치스러운

0005 ☐☐☐
tight
[tait]

혱 1. 단단한 2. 꽉 끼는
He tied his shoelaces into a **tight** knot.
그는 그의 신발끈을 단단한 매듭으로 묶었다.
◎ tightly 뷔 꽉, 단단히   tighten 동 단단히 조이다

0006 ☐☐☐
quit
[kwit]

9 동 (quit – quit) 1. 그만두다 2. 단념[포기]하다
He **quit** his job and moved to a new city.
그는 일을 그만두고 새로운 도시로 이사 갔다.

10

DAY 01

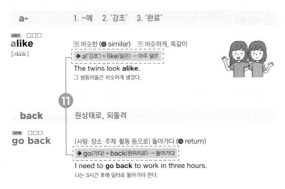

a- 　　　1. '~에'　2. '강조'　3. '완료'

0301 ☐☐☐
alike
[əláik]

형 비슷한 (ⓤ similar)　부 비슷하게, 똑같이

➜ a('강조') + like(닮은) → 아주 닮은

The twins look **alike**.
그 쌍둥이들은 비슷하게 생겼다.

back 　　원상태로, 되돌려

1216 ☐☐☐
go back

(사람·장소·주제·활동 등으로) 돌아가다 (ⓤ return)

➜ go(가다) + back(원위치로) → 돌아가다

I need to **go back** to work in three hours.
나는 3시간 후에 일터로 돌아가야 한다.

① 클래스카드로 바로 연결되는 DAY별 QR코드

② 한눈에 들어오는 표제어와 발음기호

③ 표제어의 주요 의미를 품사와 함께 제시

④ 어휘의 의미가 잘 드러나는 예문과 해석

⑤ 암기 횟수, 잘 외워지지 않는 어휘 등을 표시할 수 있는 3회독 체크박스

⑥ 유의어 및 반의어 수록

⑦ 주요 파생어를 제시하여 확장 학습 가능

⑧ 학습 효과를 높여주는 재미있는 삽화

⑨ 불규칙 변화 동사의 3단 변화형 제시

⑩ 총 45개의 DAY 중 현재 위치를 보여주는 진도표

⑪ 어원 및 구동사의 구성 풀이

⑫ 암기한 어휘를 점검해 볼 수 있는 DAILY TEST

본문에 쓰인 기호

명 명사　동 동사　형 형용사　부 부사　접 접속사　전 전치사　ⓤ 유의어　ⓥ 반의어

[ ] 대체 가능 어구　　( ) 생략 가능 어구, 보충 설명　　【 】해당 의미가 쓰이는 분야

《 》 보충 설명, 함께 쓰이는 전치사　　《pl.》 명사의 복수형　　《英》 영국 영어

《~s》 해당 어휘가 복수형으로 쓰임　　《the ~》 해당 어휘 앞에 the가 함께 쓰임

《~ to-v》 해당 어휘 뒤에 to부정사가 함께 쓰임

HOW TO STUDY

능률VOCA 고교기본 학습 TIP

1. 하루에 1 DAY 분량의 어휘를 학습하고 DAILY TEST를 통해 점검한다. DAILY TEST를 다음 날 한 번 더 풀면 복습 효과를 얻을 수 있다.

2. 총 5개의 파트로 나뉜 어휘의 특성을 고려하여 학습하면 좀 더 효율적으로 암기할 수 있다.

3. 한 파트의 학습이 끝난 후 해당 DAILY TEST를 섞어서 다시 풀면 종합적인 복습이 가능하다.

4. 다음 장에 있는 STUDY PLAN의 〈개인별 학습 진도 CHECK-UP〉을 활용하여 자신의 학습 진도를 기록하면 체계적인 학습을 할 수 있다.

5. 3가지 버전의 MP3 파일과 클래스카드를 활용하여 자투리 시간에 학습하면 더욱 큰 암기 효과를 기대할 수 있다.

회독별 추천 학습법

1회독 MP3 파일로 표제어의 발음과 뜻을 먼저 들어 본다. 듣기가 끝난 뒤에는 표제어와 뜻을 본격적으로 암기한다. 단어의 정확한 의미와 쓰임을 이해하고 오래도록 기억하기 위해서는 예문도 반드시 읽어 보는 것이 좋다.

2회독 1회독 때 암기한 내용을 잘 기억하고 있는지 확인하면서 전체적으로 다시 학습한다. 각 단어의 유의어, 반의어, 파생어까지 확장하여 학습한다. 잘 외워지지 않는 단어는 별도로 표시해 둔다.

3회독 뜻을 가리고 표제어만 보면서 각 단어를 테스트하듯이 뜻을 쭉 읽어본다. 아직 미처 암기하지 못한 단어는 따로 암기하고, 2회독 때 잘 외워지지 않는 단어로 표시했던 것들도 다시 한번 확인한다.

CLASS CARD 이용법

1. 먼저 Google Play 스토어 또는 Apple App Store에서 "클래스카드" 앱을 설치하세요.
2. 오늘 분량을 모두 학습하고 난 뒤 QR코드를 찍어보세요.
3. 원하는 대로 구간 크기를 설정하여 학습할 수 있습니다.
   (1구간에 10개 단어씩 기본으로 설정되어 있습니다.)

TIP! QR코드 찍는 방법

스마트폰 카메라로 QR을 찍으면 자동으로 인식됩니다.
혹시 QR 인식이 안되나요? 스마트폰 기종이나 환경설정에 따라 안될 수도 있습니다.
이럴 때는 네이버나 다음 앱을 이용하세요.

· 네이버 앱 실행 > 하단 녹색 동그란 버튼 누르기 > 메뉴 중 왼쪽 하단의 'QR바코드' 누르기
· 다음 앱 실행 > 검색창 오른쪽 코드 모양 누르기 > 오른쪽 끝 '코드검색' 누르기
→ QR코드를 찍으세요!

❶ 암기학습

단어를 누르면 뜻을 확인할 수 있고 음성도 들어볼 수 있습니다. 뜻을 먼저 생각해 보고 단어를 눌러 확인하면 더욱 효과를 높일 수 있어요.

❷ 리콜학습

단어가 제시되면 주어진 선택지 중에서 올바른 뜻을 찾아 체크합니다.

❸ 스펠학습

제시된 우리말 뜻을 보고 생각나는 단어를 써보세요. 힌트보기를 누르면 잠시 나타났다가 사라집니다.

➕ 5일마다 제시되는 매칭게임

단어와 뜻을 연결시키는 게임에 도전해 보세요. 재미와 복습 효과를 모두 누릴 수 있습니다.

STUDY PLAN

개인별 학습 진도 CHECK-UP

DAY별로 학습 여부를 체크하거나 학습 날짜를 기입해보세요.
필요에 따라 계획표로 사용해도 좋습니다.

PART 01 고등 핵심 어휘

학습 여부		DAY 01	DAY 02	DAY 03	DAY 04	DAY 05	DAY 06	DAY 07	DAY 08	DAY 09	DAY 10
	표제어										
	Test										

PART 02 어원별 어휘

학습 여부		DAY 11	DAY 12	DAY 13	DAY 14	DAY 15	DAY 16	DAY 17	DAY 18	DAY 19	DAY 20
	표제어										
	Test										

PART 03 주제별 어휘

학습 여부		DAY 21	DAY 22	DAY 23	DAY 24	DAY 25	DAY 26	DAY 27	DAY 28	DAY 29	DAY 30
	표제어										
	Test										

PART 04 반의어/혼동어/다의어

학습 여부		DAY 31	DAY 32	DAY 33	DAY 34	DAY 35	DAY 36	DAY 37	DAY 38	DAY 39	DAY 40
	표제어										
	Test										

PART 05 필수 숙어

학습 여부		DAY 41	DAY 42	DAY 43	DAY 44	DAY 45
	표제어					
	Test					

CONTENTS

CONTENTS

PART
01

DAY 01-10
─────────────
반드시 알아야 할
고등 핵심 어휘

0001 □□□
judge
[dʒʌdʒ]

圐 판사　圄 1. 판단하다　2. 재판하다

Don't **judge** people by their looks or clothes.
사람들을 외모나 옷차림으로 판단하지 마라.

➕ judg(e)ment 圐 판단, 판결

0002 □□□
worth
[wəːrθ]

圀 ~의 값어치가 있는, ~할 가치가 있는　圐 가치, 진가

This baseball card is **worth** more than $300.
이 야구 카드는 300달러 이상의 가치가 있다.

0003 □□□
encourage
[inkə́ːridʒ]

圄 격려하다, 장려하다 (⊜ discourage)

All citizens are **encouraged** to vote in the election.
모든 시민은 선거에서 투표하도록 장려된다.

➕ encouragement 圐 격려, 장려

0004 □□□
luxury
[lʌ́kʃəri]

圐 호화로움, 사치(품)

Sports cars are **luxury** items.
스포츠카는 사치품이다.

➕ luxurious 圀 호화로운, 사치스러운

0005 □□□
tight
[tait]

圀 1. 단단한　2. 꽉 끼는

He tied his shoelaces into a **tight** knot.
그는 그의 신발끈을 단단한 매듭으로 묶었다.

➕ tightly 圍 꽉, 단단히　　tighten 圄 단단히 조이다

0006 □□□
quit
[kwit]

圄 (quit – quit) 1. 그만두다　2. 단념[포기]하다

He **quit** his job and moved to a new city.
그는 일을 그만두고 새로운 도시로 이사 갔다.

0007 □□□
chore
[tʃɔːr]

명 1. 허드렛일 2. 집안일

He always did his **chores** as soon as he got home from school. 그는 항상 학교에서 집에 오자마자 집안일을 했다.

0008 □□□
regular
[régjulər]

형 1. 규칙적인, 정기적인 (● irregular) 2. 보통의 (● normal)

He was a **regular** customer at the local bakery.
그는 동네 빵집의 단골손님이었다.

➕ regularly 图 규칙적으로, 정기적으로

0009 □□□
decade
[dékeid]

명 10년

He hasn't visited his hometown in more than a **decade**.
그는 십 년이 넘도록 그의 고향을 방문하지 않고 있다.

0010 □□□
multiple
[mʌ́ltəpl]

형 다수의

Multiple people were seen leaving the scene of the crime.
다수의 사람들이 그 범죄 현장을 떠나는 것이 목격되었다.

0011 □□□
universal
[jùːnəvə́ːrsəl]

형 1. 보편적인 2. 전 세계의

The world does not have a **universal** language.
세계에는 공통 언어가 없다.

0012 □□□
process
[práses]

명 1. 과정 2. 공정(工程)   동 가공[처리]하다

It will take time to **process** the paperwork for your passport.
네 여권의 서류 작업을 처리하는 데에는 시간이 걸릴 것이다.

➕ procedure 명 절차, 과정

0013 □□□
blend
[blend]

동 1. 섞다[섞이다] 2. 어울리다   명 혼합(물)

The colors of this outfit **blend** well together.
이 옷의 색상들은 서로 잘 어울린다.

0014 □□□
award
[əwɔ́ːrd]

명 상   동 수여하다

The soldier was **awarded** with a medal for his bravery.
그 군인은 그의 용기에 대해 훈장을 받았다.

0015 □□□
shortage
[ʃɔ́ːrtidʒ]

명 부족, 결핍 (❸ lack)

Because of the drought, there was a water **shortage**.
가뭄 때문에 물이 부족했다.

0016 □□□
rush
[rʌʃ]

동 1. 서두르다 2. 돌진하다   명 돌진

The crowd **rushed** to the stage when she started singing.
그녀가 노래를 시작했을 때 군중들은 무대로 돌진했다.

0017 □□□
behavior
[bihéivjər]

명 행동

The child was punished for his bad **behavior**.
그 아이는 그의 나쁜 행실에 대해 처벌을 받았다.

0018 □□□
sympathy
[símpəθi]

명 1. 동정, 연민 (❸ compassion) 2. 공감

She felt **sympathy** for the sick boy
and tried to cheer him up.
그녀는 그 아픈 소년에게 연민을 느꼈고 그의 기운을
북돋아 주려고 애썼다.

➕ sympathize 동 동정하다, 공감하다   sympathetic 형 동정적인, 공감하는

0019 □□□
switch
[switʃ]

명 1. 스위치 2. 전환, 변경 (❸ change)   동 전환하다, 바꾸다

The two students decided to **switch** their roles in the play.
그 두 학생은 극에서 역할을 바꾸기로 결정했다.

0020 □□□
input
[ínpùt]

명 입력, 투입 (❸ output)
동 (input[inputted] – input[inputted]) 입력하다

He **input** his password to log into his computer.
그는 그의 컴퓨터에 접속하기 위해 비밀번호를 입력했다.

0021 ☐☐☐
minimize
[mínəmàiz]

图 1. 최소화하다 (⬌ maximize) 2. 축소하다

Wearing your seat belt on an airplane will **minimize** your chances of getting injured.
비행기에서 안전띠를 매는 것은 네가 부상을 입을 가능성을 최소화할 것이다.

0022 ☐☐☐
reputation
[rèpjutéiʃən]

圀 명성, 평판

This company has built a good **reputation** with its customers.
이 회사는 고객들에게 좋은 평판을 쌓아 왔다.

0023 ☐☐☐
statement
[stéitmənt]

圀 진술(서), 성명(서)

His lawyer released a **statement** to the press.
그의 변호사는 언론에 성명을 발표했다.

➕ state 图 정식으로 말하다, 진술하다 圀 1. 상태 2. 국가, 주(州)

0024 ☐☐☐
territory
[térətɔ̀ːri]

圀 영토, 영역 (⬌ area)

The army invaded the enemy's **territory**.
그 군대는 적의 영토에 침입했다.

➕ territorial 圀 영토의

0025 ☐☐☐
loose
[luːs]

圀 느슨한 图 느슨하게 하다

The lid on the jar was **loose**, so I tightened it.
그 병의 뚜껑이 느슨해서 나는 그것을 단단히 조였다.

0026 ☐☐☐
weigh
[wei]

图 1. 무게를 달다 2. 무게가 ~이다

They used a scale to **weigh** the apples.
그들은 사과의 무게를 재기 위해서 저울을 사용했다.

➕ weight 圀 무게

0027 ☐☐☐
tolerate
[tálərèit]

图 1. 허용[묵인]하다 2. 참다, 견디다

My parents didn't **tolerate** bad behavior when I was young.
나의 부모님은 내가 어렸을 때 나쁜 행동을 허용하지 않으셨다.

➕ tolerant 圀 관대한, 묵인하는

0028 ☐☐☐
horizon
[həráizn]

명 수평선, 지평선

The sun slowly disappeared below the **horizon**.
태양이 수평선 아래로 천천히 사라졌다.

➕ horizontal 형 수평(선)의

0029 ☐☐☐
occasion
[əkéiʒən]

명 1. 때, 경우 2. (특별한) 행사

She has visited this island on several **occasions**.
그녀는 이 섬을 수차례 방문했다.

➕ occasional 형 때때로의

0030 ☐☐☐
define
[difáin]

동 1. 정의하다 2. 규정하다, 분명히 밝히다

Some words are very difficult to **define**.
일부 단어들은 정의하기가 매우 어렵다.

➕ definition 명 정의, 개념

1-20 영어는 우리말로, 우리말은 영어로 바꾸시오.

1	statement	_____	11	동정, 연민; 공감
2	universal	_____	12	서두르다; 돌진하다; 돌진
3	multiple	_____	13	허드렛일; 집안일
4	regular	_____	14	상; 수여하다
5	encourage	_____	15	명성, 평판
6	judge	_____	16	행동
7	weigh	_____	17	입력, 투입; 입력하다
8	horizon	_____	18	스위치; 전환, 변경; 바꾸다
9	loose	_____	19	최소화하다; 축소하다
10	process	_____	20	부족, 결핍

21-25 문맥상 빈칸에 들어갈 알맞은 단어를 골라 쓰시오.

quit	tight	worth	luxury	decade

21 Sports cars are _____ items.

22 He tied his shoelaces into a _____ knot.

23 He _____ his job and moved to a new city.

24 This baseball card is _____ more than $300.

25 He hasn't visited his hometown in more than a _____.

Answer　1 진술(서), 성명(서)　2 보편적인; 전 세계의　3 다수의　4 규칙적인, 정기적인; 보통의　5 격려하다, 장려하다　6 판사; 판단하다; 재판하다　7 무게를 달다; 무게가 ~이다　8 수평선, 지평선　9 느슨한; 느슨하게 하다　10 과정; 공정; 가공[처리]하다　11 sympathy　12 rush　13 chore　14 award　15 reputation　16 behavior　17 input　18 switch　19 minimize　20 shortage　21 luxury　22 tight　23 quit　24 worth　25 decade

클래스카드

0031 ☐☐☐
erase
[iréis]

图 지우다, 없애다 (⊕ delete)

I accidentally **erased** a file on my computer.
나는 실수로 내 컴퓨터의 파일을 지웠다.

0032 ☐☐☐
impression
[impréʃən]

图 1. 인상 2. 감명, 감동

It's important to make a good first **impression** at job interviews.
구직 면접에서 좋은 첫인상을 주는 것은 중요하다.

⊕ impress 图 감명을 주다   impressive 图 인상적인, 감명 깊은

0033 ☐☐☐
insist
[insíst]

图 1. 주장하다, 고집하다 2. 요구하다 (⊕ demand)

The school **insists** that students wear uniforms.
그 학교는 학생들이 교복을 입어야 한다고 주장한다.

⊕ insistent 图 고집하는

0034 ☐☐☐
pale
[peil]

图 1. (안색이) 창백한 2. (색이) 옅은

She wore a **pale** green jacket.
그녀는 옅은 초록색의 재킷을 입었다.

0035 ☐☐☐
dramatic
[drəmǽtik]

图 1. 극적인 2. 연극의 (⊕ theatrical)

The actress made her **dramatic** debut in 1998.
그 여배우는 1998년에 연극 데뷔를 했다.

⊕ dramatically 图 극적으로

0036 ☐☐☐
clue
[kluː]

图 단서, 실마리

Sherlock Holmes is a master at finding **clues** and solving
crimes.   셜록 홈스는 단서를 찾고 범죄를 해결하는 데 있어 달인이다.

0037 □□□
atmosphere
[ǽtməsfiər]

명 1. 대기, 공기 2. 분위기 (☞ mood)

The party had a joyful **atmosphere**.
그 파티는 즐거운 분위기였다.

0038 □□□
suppose
[səpóuz]

동 1. 가정하다 2. 믿다, 생각하다 (☞ believe) 3. ~하기로 되어 있다

Dan isn't at school, so I **suppose** he is sick today.
Dan이 등교를 안 한 것으로 보아 나는 그가 오늘 아프다고 생각한다.

0039 □□□
shift
[ʃift]

동 1. 옮기다 2. 바꾸다[바뀌다] 명 1. 변화 2. 교대 (근무)

The driver quickly **shifted** gears and tried to pass the other cars. 그 운전자는 빠르게 기어를 바꾸고 다른 차들을 추월하려 했다.

0040 □□□
rare
[rɛər]

형 드문, 희귀한 (☞ scarce)

The Louvre Museum in Paris has a lot of **rare** artifacts.
파리에 있는 루브르 박물관에는 희귀한 유물들이 많다.

➕ rarely 부 드물게, 거의 ~하지 않는

0041 □□□
reject
[ridʒékt]

동 거절[거부]하다 (☞ refuse ☞ accept)

She **rejected** her friend's assistance and cleaned the dishes by herself.
그녀는 친구의 도움을 거절하고 혼자서 설거지를 했다.

0042 □□□
delay
[diléi]

동 연기하다, 미루다 (☞ postpone) 명 지연, 지체

The airport had to **delay** flights due to the snowstorm.
그 공항은 눈보라 때문에 비행편을 지연시켜야 했다.

0043 □□□
influence
[ínfluəns]

명 영향 동 (~에) 영향을 주다 (☞ affect)

His friends **influenced** his decision to change classes.
그의 친구들은 수업을 바꾸겠다는 그의 결정에 영향을 주었다.

DAY 02

0044 ☐☐☐
excess
[iksés]

图 과잉, 여분 (⊜ surplus)   图 초과의, 여분의

There was an **excess** of food at the banquet.
연회장에는 과다한 음식이 있었다.

⊕ excessive 图 과도한, 지나친   exceed 동 넘다, 초과하다

0045 ☐☐☐
private
[práivət]

图 사적인, 개인의

This is **private** property, so please keep out.
이곳은 사유지이니 들어가지 마시오.

⊕ privacy 图 사생활

0046 ☐☐☐
caution
[kɔ́ːʃən]

图 1. 조심 2. 주의[경고]   동 주의[경고]를 주다 (⊜ warn)

The man approached the growling dog with **caution**.
그 남자는 으르렁거리는 개에게 조심스럽게 다가갔다.

The teacher **cautioned** her students about the consequences
of cheating.   그 선생님은 학생들에게 부정행위의 결과에 대해 주의를 주었다.

⊕ cautious 图 신중한, 조심스러운

0047 ☐☐☐
defeat
[difíːt]

동 패배시키다, 이기다   图 1. 패배 2. 정복

The chess master easily **defeated** his opponent.
그 체스 대가는 그의 상대를 쉽게 이겼다.

0048 ☐☐☐
mutual
[mjúːtʃuəl]

图 상호 간의, 서로의

The agreement provided **mutual** benefits for
both countries.   그 협정은 두 나라에게 상호 이익을 제공했다.

⊕ mutually 图 상호 간에, 서로

0049 ☐☐☐
pure
[pjuər]

图 순수한, 다른 것을 섞지 않은 (⊜ unmixed)

This necklace is made from **pure** gold.
이 목걸이는 순금으로 만들어졌다.

⊕ purely 图 순수하게

0050 ☐☐☐
opportunity
[àpərtjúːnəti]

명 기회 (⊕ chance)

We missed the **opportunity** to see the movie.
우리는 그 영화를 볼 수 있는 기회를 놓쳤다.

0051 ☐☐☐
valuable
[væljuəbl]

형 가치 있는, 귀중한 (⊕ valueless)

He kept his most **valuable** possessions in a safe place.
그는 그의 가장 귀중한 소유물을 안전한 장소에 보관했다.

➕ value 명 가치 동 가치 있게 여기다, 평가하다

0052 ☐☐☐
conscious
[kánʃəs]

형 의식[자각]하고 있는 (⊕ unconscious)

She was **conscious** of the tension in the room.
그녀는 방 안의 긴장감을 의식하고 있었다.

➕ consciously 부 의식적으로   consciousness 명 의식, 자각

0053 ☐☐☐
aid
[eid]

명 지원, 도움 동 돕다

Community members provided **aid** to the refugees.
지역 사회 구성원들은 그 난민들에게 도움을 제공했다.

0054 ☐☐☐
respond
[rispánd]

동 1. 반응하다 (⊕ react) 2. 응답하다 (⊕ reply)

He did not **respond** to his friend's phone calls.
그는 그의 친구 전화를 받지 않았다.

➕ response 명 응답   responsive 형 반응을 보이는

0055 ☐☐☐
rise
[raiz]

동 (rose-risen) 오르다, 상승하다 명 증가, 상승

The price of gasoline is expected to **rise** this summer.
휘발유 가격이 이번 여름에 상승할 것이라고 예상된다.

0056 ☐☐☐
decorate
[dékərèit]

동 장식하다

The baker **decorated** a birthday cake.
그 제빵사는 생일 케이크를 장식했다.

➕ decoration 명 장식   decorative 형 장식(용)의

0057 ☐☐☐
relate
[riléit]

통 1. 관련시키다 2. 이야기하다

It's easier to remember information when you **relate** it to your daily life. 정보를 너의 일상과 관련시킬 때 그것을 기억하기가 더 쉽다.

➕ related 형 관련된   relation 명 관계, 관련

0058 ☐☐☐
interrupt
[ìntərʌ́pt]

통 방해하다 (⊕ disturb)

The loud noise **interrupted** his sleep.
큰 소음이 그의 수면을 방해했다.

➕ interruption 명 방해

0059 ☐☐☐
field
[fi:ld]

명 1. 분야 2. 들판, 밭 3. 현장

His main **field** of study is physics.
그의 주요 연구 분야는 물리학이다.

The farmers were harvesting their **fields**.
그 농부들은 그들의 밭을 수확하고 있었다.

0060 ☐☐☐
reward
[riwɔ́:rd]

명 보상, 대가   통 상을 주다

The company plans to **reward** its employees for their hard work. 그 회사는 직원들의 노고에 대해 보상을 할 계획이다.

➕ rewarding 형 보람[가치] 있는

· DAILY TEST ·

1-20 영어는 우리말로, 우리말은 영어로 바꾸시오.

1	excess	_____	11	의식[자각]하고 있는	_____
2	rise	_____	12	반응하다; 응답하다	_____
3	erase	_____	13	장식하다	_____
4	insist	_____	14	관련시키다; 이야기하다	_____
5	interrupt	_____	15	상호 간의, 서로의	_____
6	defeat	_____	16	단서, 실마리	_____
7	dramatic	_____	17	사적인, 개인의	_____
8	shift	_____	18	보상, 대가; 상을 주다	_____
9	rare	_____	19	대기, 공기; 분위기	_____
10	pure	_____	20	분야; 들판, 밭; 현장	_____

21-25 문맥상 빈칸에 들어갈 알맞은 단어를 골라 쓰시오.

impression	pale	suppose	opportunity	delay

21 She wore a(n) _____ green jacket.

22 The airport had to _____ flights due to the snowstorm.

23 We missed the _____ to see the movie.

24 Dan isn't at school, so I _____ he is sick today.

25 It's important to make a good first _____ at job interviews.

Answer   1 과잉, 여분; 초과의, 여분의 2 오르다, 상승하다; 증가, 상승 3 지우다, 없애다 4 주장하다, 고집하다; 요구하다
5 방해하다 6 패배시키다, 이기다; 패배; 정복 7 극적인; 연극의 8 옮기다; 바꾸다[바뀌다]; 변화; 교대 (근무)
9 드문, 희귀한 10 순수한, 다른 것을 섞지 않은 11 conscious 12 respond 13 decorate 14 relate
15 mutual 16 clue 17 private 18 reward 19 atmosphere 20 field 21 pale 22 delay
23 opportunity 24 suppose 25 impression

클래스카드

0061 □□□
evident
[évidənt]

[형] 명백한, 분명한 (⊕ apparent)

It was **evident** that the students were not prepared for the
test. 학생들이 시험에 준비되지 않았다는 사실은 명백했다.

➕ evidently [부] 명백히, 분명히

0062 □□□
raise
[reiz]

[동] 1. (임금·가격 등을) 올리다 (⊕ increase) 2. 기르다, 양육하다 (⊕ nurture)
3. (들어) 올리다 (⊕ lift)

The government plans to **raise** taxes next year.
정부는 내년에 세금을 인상할 계획이다.

She **raised** three children by herself.
그녀는 혼자 세 아이를 키웠다.

0063 □□□
enroll
[inróul]

[동] 등록하다, (이름을) 명부에 올리다 (⊕ register)

She will **enroll** in university in the fall.
그녀는 가을에 대학에 등록할 것이다.

➕ enrollment [명] 등록

0064 □□□
formal
[fɔ́:rməl]

[형] 1. 격식을 차린 (⊕ informal) 2. 공식[정식]적인 3. 형식적인

He needs to wear **formal** clothes for his presentation.
그는 발표를 위해 정장을 입을 필요가 있다.

She grew up in a poor country and didn't have
a **formal** education.
그녀는 가난한 나라에서 자랐고 정규 교육을 받지 못했다.

➕ formally [부] 공식적으로

0065 □□□
reality
[riǽləti]

[명] 현실, 실제 (⊕ actuality)

He escaped from **reality** by reading fantasy novels.
그는 공상 소설을 읽으면서 현실로부터 벗어났다.

➕ real [형] 현실의, 진짜의   realistic [형] 현실적인

0066 ☐☐☐
revolution
[rèvəlúːʃən]

몡 혁명, 혁신

The citizens started a **revolution** to overthrow the government.
시민들은 정부를 타도하기 위해 혁명을 시작했다.

➕ revolutionary 혱 혁명의, 혁명적인

0067 ☐☐☐
negotiate
[nigóuʃièit]

동 협상하다

The baseball player **negotiated** a new contract with his team.
그 야구 선수는 그의 팀과 새로운 계약을 협상했다.

➕ negotiation 몡 협상

0068 ☐☐☐
besides
[bisáidz]

전 ~ 외에   부 게다가 (➎ moreover)

The girl knew many other languages **besides** French.
그 소녀는 프랑스어 외에도 다른 많은 언어를 알았다.

0069 ☐☐☐
regret
[rigrét]

동 후회하다   몡 유감, 후회

He **regretted** that he didn't prepare for his
presentation.   그는 발표를 준비하지 않은 것을 후회했다.

➕ regretful 혱 유감인, 후회하는

0070 ☐☐☐
opposite
[ápəzit]

혱 1. 맞은편의 2. 정반대의   몡 반대되는 사람[것]

She turned the artifact over to look at the **opposite** side.
그녀는 반대편을 보기 위해서 그 인공물을 뒤집었다.

This book was the **opposite** of what I expected.
이 책은 내가 기대한 것의 정반대였다.

0071 ☐☐☐
function
[fʌ́ŋkʃən]

몡 1. 기능 2. 【수학】 함수   동 기능하다 (➎ perform)

Vitamins help your body **function** properly.
비타민은 너의 신체가 올바르게 기능하도록 도와준다.

➕ functional 혱 기능(상)의, 작동하는

0072 □□□
tension
[ténʃən]

명 긴장, 불안

There was still **tension** between the two countries after the war ended. 　전쟁이 끝난 후에도 여전히 그 두 나라 사이에는 긴장감이 맴돌았다.

⊕ tense 형 긴장한, 팽팽한

0073 □□□
equipment
[ikwípmənt]

명 장비 (❸ gear)

Large farms use a lot of **equipment** to operate efficiently.
규모가 큰 농장은 효율적으로 운영하기 위해 많은 장비를 사용한다.

0074 □□□
disturb
[distə́ːrb]

동 방해하다

You must not be loud or **disturb** others in the library.
너는 도서관에서 큰 소리를 내거나 다른 사람들을 방해하면 안 된다.

0075 □□□
treasure
[tréʒər]

명 보물　동 소중히 여기다 (❸ cherish)

Pirates often buried their **treasure** underground.
해적들은 종종 그들의 보물을 지하에 묻었다.

She **treasured** the memories of her youth.
그녀는 어렸을 때의 기억을 소중히 여겼다.

0076 □□□
accurate
[ǽkjurət]

형 정확한 (❸ precise)

They confirmed that the results of the test were **accurate**.
그들은 그 시험의 결과가 정확했음을 확인시켜 주었다.

⊕ accurately 부 정확하게

0077 □□□
practical
[prǽktikəl]

형 1. 실용적인 2. 실제적인 (❸ realistic)

It is not **practical** to take a lot of luggage on short vacations.
짧은 휴가에 많은 짐을 가져가는 것은 실용적이지 않다.

0078 □□□
detail
[ditéil, díːteil]

명 세부 (사항)

Good writers always pay attention to the **details** in their
stories. 　좋은 작가들은 항상 그들의 이야기의 세부 내용에 주의를 기울인다.

0079 ☐☐☐
rapid
[rǽpid]

형 급속한, 빠른

The doctors were surprised by his **rapid** recovery.
그 의사들은 그의 빠른 회복에 놀랐다.

➕ rapidly 児 급속히, 빠르게

0080 ☐☐☐
challenge
[tʃǽlindʒ]

명 도전, 난제   동 도전하다, 이의를 제기하다

Climbing the mountain was a difficult **challenge** for them.
그 산을 등반하는 것은 그들에게 어려운 도전이었다.

0081 ☐☐☐
pause
[pɔːz]

명 중지   동 (잠시) 중지하다, 멈추다

She **paused** to look at the flowers before continuing her walk.
그녀는 계속해서 산책하기 전에 꽃을 보려고 잠시 멈췄다.

0082 ☐☐☐
tone
[toun]

명 1. 음조, 음색 2. 어조 3. 색조

Our math teacher spoke in a serious **tone**.
우리 수학 선생님은 진지한 어조로 말씀하셨다.

0083 ☐☐☐
brief
[briːf]

형 1. 잠시의, 짧은 2. (문체·표현이) 간결한

We will have a **brief** meeting before lunch today.
우리는 오늘 점심 식사 전에 짧은 회의를 할 것이다.

➕ briefly 児 1. 잠시 동안 2. 간략하게

0084 ☐☐☐
device
[diváis]

명 장치, 기기

Doctors use a variety of medical **devices**.
의사들은 다양한 의학용 기기를 사용한다.

0085 ☐☐☐
consistent
[kənsístənt]

형 1. ((~ in)) (~이) 일관된, 변함없는 2. ((~ with)) (~와) 일치하는, 조화되는

This song is easy to dance to because it has a **consistent**
beat.   이 노래는 박자가 일정해서 따라 춤추기 쉽다.
This evidence is **consistent** with the witness's statement to
the police.   이 증거는 목격자가 경찰에 한 진술과 일치한다.

➕ consistently 児 시종일관하여

0086 ☐☐☐
mood
[muːd]

명 1. 기분 2. 분위기

She was in a bad **mood** after her team lost the game.
그녀의 팀이 경기에서 진 후에 그녀는 기분이 좋지 않았다.

0087 ☐☐☐
colleague
[káliːg]

명 동료 (🔁 coworker)

The professor had lunch with his **colleagues** every Friday.
그 교수님은 매주 금요일마다 그의 동료들과 점심을 드셨다.

0088 ☐☐☐
original
[ərídʒənl]

형 1. 원래의, 최초의 2. 독창적인   명 원본, 원작

We have a copy of the letter, but the **original** letter was
destroyed in a fire.
우리는 그 편지의 복사본을 가지고 있지만 원본은 화재로 소실되었다.

➕ originally 튀 원래

0089 ☐☐☐
impact
명 [ímpækt]
동 [impǽkt]

명 1. 영향, 효과 2. 충격, 충돌   동 (~에) 영향을 주다 (🔁 affect)

His speech had a powerful **impact** on the audience.
그의 연설은 관중들에게 강력한 영향을 주었다.

0090 ☐☐☐
cooperate
[kouápərèit]

동 협력하다, 협동하다

If you **cooperate**, you will finish your work
faster.   너희들이 협력한다면, 일을 더 빨리 끝낼 것이다.

➕ cooperation 명 협력, 협동
   cooperative 형 협력적인, 협동하는

1-20 영어는 우리말로, 우리말은 영어로 바꾸시오.

1	evident	_____	11	혁명, 혁신
2	besides	_____	12	후회하다; 유감, 후회
3	enroll	_____	13	협상하다
4	tension	_____	14	실용적인; 실제적인
5	colleague	_____	15	협력하다, 협동하다
6	disturb	_____	16	보물; 소중히 여기다
7	accurate	_____	17	원래의, 최초의; 독창적인
8	rapid	_____	18	기분; 분위기
9	equipment	_____	19	세부 (사항)
10	pause	_____	20	맞은편의; 정반대의; 반대되는 사람[것]

21-25 문맥상 빈칸에 들어갈 알맞은 단어를 골라 쓰시오.

> tone　　raise　　formal　　reality　　function

21 Our math teacher spoke in a serious _____.

22 Vitamins help your body _____ properly.

23 The government plans to _____ taxes next year.

24 He escaped from _____ by reading fantasy novels.

25 He needs to wear _____ clothes for his presentation.

Answer　1 명백한, 분명한　2 ~외에; 게다가　3 등록하다, 명부에 올리다　4 긴장, 불안　5 동료　6 방해하다　7 정확한　8 급속한, 빠른　9 장비　10 중지; 중지하다, 멈추다　11 revolution　12 regret　13 negotiate　14 practical　15 cooperate　16 treasure　17 original　18 mood　19 detail　20 opposite　21 tone　22 function　23 raise　24 reality　25 formal

클래스카드

0091 ☐☐☐
suitable
[súːtəbl]

형 적합한, 적절한 (⊕ appropriate)

You need to bring **suitable** clothing for the beach.
너는 해변에 적합한 옷을 가져와야 한다.

0092 ☐☐☐
inherit
[inhérit]

동 상속하다, 물려받다

She will **inherit** her father's business when he dies.
그녀는 그녀의 아버지가 돌아가시면 그의 사업을 물려받을 것이다.

➕ inheritor 명 상속인, 후계자

0093 ☐☐☐
cheat
[tʃiːt]

동 1. 속이다, 사기 치다 2. 부정행위를 하다   명 사기(꾼)

If you **cheat** in the contest, you will be disqualified.
대회에서 부정행위를 하면, 당신은 실격될 것입니다.

0094 ☐☐☐
shelter
[ʃéltər]

명 대피소, 피난처   동 보호하다 (⊕ protect)

She volunteers at the homeless **shelter** every weekend.
그녀는 매주 주말마다 노숙자 쉼터에서 봉사한다.

The cave **sheltered** them from the storm.
그 동굴은 그들을 폭풍으로부터 보호했다.

0095 ☐☐☐
overall
[òuvərɔ́ːl]

형 전반적인, 전체의   부 전반적으로, 전부

The **overall** expenses for this year were higher than last year.
이번 연도의 전체 지출은 작년보다 더 높았다.

0096 ☐☐☐
realize
[ríːəlàiz]

동 1. 깨닫다 2. 실현하다

He **realized** that he had lost his wallet after he got home.
그는 집에 도착한 후에야 지갑을 잃어버린 사실을 깨달았다.

0097 ☐☐☐
procedure
[prəsíːdʒər]

명 절차, 과정 (⊕ process)

We must follow the **procedure** during fire drills.
우리는 소방 훈련 동안 절차를 따라야 한다.

0098 ☐☐☐
contact
[kántækt]

명 1. 접촉 2. 연락 동 1. 접촉하다[시키다] 2. 연락하다

Some people believe that we have already made first **contact** with aliens. 어떤 사람들은 우리가 이미 외계인과 첫 접촉을 했다고 믿는다.

0099 ☐☐☐
fare
[fɛər]

명 운임, 요금

She had just enough money for the taxi **fare**.
그녀는 택시 요금을 위한 딱 충분한 돈이 있었다.

0100 ☐☐☐
identical
[aidéntikəl]

형 동일한

The twin brothers looked **identical** to each other.
그 쌍둥이 형제는 서로 똑같아 보였다.

0101 ☐☐☐
enormous
[inɔ́ːrməs]

형 엄청난, 거대한 (⊕ gigantic)

Blue whales are **enormous** animals.
대왕고래는 거대한 동물이다.

➕ enormously 부 엄청나게

0102 ☐☐☐
sight
[sait]

명 1. 시각, 시력 (⊕ vision) 2. 광경, 풍경

He needed to wear glasses to correct his **sight**.
그는 시력을 교정하기 위해 안경을 써야 했다.

0103 ☐☐☐
silence
[sáiləns]

명 침묵, 고요

There was an uncomfortable **silence** in the room after the argument. 논쟁 후에 그 방에는 불편한 침묵이 흘렀다.

➕ silent 형 조용한   silently 부 조용히

0104 ☐☐☐
operate
[ápərèit]

동 1. (기계·기관 등이) 작동하다 2. (기계를) 조작하다 3. 수술하다

Special training is needed to **operate** this machine.
이 기계를 조작하기 위해서는 특수한 훈련이 필요하다.

➕ operation 명 1. 작동[운용] 2. 수술

0105 ☐☐☐
strategy
[strǽtədʒi]

명 전략

She needed a better **strategy** to beat her opponents.
그녀는 그녀의 상대를 이기기 위해 더 나은 전략이 필요했다.

0106 ☐☐☐
seldom
[séldəm]

부 좀처럼 ~않는, 드물게 (⊜ rarely)

It **seldom** snows in Texas.
텍사스에는 좀처럼 눈이 오지 않는다.

0107 ☐☐☐
describe
[diskráib]

동 묘사하다, 서술하다 (⊜ depict)

The woman **described** the thief to the police officer.
그 여자는 경찰관에게 도둑을 묘사했다.

➕ description 명 묘사, 서술

0108 ☐☐☐
protect
[prətékt]

동 보호하다, 지키다 (⊜ guard)

The mother bear fiercely **protected** her cubs.
그 어미 곰은 그녀의 새끼들을 필사적으로 보호했다.

➕ protection 명 보호   protector 명 보호자

0109 ☐☐☐
rely
[riláir]

동 ((~ on)) (~에) 의존하다 (⊜ depend)

Only **rely** on people who are trustworthy.
믿을 수 있는 사람들에게만 의존해라.

➕ reliable 형 의지할 수 있는, 믿을 수 있는   reliant 형 의존하는

0110 ☐☐☐
surface
[sə́:rfis]

명 표면

There was a long scratch in the **surface** of the table.
탁자의 표면에 긴 흠집이 있었다.

0111 ☐☐☐
pride
[praid]

명 자부심, 자존심

He felt a sense of **pride** when he graduated from university.
그는 대학을 졸업했을 때 자부심을 느꼈다.

0112 ☐☐☐
repair
[ripέər]

동 수리하다 (⊜ fix) 명 수리

The carpenter **repaired** the damaged wall.
그 목수는 손상된 벽을 수리했다.

0113 ☐☐☐
brilliant
[bríljənt]

형 1. 훌륭한 2. 밝은, 눈부신

She is a **brilliant** student and deserves the reward.
그녀는 훌륭한 학생이며 보상을 받을 자격이 있다.

The light from the stars was **brilliant** in the dark night sky.
어두운 밤하늘에 별빛이 밝았다.

0114 ☐☐☐
entertain
[èntərtéin]

동 즐겁게 하다

The comedian **entertained** the crowd.
그 코미디언은 관중을 즐겁게 해 줬다.

➕ entertainer 명 연예인   entertainment 명 오락, 연예

0115 ☐☐☐
literally
[lítərəli]

부 글자[말] 그대로

The library is **literally** across the street from here.
그 도서관은 여기에서 말 그대로 길 건너편에 있다.

➕ literal 형 글자 그대로의

0116 □□□
senior
[síːnjər]

형 1. 선임의, 상급의 2. 연상의   명 1. 선임, 상급자 2. 연장자

These seats are reserved for **seniors** only.
이 좌석들은 오직 연장자들을 위해 마련되어 있다.

0117 □□□
extraordinary
[ikstrɔ́ːrdənèri]

형 1. 대단한, 비범한 2. 기이한, 놀라운

She led an **extraordinary** life.
그녀는 비범한 인생을 살았다.

0118 □□□
rescue
[réskjuː]

동 구조[구출]하다   명 구조[구출]

The fireman **rescued** the kitten from the
tree.   그 소방관은 나무에서 새끼 고양이를 구조했다.

0119 □□□
explode
[iksplóud]

동 폭발하다[시키다], 터지다

The balloon was filled with too much air, so it **exploded**.
그 풍선은 공기로 너무 가득 채워져서 터졌다.

➕ explosion 명 폭발   explosive 형 폭발성의

0120 □□□
request
[rikwést]

명 요청, 요구   동 부탁하다, 요청하다 (⊜ ask)

The charity **requested** volunteers for the event.
그 자선 단체는 행사를 위해 자원봉사자들을 요청했다.

· DAILY TEST ·

영어는 우리말로, 우리말은 영어로 바꾸시오.

1	suitable	_____	11	속이다; 부정행위를 하다 _____
2	overall	_____	12	대피소, 피난처; 보호하다 _____
3	request	_____	13	깨닫다; 실현하다 _____
4	protect	_____	14	침묵, 고요 _____
5	senior	_____	15	전략 _____
6	repair	_____	16	묘사하다, 서술하다 _____
7	brilliant	_____	17	표면 _____
8	entertain	_____	18	자부심, 자존심 _____
9	sight	_____	19	글자[말] 그대로 _____
10	extraordinary	_____	20	구조[구출]하다; 구조[구출] _____

21-25 문맥상 빈칸에 들어갈 알맞은 단어를 골라 쓰시오.

fare	inherit	identical	procedure	rely

21 Only _____ on people who are trustworthy.

22 She had just enough money for the taxi _____.

23 The twin brothers looked _____ to each other.

24 She will _____ her father's business when he dies.

25 We must follow the _____ during fire drills.

Answer 1 적합한, 적절한 2 전반적인, 전체의; 전반적으로, 전부 3 요청, 요구; 부탁하다, 요청하다 4 보호하다, 지키다 5 선임의, 상급의; 연상의; 선임, 상급자; 연장자 6 수리하다; 수리 7 훌륭한; 밝은, 눈부신 8 즐겁게 하다 9 시각, 시력; 광경, 풍경 10 대단한, 비범한; 기이한, 놀라운 11 cheat 12 shelter 13 realize 14 silence 15 strategy 16 describe 17 surface 18 pride 19 literally 20 rescue 21 rely 22 fare 23 identical 24 inherit 25 procedure

클래스카드

0121 ☐☐☐
attach
[ətǽtʃ]

동 붙이다, 첨부하다 (🔄 detach)

The students wanted to **attach** their pictures to the poster.
학생들은 자신들의 사진을 포스터에 붙이길 원했다.

➕ attachment 명 부착(물)

0122 ☐☐☐
immediately
[imíːdiətli]

부 즉시, 바로 (🔄 instantly)

When the phone rang, he answered it **immediately**.
전화가 울렸을 때, 그는 즉시 응답했다.

➕ immediate 형 즉각적인

0123 ☐☐☐
effective
[iféktiv]

형 1. 효과[효율]적인 (🔄 efficient) 2. 유효한

This is not an **effective** use of your time.
이것은 네 시간을 효율적으로 사용하는 게 아니다.

0124 ☐☐☐
otherwise
[ʌ́ðərwàiz]

부 1. (~와는) 다르게 2. 그렇지 않으면 3. 그 외에는

We thought he was guilty, but the evidence proved **otherwise**. 우리는 그가 유죄라고 생각했지만, 증거는 다르게 판명되었다.

0125 ☐☐☐
fade
[feid]

동 1. 서서히 사라지다 2. (색·밝기 등이) 흐려지다

The sun's light began to **fade** as it set behind the mountains.
산 너머로 해가 지면서 햇빛이 사라지기 시작했다.

0126 ☐☐☐
intelligent
[intélədʒənt]

형 총명한, 지적인

Dolphins are very **intelligent** animals.
돌고래는 매우 총명한 동물이다.

➕ intelligence 명 지능, 지성

DAY 05

0127 ☐☐☐
initial
[iníʃəl]

형 처음의, 초기의   명 머리글자, 첫 글자

The **initial** studies of the treatment showed positive results.
그 치료의 초기 연구들은 긍정적인 결과를 보여주었다.

0128 ☐☐☐
accomplish
[əkámpliʃ]

동 성취하다 (⊜ achieve)

With teamwork, we can **accomplish** our goals.
팀워크가 있다면, 우리는 목표를 성취할 수 있다.

➕ accomplishment 명 성취, 업적

0129 ☐☐☐
unique
[ju:ní:k]

형 1. 유일한 2. 독특한 (⊕ common)

Going to space is a **unique** experience.
우주로 가는 것은 특별한 경험이다.

0130 ☐☐☐
register
[rédʒistər]

동 등록하다, 기재하다   명 등록부, 명부

Students must **register** for their classes by the end of this
month.   학생들은 이번 달 말까지 수업에 등록해야 한다.

➕ registration 명 등록, 기재

0131 ☐☐☐
threat
[θret]

명 1. 위협, 협박 2. 조짐, 징조

The **threat** of war made the citizens feel
uneasy.   전쟁의 위협은 시민들을 불안하게 만들었다.

➕ threaten 동 위협[협박]하다

0132 ☐☐☐
achieve
[ətʃí:v]

동 성취[달성]하다 (⊜ accomplish)

You should work hard to **achieve** success.
너는 성공하기 위해 열심히 일해야 한다.

➕ achievement 명 성취, 업적

0133 ☐☐☐
critical
[krítikəl]

형 1. 비판적인 2. 중요한[중대한], 결정적인

Having a good plan is **critical** to the success of a project.
좋은 계획을 갖는 것은 프로젝트의 성공을 위해 중요하다.

0134 ☐☐☐
spread
[spred]

동 (spread-spread) 1. 확산되다[시키다]
2. 펴다[펼치다] 3. 펴서 바르다

He **spread** the jam on his bread.
그는 빵 위에 잼을 펴 발랐다.

0135 ☐☐☐
widespread
[wáidspréd]

형 널리 퍼진, 광범위한, 만연한

After the attack, there was **widespread** panic across the city.
공격 이후에, 도시 전역에 공포가 만연했다.

0136 ☐☐☐
frequent
[frí:kwent]

형 잦은, 빈번한

It's important to make **frequent** visits to the dentist.
치과에 자주 방문하는 것은 중요하다.

➕ frequently 부 자주

0137 ☐☐☐
military
[mílitèri]

형 군(대)의 명 군대

He joined the **military** three years ago.
그는 3년 전에 입대했다.

0138 ☐☐☐
affect
[əfékt]

동 1. 영향을 미치다 2. (정서적) 충격을 주다

Your attendance will **affect** your final grades.
너의 출석은 최종 성적에 영향을 미칠 것이다.

0139 ☐☐☐
eventually
[ivéntʃuəli]

부 결국, 마침내 (⊜ finally)

I am certain that life will **eventually** be discovered in space.
나는 생명체가 우주에서 결국에 발견될 것이라고 확신한다.

➕ eventual 형 최후의, 궁극적인

0140 ☐☐☐
adolescent
[æ̀dəlésnt]

명 청소년

She prefers to teach **adolescents** rather than adults.
그녀는 어른보다 청소년을 가르치는 것을 선호한다.

0141 ☐☐☐
priority
[praiɔ́:rəti]

몡 우선순위, 우선권

Our **priority** today is to finish building this fence.
오늘 우리의 우선순위는 이 울타리 짓기를 끝내는 것이다.

0142 ☐☐☐
utilize
[júːtəlàiz]

동 활용[이용]하다 (⊕ use)

By **utilizing** new technology, the factory became more efficient.   새로운 기술을 활용함으로써 그 공장은 더 효율적이 되었다.

0143 ☐☐☐
awkward
[ɔ́:kwərd]

혱 1. (솜씨 등이) 서투른 2. (사람·동작 등이) 어색한 3. 곤란한, 난처한

The robot's movements were slow and **awkward**.
그 로봇의 움직임은 느리고 어색했다.

➕ awkwardly 閉 서투르게, 어색하게

0144 ☐☐☐
extreme
[ikstríːm]

혱 1. 극단적인, 극도의 2. 지나친, 과도한   몡 극단, 극도

His peers did not agree with his **extreme** views.
그의 동료들은 그의 극단적인 견해에 동의하지 않았다.

➕ extremely 閉 매우, 극도로

0145 ☐☐☐
desire
[dizáiər]

동 바라다, 원하다 (⊕ crave)   몡 욕망

His **desire** to win helped him to stay motivated.
그의 이기려는 욕망은 그가 의욕을 유지하도록 도와주었다.

➕ desirable 혱 바람직한

0146 ☐☐☐
furniture
[fə́ːrnitʃər]

몡 가구

The moving company loaded the **furniture** into a large trailer.
그 이삿짐센터는 큰 트레일러에 가구를 실었다.

0147 ☐☐☐
tendency
[téndənsi]

몡 1. 경향, 추세 2. 소질, 체질

She has a **tendency** of forgetting her keys at home.
그녀는 집에서 열쇠를 어디에 두었는지 잊어버리는 경향이 있다.

0148 □□□
dense
[dens]

형 1. 밀집한 2. (잎이) 무성한

They slowly traveled through the **dense** jungle.
그들은 울창한 밀림을 천천히 여행했다.

➕ densely 뿐 밀집하여, 빽빽이

0149 □□□
apparent
[əpǽrənt]

형 분명한, 명백한 (⊜ evident)

She didn't seem to be in any **apparent** danger.
그녀는 그 어떤 명백한 위험에도 처한 것 같지 않았다.

➕ apparently 뿐 분명히, 명백히

0150 □□□
ensure
[inʃúər]

동 확실히 하다, 보장하다

In case of emergency, please follow these steps to **ensure**
your safety. 비상 상황에서는 당신의 안전을 보장하기 위해 이 단계를 따르십시오.

1-20 영어는 우리말로, 우리말은 영어로 바꾸시오.

1	intelligent	_____	11	널리 퍼진, 광범위한, 만연한 _____
2	eventually	_____	12	군(대)의; 군대 _____
3	achieve	_____	13	극단적인, 극도의; 지나친; 극단 _____
4	frequent	_____	14	가구 _____
5	affect	_____	15	우선순위, 우선권 _____
6	unique	_____	16	청소년 _____
7	utilize	_____	17	비판적인; 중요한, 결정적인 _____
8	desire	_____	18	처음의, 초기의; 머리글자 _____
9	apparent	_____	19	서서히 사라지다; 흐려지다 _____
10	tendency	_____	20	위협, 협박; 조짐, 징조 _____

21-25 문맥상 빈칸에 들어갈 알맞은 단어를 골라 쓰시오.

attach	dense	effective	accomplish	immediately

21 This is not a(n) _____ use of your time.

22 With teamwork, we can _____ our goals.

23 When the phone rang, he answered it _____.

24 They slowly traveled through the _____ jungle.

25 The students wanted to _____ their pictures to the poster.

Answer 1 총명한, 지적인 2 결국, 마침내 3 성취[달성]하다 4 잦은, 빈번한 5 영향을 미치다; 충격을 주다 6 유일한; 독특한 7 활용[이용]하다 8 바라다, 원하다; 욕망 9 분명한, 명백한 10 경향, 추세; 소질, 체질 11 widespread 12 military 13 extreme 14 furniture 15 priority 16 adolescent 17 critical 18 initial 19 fade 20 threat 21 effective 22 accomplish 23 immediately 24 dense 25 attach

---

0151 ☐☐☐
obey
[oubéi]

⑧ 따르다, 복종하다 (⊕ conform ⊕ disobey)

Drivers must pay fines if they don't **obey** traffic laws.　운전자들은 교통법을 따르지 않으면 벌금을 내야 한다.

0152 ☐☐☐
remarkable
[rimá:rkəbl]

⑲ 주목할 만한, 놀라운

The archaeologists were amazed by their **remarkable** discovery.　그 고고학자들은 그들의 주목할 만한 발견에 놀라워했다.

➕ remarkably ⑨ 놀랍게도, 매우

0153 ☐☐☐
violence
[váiələns]

⑲ 1. 폭력 2. 격렬함, 격함

Modern movies are often full of **violence**.
현대 영화들은 종종 폭력으로 가득하다.

➕ violent ⑲ 폭력적인, 격렬한　　violently ⑨ 격렬히, 난폭하게

0154 ☐☐☐
surround
[səráund]

⑧ 둘러싸다, 에워싸다 (⊕ enclose)

The wolves **surrounded** the wounded deer.
늑대들은 부상당한 사슴을 둘러쌌다.

➕ surrounding ⑲ 둘러싸는, 주변의 ⑲ ((~s)) 환경

0155 ☐☐☐
trigger
[trígər]

⑲ 1. (총의) 방아쇠 2. (반응을 유발하는) 자극, 계기　⑧ 유발하다 (⊕ cause)

An earthquake **triggered** the tidal wave that hit the city.
지진은 도시를 강타한 해일을 유발했다.

0156 ☐☐☐
fatigue
[fətí:g]

⑲ 피로, 피곤

One symptom of the disease is **fatigue**.
그 질병의 한 가지 증상은 피로이다.

0157 ☐☐☐
barely
[béərli]

및 1. 간신히, 겨우 2. 거의 ~않다 (❸ hardly)

I **barely** passed the test with a score of 70.
나는 70점으로 겨우 시험에 통과했다.

We could **barely** hear a sound from the other room.
우리는 다른 방에서 나는 소리를 거의 듣지 못했다.

0158 ☐☐☐
devote
[divóut]

동 (노력·시간 등을) 바치다, 헌신하다

The father **devoted** most of his free time to playing with his children.   그 아버지는 아이들과 놀아주는 데 그의 자유 시간 대부분을 쏟았다.

➕ devoted 헹 헌신적인, 전념하는   devotion 명 헌신, 정성

0159 ☐☐☐
examine
[igzǽmin]

동 1. 검토[조사]하다 (❸ inspect) 2. (지식·자격 등을) 시험하다

The nurse **examined** the wound carefully.
그 간호사는 상처를 주의 깊게 살폈다.

➕ examination 명 1. 검사[조사] 2. 시험   examiner 명 조사관, 심사 위원

0160 ☐☐☐
normal
[nɔ́:rməl]

헹 보통의, 표준의, 정상적인 (❸ ordinary ❹ abnormal)

His holidays were over, so Monday would be a **normal** work day.   그의 휴가가 끝나서 월요일은 보통의 일하는 날이 될 것이었다.

➕ norm 명 규범, 기준, 표준   normally 및 보통, 일반적으로

0161 ☐☐☐
journey
[dʒə́:rni]

명 여행, 여정 (❸ trip) 동 여행하다 (❸ travel)

His **journey** took him more than two weeks.
그의 여행은 2주일 이상 걸렸다.

He **journeyed** across the country by train.
그는 기차로 전국을 여행했다.

0162 ☐☐☐
concentrate
[kánsəntrèit]

동 1. ((~ on)) (~에) 집중하다[시키다] 2. (액체를) 응축[농축]하다

It's difficult to **concentrate** on reading when the television is on.   텔레비전이 켜져 있을 때 독서에 집중하는 것은 어렵다.

➕ concentration 명 1. 집중 (상태) 2. 응축, 농축

0163 ☐☐☐
damage
[dǽmidʒ]

명 손해, 손상　동 손해를 입히다, 해치다 (⊜ harm)

After the accident, the car couldn't be fixed because there was too much **damage**.
사고 이후에 그 차는 너무 많이 파손되어서 수리될 수 없었다.

It is wrong to **damage** the property of others.
타인의 재산에 손해를 입히는 것은 잘못된 것이다.

0164 ☐☐☐
refuse
[rifjúːz]

동 거절[거부]하다 (⊜ decline ⊜ accept)

She **refused** to answer my question.
그녀는 내 질문에 대답하기를 거부했다.

➕ refusal 명 거절, 거부

0165 ☐☐☐
numerous
[núːmərəs]

형 (수)많은 (⊜ multiple)

There have been **numerous** studies on the causes of global warming.　지구 온난화의 원인에 대한 수많은 연구가 있어 왔다.

➕ numerously 부 (수없이) 많이

0166 ☐☐☐
corporation
[kɔ̀ːrpəréiʃən]

명 기업, 회사, 법인

His goal was to be the CEO of a large **corporation**.
그의 목표는 큰 기업의 최고 경영자가 되는 것이었다.

➕ corporate 형 기업의, 법인 조직의

0167 ☐☐☐
voluntary
[váləntèri]

형 자발적인, 자원봉사의

The homeless shelter accepts **voluntary** donations.
그 노숙인 쉼터는 자발적인 기부를 받는다.

➕ volunteer 동 자원[봉사]하다 명 자원봉사자　　voluntarily 부 자발적으로

0168 ☐☐☐
exist
[igzíst]

동 1. 존재하다　2. (특히 역경에서) 살아가다

Dinosaurs used to rule the world, but they don't **exist** anymore.　공룡들은 세계를 지배하곤 했지만, 더 이상 존재하지 않는다.

➕ existence 명 1. 존재　2. 생활

0169 ☐☐☐
routine
[ruːtíːn]

몡 일상적인 일, 일과 혭 일상적인

Eating a large breakfast was part of his morning **routine**.
아침 식사를 거하게 하는 것은 그의 아침 일과 중 일부였다.

0170 ☐☐☐
merit
[mérit]

몡 1. 가치 (있는 요소), 우수함 2. 장점

There are **merits** to being single.
독신인 것에는 장점들이 있다.

0171 ☐☐☐
fellow
[félou]

몡 동료 혭 동료의

I don't really know him, but he seems like a nice **fellow**.
나는 그를 잘 모르지만, 그는 좋은 동료인 것 같다.

0172 ☐☐☐
disaster
[dizǽstər]

몡 재난, 참사, 천재지변

The natural **disaster** caused a lot of damage
to homes in the area.
그 자연재해는 그 지역의 집들에 많은 피해를 유발했다.

➕ disastrous 혭 피해가 막심한

0173 ☐☐☐
share
[ʃɛər]

동 1. 공유하다 2. 나누다, 분배하다 몡 몫

They always **share** their lunches together.
그들은 항상 점심을 함께 나눠 먹는다.

She did more than her **share** of the work for this assignment.
그녀는 이 과제에 대해 자신의 몫 이상을 했다.

0174 ☐☐☐
rotate
[róuteit]

동 1. 회전하다, 순환하다 2. 교대로 하다

The moon **rotates** as it goes around the Earth.
달은 지구 주위를 돌 때 자전한다.

The siblings **rotate** their chores each week.
그 형제들은 매주 집안일을 교대로 한다.

➕ rotation 몡 1. 회전, 순환 2. 교대

0175 ☐☐☐
sacrifice
[sǽkrəfàis]

동 희생하다[시키다] 몡 1. 희생 2. 제물

Moving to a new city was a huge **sacrifice** for her.
새로운 도시로 이사 가는 것은 그녀에게 큰 희생이었다.

0176 ☐☐☐
fault
[fɔːlt]

명 1. 잘못, 과실 2. 결점, 결함 (⊕ flaw)

Being too honest was his only **fault**.
너무 솔직한 것이 그의 유일한 잘못이었다.

0177 ☐☐☐
escape
[iskéip]

동 도망치다, 벗어나다, 모면하다   명 도망, 탈출

Three monkeys **escaped** this zoo last night.
어젯밤 원숭이 세 마리가 이 동물원에서 도망쳤다.

His **escape** from the jail was not noticed
until the next day.
감옥으로부터의 그의 탈출은 다음날까지 발각되지 않았다.

0178 ☐☐☐
visual
[víʒuəl]

형 시각의, 시력의 (⊕ optical)   명 시각 자료

The movie relied too much on **visual** effects.
그 영화는 시각 효과에 너무 많이 의존했다.

⊕ visualize 동 시각화하다   visually 부 시각적으로

0179 ☐☐☐
explore
[iksplɔ́ːr]

동 1. 탐험[답사]하다 2. 연구[조사]하다

Many Europeans wanted to **explore** North America.
많은 유럽인들은 북아메리카를 탐험하고 싶어 했다.

They didn't like his idea, so they **explored** other options.
그들은 그의 아이디어가 마음에 들지 않아서 다른 선택지를 조사했다.

⊕ exploration 명 탐사, 탐험   explorer 명 탐험가

0180 ☐☐☐
reserve
[rizə́ːrv]

동 1. 예약하다 (⊕ book) 2. 따로 남겨 두다   명 ((~s)) 비축[저장](물)

They **reserved** a table at the restaurant.
그들은 식당에 자리를 예약했다.

These seats are **reserved** for pregnant women.
이 좌석들은 임신부들을 위해 따로 남겨진다.

⊕ reservation 명 1. 예약 2. 보호 구역

1-20 영어는 우리말로, 우리말은 영어로 바꾸시오.

1	corporation	_____	11	폭력; 격렬함, 격함	_____
2	surround	_____	12	방아쇠; 자극, 계기; 유발하다	_____
3	numerous	_____	13	바치다, 헌신하다	_____
4	journey	_____	14	존재하다; 살아가다	_____
5	damage	_____	15	재난, 참사, 천재지변	_____
6	remarkable	_____	16	회전하다; 교대로 하다	_____
7	sacrifice	_____	17	예약하다; 따로 남겨 두다	_____
8	fatigue	_____	18	탐험하다; 연구[조사]하다	_____
9	fellow	_____	19	검토[조사]하다; 시험하다	_____
10	refuse	_____	20	잘못, 과실; 결점, 결함	_____

21-25 문맥상 빈칸에 들어갈 알맞은 단어를 골라 쓰시오.

share	visual	routine	voluntary	concentrate

21 It's difficult to _____ on reading when the television is on.

22 Eating a large breakfast was part of his morning _____.

23 The homeless shelter accepts _____ donations.

24 They always _____ their lunches together.

25 The movie relied too much on _____ effects.

Answer
1 기업, 회사, 법인 2 둘러싸다, 에워싸다 3 (수)많은 4 여행, 여정; 여행하다 5 손해, 손상; 손해를 입히다, 해치다
6 주목할 만한, 놀라운 7 희생하다[시키다]; 희생; 제물 8 피로, 피곤 9 동료; 동료의 10 거절[거부]하다
11 violence 12 trigger 13 devote 14 exist 15 disaster 16 rotate 17 reserve 18 explore
19 examine 20 fault 21 concentrate 22 routine 23 voluntary 24 share 25 visual

클래스카드

0181 □□□
method
[méθəd]

몡 방법, 방식

There are many **methods** for solving a problem.
문제를 푸는 데에는 많은 방법이 있다.

0182 □□□
recommend
[rèkəménd]

동 추천하다, 권고하다

The waiter **recommended** steak and salad.
그 웨이터는 스테이크와 샐러드를 추천했다.

➊ recommendation 몡 추천, 권고

0183 □□□
deadly
[dédli]

혱 1. 치명적인 2. 극단적인 부 극도로

The poison of some snakes is **deadly**.
몇몇 뱀들의 독은 치명적이다.

The teacher's tone of voice was **deadly** serious when he
scolded us.   우리를 꾸짖을 때 선생님의 목소리 톤은 극도로 심각했다.

➊ dead 혱 죽은   death 몡 죽음

0184 □□□
improve
[imprúːv]

동 개선[향상]하다

Exercising regularly will **improve** your health.
규칙적으로 운동하는 것은 네 건강을 증진시킬 것이다.

➊ improvement 몡 개선[향상], 발전

0185 □□□
strength
[streŋkθ]

몡 1. 힘, 체력 2. 강점 (➓ weakness)

Athletes often need to rely on their **strength** to succeed.
운동선수들은 성공하기 위해 종종 그들의 체력에 의존해야 한다.

The job interviewer asked about his **strengths** and
weaknesses.   그 면접관은 그의 강점과 약점에 관해 물었다.

➊ strengthen 동 강화하다

0186 ☐☐☐
concept
[kάnsept]

명 개념, 관념

Ancient Egyptians are known for having developed the basic **concepts** of math.
고대 이집트인들은 수학의 기본 개념을 발달시킨 것으로 알려져 있다.

➕ conceptual 형 개념의, 개념적인

0187 ☐☐☐
casual
[kǽʒuəl]

형 1. 격의 없는, 평상시의 (⬢ formal) 2. 우연한　명 ((~s)) 평상복

The office had a **casual** atmosphere.
그 사무실은 격의 없는 분위기였다.

➕ casually 부 무심코, 우연히

0188 ☐☐☐
blame
[bleim]

동 탓하다, 비난하다

The boy **blamed** his friend for getting him in trouble.
그 소년은 자신을 곤경에 처하게 한 것에 대해 그의 친구를 탓했다.

0189 ☐☐☐
loss
[lɔːs]

명 1. 손실, 상실 (⬢ gain) 2. 패배

The **loss** of revenue will affect next year's budget.
수입의 손실은 내년의 예산에 영향을 미칠 것이다.

After three **losses**, my team finally won a game.
세 번의 패배 이후 우리 팀은 마침내 경기에서 이겼다.

➕ lose 동 1. 잃다 2. 지다

0190 ☐☐☐
spot
[spɑt]

명 1. 장소, 지점 2. 점, 얼룩　동 1. 발견하다 2. 더럽히다

They chose a comfortable **spot** to sit down.
그들은 앉기에 편한 자리를 골랐다.

She looked up and **spotted** a bird's nest in the tree.
그녀는 위를 올려다보았고 나무에 있는 새의 둥지를 발견했다.

0191 ☐☐☐
symbol
[símbəl]

명 1. 상징, 표상 2. 기호, 부호

The white dove is a **symbol** of peace.
흰 비둘기는 평화의 상징이다.

➕ symbolize 동 상징하다, 나타내다　　symbolic 형 상징적인

0192 ☐☐☐
honor
[ánər]

명 1. 명예, 영광 2. 존경 　 동 1. (~에게) 영예를 주다 2. 존경하다

He considered it an **honor** to be the guest speaker for the conference. 　 그는 그 회의의 초청 연설자가 된 것을 영광으로 여겼다.

The scientist was **honored** with the Nobel Prize for her work.
그 과학자는 그녀의 업적으로 노벨상을 받는 영광을 얻었다.

0193 ☐☐☐
ruin
[rú:in]

동 파괴하다, 망치다 　 명 1. 몰락, 파멸 2. ((~s)) (파괴된 건물의) 잔해, 유적

The rain **ruined** our garden party.
비가 우리의 정원 파티를 망쳤다.

We visited many ancient **ruins** in Greece.
우리는 그리스에 있는 많은 고대 유적을 방문했다.

0194 ☐☐☐
convince
[kənvíns]

동 1. 납득[확신]시키다 2. 설득하다

Advertisements are used to **convince** people to buy products.
광고는 사람들이 제품을 구입하도록 설득하기 위해 사용된다.

➕ convincing 형 설득력 있는 　 　 convinced 형 확신하는

0195 ☐☐☐
melt
[melt]

동 녹다[녹이다] (⊕ freeze)

The snow quickly **melted** in the hot sun.
눈은 뜨거운 태양 아래에서 빠르게 녹았다.

0196 ☐☐☐
vast
[væst]

형 (크기·양 등이) 거대한, 막대한

There are **vast** differences between the two cultures.
그 두 문화 사이에는 막대한 차이가 있다.

0197 ☐☐☐
dynamic
[dainǽmik]

형 1. 동적인, 역동적인 2. 활발한

The electronics industry is **dynamic** and full of new trends.
전자 기기 산업은 동적이며 새로운 트렌드로 가득하다.

➕ dynamically 부 역동적으로, 다이내믹하게

0198 ☐☐☐
period
[pí:əriəd]

명 1. 기간, 시기 2. 【문법】 마침표

She stayed in France for a long **period** of time.
그녀는 프랑스에 오랜 기간 동안 머물렀다.

07

0199 □□□
reduce
[ridʃúːs]

图 줄이다, 낮추다 (❸ lower)

Recycling helps people **reduce** their impact on the environment. 재활용은 사람들이 환경에 미치는 영향을 줄이도록 돕는다.

➕ reduction 圆 감소, 감축

0200 □□□
ingredient
[ingríːdiənt]

图 1. 재료, 성분 2. 구성 요소 (❸ component)

Cheese is an **ingredient** used in many pastas.
치즈는 여러 파스타에 사용되는 재료이다.

0201 □□□
competition
[kàmpətíʃən]

图 1. 경쟁 2. 대회, 시합 (❸ contest)

Many people watch singing **competitions** on TV. 많은 사람들이 텔레비전에서 노래 대회를 시청한다.

➕ compete 图 경쟁하다
competitive 图 경쟁적인, 경쟁력 있는

0202 □□□
definite
[défənit]

图 명확한, 확실한 (❸ indefinite)

The student couldn't give her teacher a **definite** answer to his question. 그 학생은 선생님의 질문에 명확한 답을 할 수 없었다.

➕ definitely 图 분명히

0203 □□□
haste
[heist]

图 급함, 서두름

Don't make judgments in **haste**.
성급하게 판단하지 마라.

➕ hasty 图 성급한

0204 □□□
determine
[ditɔ́ːrmin]

图 1. 결정[결심]하다 2. 알아내다

The scientists tried to **determine** the cause of the unexpected results. 그 과학자들은 예상치 못한 결과의 원인을 알아내려고 애썼다.

➕ determined 图 1. 결심한 2. 단호한   determination 圆 결정[결심]

0205 □□□
recall
[rikɔ́ːl]

동 1. 상기하다[생각해 내다], 회상하다 2. (물건을) 회수하다

I can't **recall** the events of that day very clearly.
나는 그날의 일들을 아주 또렷하게 기억해 낼 수 없다.

The company had to **recall** a lot of faulty products.
그 회사는 결함 있는 많은 제품들을 회수해야 했다.

0206 □□□
deserve
[dizɔ́ːrv]

동 ~할 만하다[가치가 있다]

This movie **deserves** the awards it won this year.
이 영화는 올해 수상한 상들을 받을 만한 가치가 있다.

0207 □□□
host
[houst]

명 주인, 주최자   동 주최하다

The visitors thanked their **host** for the delicious lunch.
그 방문객들은 맛있는 점심 식사에 대해 주인에게 고마워했다.

She was excited to **host** a dinner party for her friends.
그녀는 친구들을 위해 저녁 파티를 주최하게 되어 신이 났다.

0208 □□□
compare
[kəmpέər]

동 1. ((~ to/with)) (~와) 비교하다 2. 비유하다 3. ((~ with)) (~에) 필적하다

He always **compares** himself to his brother.
그는 항상 자신을 형과 비교한다.

➕ comparison 명 비교
comparative 형 비교의, 상대적인
comparable 형 비교할 만한, (~에) 필적하는

0209 □□□
sum
[sʌm]

명 1. 합계, 총계 2. 금액

The **sum** of three and two is five.   3과 2의 합은 5이다.
She saved a large **sum** of money for her retirement.
그녀는 은퇴를 대비해서 큰 금액의 돈을 모았다.

0210 □□□
seek
[siːk]

동 1. 찾다 (❸ look for) 2. 추구하다 (❸ pursue) 3. 노력하다

He decided to **seek** new career opportunities.
그는 새로운 직업의 기회를 찾아보기로 결심했다.

The nurse always **seeks** to relax her patients by using a calm
voice.   그 간호사는 차분한 목소리로 환자들을 안정시키려 항상 노력한다.

1-20 영어는 우리말로, 우리말은 영어로 바꾸시오.

1	method _____	11	~할 만하다[가치가 있다] _____
2	compare _____	12	추천하다, 권고하다 _____
3	loss _____	13	찾다; 추구하다; 노력하다 _____
4	vast _____	14	동적인, 역동적인; 활발한 _____
5	strength _____	15	경쟁; 대회, 시합 _____
6	reduce _____	16	탓하다, 비난하다 _____
7	definite _____	17	합계, 총계; 금액 _____
8	determine _____	18	주인, 주최자; 주최하다 _____
9	concept _____	19	급함, 서두름 _____
10	improve _____	20	녹다[녹이다] _____

21-25 문맥상 빈칸에 들어갈 알맞은 단어를 골라 쓰시오.

symbol	ingredient	convince	deadly	period

21 The poison of some snakes is _____.

22 The white dove is a(n) _____ of peace.

23 She stayed in France for a long _____ of time.

24 Cheese is a(n) _____ used in many pastas.

25 Advertisements are used to _____ people to buy products.

Answer   1 방법, 방식 2 비교하다; 비유하다; 필적하다 3 손실, 상실; 패배 4 거대한, 막대한 5 힘, 체력; 강점 6 줄이다, 낮추다 7 명확한, 확실한 8 결정[결심]하다; 알아내다 9 개념, 관념 10 개선[향상]하다 11 deserve 12 recommend 13 seek 14 dynamic 15 competition 16 blame 17 sum 18 host 19 haste 20 melt 21 deadly 22 symbol 23 period 24 ingredient 25 convince

0211 ☐☐☐
expect
[ikspékt]

동 기대[예상]하다

The team **expects** to make the playoffs this year.
그 팀은 올해 플레이오프에 진출하기를 기대한다.

⊕ expectation 명 기대, 예상

0212 ☐☐☐
spoil
[spɔil]

동 1. 망치다 (⊜ ruin) 2. (아이를) 버릇없게 키우다 3. (음식이) 상하다

The windy weather **spoiled** our picnic.
바람 부는 날씨가 우리 소풍을 망쳐 놓았다.

0213 ☐☐☐
especially
[ispéʃəli]

부 특히 (⊜ particularly)

They were **especially** interested in hearing the guest speaker.
그들은 특히 초청 연사의 연설을 듣는 것에 관심이 있었다.

0214 ☐☐☐
preserve
[prizə́:rv]

동 1. 보존[보호]하다 (⊜ conserve) 2. 유지하다

The new laws will help to **preserve** the environment.
그 새로운 법은 환경을 보호하도록 도울 것이다.

Many natural ingredients can be used to **preserve** bread.
많은 천연 재료들이 빵을 보존하기 위해 사용될 수 있다.

⊕ preservation 명 보존[보호], 유지

0215 ☐☐☐
fortunately
[fɔ́:rtʃənətli]

부 다행히, 운 좋게 (⊜ unfortunately)

Fortunately, nobody was hurt during the earthquake. 다행히 아무도 지진 중에 다치지 않았다.

⊕ fortunate 형 운 좋은, 행운인
  fortune 명 1. 운[행운] 2. 재산

0216 ☐☐☐
evil
[íːvəl]

형 사악한, 나쁜 (⊜ good) 명 1. 악 2. ((~s)) 악폐, 유해물

The man had an **evil** grin on his face.
그 남자는 얼굴에 사악한 미소를 띠고 있었다.

0217 ☐☐☐
migrate
[máigreit]

동 이주[이민]하다, 이동하다

Many species of birds **migrate** south in the winter.
많은 종의 새들이 겨울에 남쪽으로 이동한다.

➕ migration 명 이주[이동]   migrant 명 1. 이주자 2. 철새
migratory 형 이주[이동]하는

0218 ☐☐☐
pressure
[préʃər]

명 압력, 압박(감)   동 압력[압박]을 가하다

Glass will break if you put too much **pressure** on it.
유리에 너무 큰 압력을 가하면 깨질 것이다.

He was **pressured** into accepting the offer.
그는 그 제안을 받아들이도록 압박을 받았다.

0219 ☐☐☐
prohibit
[prouhíbit]

동 금지하다 (유 forbid)

Most public places **prohibit** smoking.
대부분의 공공장소는 흡연을 금지한다.

➕ prohibition 명 금지

0220 ☐☐☐
notice
[nóutis]

명 1. 주의[주목] 2. 통지, 공고문   동 1. 알아차리다 2. 주목하다

We received a **notice** about the
construction on our street.
우리는 도로 공사에 관한 안내문을 받았다.

The boy didn't **notice** that the teacher
was watching him.
그 소년은 선생님이 자신을 지켜보는 것을 알아차리지 못했다.

➕ noticeable 형 눈에 띄는, 두드러진

0221 ☐☐☐
representative
[rèprizéntətiv]

명 대표(자), 대리인   형 대표적인, 대리의

A government **representative** spoke to the reporters.
정부 대변인이 기자들에게 말했다.

➕ represent 동 대표하다, 나타내다   representation 명 표현, 묘사, 설명

0222 ☐☐☐
spare
[spɛər]

형 예비의, 여분의 (❸ extra) 동 1. 할애하다 2. 면하게 하다 명 예비품

Don't forget to bring some **spare** pencils to class.
수업에 여분의 연필을 가져올 것을 잊지 마라.

0223 ☐☐☐
smooth
[smuːð]

형 1. 매끄러운 2. 순조로운 동 매끄럽게 하다

The countertop was **smooth** and shiny.
그 조리대는 매끄럽고 빛이 났다.

❸ smoothly 부 매끄럽게, 원활하게

0224 ☐☐☐
struggle
[strʌ́gl]

동 투쟁[분투]하다, 열심히 노력하다 명 투쟁[분투]

The fox **struggled** to get free from the trap.
그 여우는 덫으로부터 벗어나려고 분투했다.

0225 ☐☐☐
rural
[rúərəl]

형 시골[전원]의 (❸ urban)

Some people prefer the quiet life of **rural** areas.
어떤 사람들은 시골 지역의 조용한 삶을 선호한다.

0226 ☐☐☐
estimate
동 [éstəmèit]
명 [éstəmət]

동 1. 추정하다 2. 판단[평가]하다 명 1. 견적 2. 판단[평가]

It was **estimated** that more than five hundred people attended
the event. 5백 명 이상의 사람들이 그 행사에 참석한 것으로 추정되었다.
The **estimate** for the price of the repairs was higher than he
expected. 수리 비용에 대한 견적은 그가 예상한 것보다 더 높았다.

0227 ☐☐☐
forbid
[fərbíd]

동 금지하다 (❸ prohibit ❸ allow)

My parents **forbid** me from wearing shoes in the house.
부모님은 내가 집 안에서 신발을 신는 것을 금하신다.

0228 ☐☐☐
duty
[djúːti]

명 1. 의무 (❸ obligation) 2. ((~ies)) 업무 3. 세금, 관세 (❸ tax)

It is a parent's **duty** to protect their children.
자녀를 보호하는 것은 부모의 의무이다.
Airports have stores that don't charge **duties** on their products.
공항에는 상품에 관세를 부과하지 않는 상점들이 있다.

0229 ☐☐☐
relieve
[rilíːv]

동 1. 완화[안심]시키다 2. 구제하다

The medicine **relieved** her pain.
그 약이 그녀의 고통을 완화시켰다.

➕ relief 명 1. 완화[안심] 2. (빈민 등에 대한) 구제(품)

0230 ☐☐☐
flexible
[fléksəbl]

형 1. 융통성 있는, 탄력적인 2. 유연한

It's better to have a **flexible** schedule when you are traveling.
여행을 할 때는 탄력적인 일정을 갖는 것이 낫다.

Gymnasts have to be very **flexible**.
체조 선수들은 몸이 매우 유연해야 한다.

➕ flexibility 명 융통성, 신축성

0231 ☐☐☐
ultimate
[ʌ́ltəmət]

형 궁극적인, 최종의 (⊜ final)

The CEO had to make the **ultimate** decision about whether to file for bankruptcy.
그 최고 경영자는 파산 신청 여부에 관한 최종적인 결정을 내려야 했다.

➕ ultimately 부 궁극적으로, 마침내

0232 ☐☐☐
standard
[stǽndərd]

명 표준, 기준, 규범   형 표준의

The painting did not meet his **standards**, so he started again.
그 그림은 그의 기준을 충족하지 않아서, 그는 다시 시작했다.

➕ standardize 동 표준화[규격화]하다

0233 ☐☐☐
essential
[isénʃəl]

형 1. 필수의, 매우 중요한 (⊜ necessary) 2. 본질[근원]적인

The new tax did not apply to **essential** goods and services.
새로운 세금은 필수적인 재화와 서비스에는 적용되지 않았다.

➕ essentially 부 본질[근본]적으로   essence 명 본질

0234 ☐☐☐
occur
[əkə́ːr]

동 1. (사건 등이) 생기다[일어나다] (⊜ happen) 2. (생각 등이) 떠오르다

I was not at school when the incident **occurred**.
그 사고가 일어났을 때 나는 학교에 없었다.

➕ occurrence 명 발생

0235 ☐☐☐
conflict
몡 [kɑ́nflikt]
동 [kənflíkt]

몡 갈등, 대립, 충돌   동 《~ with》 (~와) 대립[충돌]하다

The **conflict** between the two countries lasted for three years.
두 나라 간의 갈등은 3년간 지속되었다.

The event **conflicts** with my schedule, so we have to
postpone it.   그 행사는 내 일정과 안 맞아서, 우리는 그것을 연기해야 한다.

0236 ☐☐☐
wrap
[ræp]

동 싸다, 두르다, 포장하다   몡 덮개, 포장지 (🕒 cover)

I **wrapped** myself in a blanket to stay warm.
나는 따뜻하게 있기 위해 담요로 내 몸을 둘러쌌다.

0237 ☐☐☐
trap
[træp]

몡 덫, 함정   동 1. 가두다 2. 덫으로 잡다

The hunters set up **traps** to catch rabbits.
그 사냥꾼들은 토끼를 잡기 위해 덫을 설치했다.

The criminal was **trapped** and had nowhere to run.
그 범죄자는 갇혀서 도망갈 곳이 없었다.

0238 ☐☐☐
harm
[hɑːrm]

몡 해, 손상 (🕒 damage)   동 해치다, 손상하다

Thankfully, the fire didn't cause much
harm to the building.
다행스럽게도, 화재는 그 건물에 큰 손상을 입히지 않았다.

➕ harmful 혱 해로운   harmless 혱 무해한

0239 ☐☐☐
resolve
[rizɑ́lv]

동 1. 결심하다 2. (문제 등을) 해결하다 (🕒 settle)   몡 굳은 결심[의지]

The friends found a way to **resolve** their conflict.
그 친구들은 그들의 갈등을 해결할 방법을 찾았다.

➕ resolution 몡 1. 결심[결의] 2. 해결   resolute 혱 결의에 찬

0240 ☐☐☐
destruction
[distrʌ́kʃən]

몡 파괴, 파멸

Pollution is causing the **destruction** of the ozone layer.
공해가 오존층의 파괴를 일으키고 있다.

➕ destructive 혱 파괴적인

1-20 영어는 우리말로, 우리말은 영어로 바꾸시오.

1	expect _____	11	이주[이민]하다, 이동하다 _____
2	preserve _____	12	시골[전원]의 _____
3	forbid _____	13	대표(자), 대리인; 대표적인 _____
4	ultimate _____	14	의무; 업무; 세금, 관세 _____
5	relieve _____	15	싸다, 포장하다; 덮개, 포장지 _____
6	occur _____	16	표준, 기준, 규범; 표준의 _____
7	struggle _____	17	융통성 있는, 탄력적인; 유연한 _____
8	estimate _____	18	망치다; 버릇없게 키우다; 상하다 _____
9	harm _____	19	매끄러운; 순조로운; 매끄럽게 하다 _____
10	especially _____	20	갈등, 대립; 대립[충돌]하다 _____

21-25 문맥상 빈칸에 들어갈 알맞은 단어를 골라 쓰시오.

spare	pressure	prohibit	destruction	fortunately

21 Most public places _____ smoking.

22 Don't forget to bring some _____ pencils to class.

23 Glass will break if you put too much _____ on it.

24 _____, nobody was hurt during the earthquake.

25 Pollution is causing the _____ of the ozone layer.

0241 ☐☐☐
isolate
[áisəlèit]

동 고립시키다, 격리하다

They **isolated** the prisoner from the rest of the population.
그들은 그 죄수를 나머지 사람들로부터 격리시켰다.

➕ isolation 명 고립, 격리 　 isolated 형 고립된

0242 ☐☐☐
situation
[sìtʃuéiʃən]

명 1. 상황, 처지 2. 위치

The girl tried to explain her **situation** to the officer.
그 소녀는 그녀의 상황을 경찰관에게 설명하려 애썼다.

0243 ☐☐☐
path
[pæθ]

명 1. 길, 보도 2. 방향, 진로

The hikers followed the **path** through the forest.
그 도보 여행자들은 숲에 난 길을 따라갔다.

0244 ☐☐☐
threaten
[θrétn]

동 위협하다, 위태롭게 하다

Global warming **threatens** the habitat of many species.
지구 온난화는 많은 종들의 서식지를 위협한다.

➕ threat 명 위협, 협박

0245 ☐☐☐
edit
[édit]

동 편집[교정]하다

Authors hire people to **edit** their work before they publish it.
작가들은 작품을 출판하기 전에 그것을 편집하려고 사람들을 고용한다.

➕ editor 명 편집자 　 edition 명 (간행물의) 판

0246 ☐☐☐
distance
[dístəns]

명 1. 거리, 간격 2. 먼 곳[지점]

They measured the **distance** between the two points on the map.　그들은 지도 위의 두 지점 사이의 거리를 측정했다.

➕ distant 형 먼

0247 ☐☐☐
access
[ǽkses]

명 접근, 이용(권) 동 접근하다, 이용하다

Access to this area is restricted to employees only.
이 구역에 대한 접근은 오직 직원에게 한정되어 있다.

Please enter your password to **access** this information.
이 정보에 접근하기 위해서는 비밀번호를 입력하세요.

➕ accessible 형 접근[이용]할 수 있는

0248 ☐☐☐
remark
[rimáːrk]

동 발언하다, 논평하다 (⊜ comment) 명 발언, 비평[논평]

My friend **remarked** that she liked my jacket.
내 친구는 나의 재킷이 마음에 든다고 말했다.

His rude **remark** offended some of the people around him.
그의 무례한 발언은 주위에 있는 몇몇 사람들을 불쾌하게 했다.

0249 ☐☐☐
install
[instɔ́ːl]

동 설치하다

You need to **install** an antivirus program
on your computer.
너는 컴퓨터에 바이러스 방지 프로그램을 설치할 필요가 있다.

➕ installation 명 설치(물)

0250 ☐☐☐
personality
[pəːrsənǽləti]

명 성격 (⊜ character)

He has a bright and joyful **personality**.
그는 밝고 즐거운 성격을 가지고 있다.

➕ personal 형 개인의, 사적인   personally 부 개인적으로, 직접

0251 ☐☐☐
comfort
[kʌ́mfərt]

동 위로하다, 안심시키다 명 위로(를 주는 것)

The woman tried to **comfort** the lost child.
그 여자는 길 잃은 아이를 안심시키려 애썼다.

➕ comfortable 형 편안한

0252 ☐☐☐
source
[sɔːrs]

명 1. 근원, 원천 2. 출처

They traveled through the valley to the **source** of the river.
그들은 계곡을 따라 강의 발원지로 이동했다.

Orange juice is a good **source** of vitamin C.
오렌지 주스는 비타민 C의 훌륭한 공급원이다.

0253 ☐☐☐
deliver
[dilívər]

동 1. 배달하다 2. (연설·강연 등을) 하다 3. 출산하다

The company promised to **deliver** the order this morning.
그 회사는 주문품을 오늘 오전에 배달해 주기로 약속했다.

The president **delivered** an inspirational speech.
그 대통령은 영감을 주는 연설을 했다.

➕ delivery 명 1. 배달, 송달 2. (연설 등의) 전달[발표] 3. 분만

0254 ☐☐☐
quote
[kwout]

동 인용하다

The journalist **quoted** the mayor in his article.
그 기자는 그의 기사에 시장(市長)을 인용했다.

➕ quotation 명 인용(문)

0255 ☐☐☐
proper
[prápər]

형 적절한, 알맞은 (➕ suitable)

It is not **proper** to use informal words in academic writing.
학문적 글쓰기에서 격식 없는 단어를 사용하는 것은 적절하지 않다.

➕ properly 부 적절하게, 알맞게

0256 ☐☐☐
basis
[béisis]

명 1. 기초, 기반 2. 근거, 이유 3. 기준 (단위)

The best theories usually have a solid **basis** in facts.
최고의 이론들은 보통 사실에 대한 탄탄한 근거를 가지고 있다.

The workers received their wages on a weekly **basis**.
그 근로자들은 주 단위로 임금을 받았다.

➕ basic 형 기본적인　　basically 부 기본적으로

0257 ☐☐☐
average
[ǽvəridʒ]

명 평균　형 평균의, 보통의

His grades were above the class **average**.
그의 성적은 학급 평균 이상이었다.

The **average** number of accidents in our city has gone down
in recent years.　최근 몇 년 동안 우리 도시의 평균 사고 건수가 줄어들었다.

0258 ☐☐☐
fulfill
[fulfíl]

동 1. 실행[실현]하다 2. (조건 등을) 충족시키다 (➕ satisfy)

She **fulfilled** her goal of graduating from college.
그녀는 대학 졸업이라는 그녀의 목표를 실현했다.

➕ fulfillment 명 (의무 등의) 이행, 완수

0259 ☐☐☐
gradually
[grǽdʒuəli]

🔵 점차적으로, 서서히 (🟰 steadily)

The slope of the mountain **gradually** got steeper as we climbed higher.   우리가 더 높이 올라갈수록 산의 경사가 점차 가팔라졌다.

➕ gradual 🔵 점진적인

0260 ☐☐☐
majority
[mədʒɔ́:rəti]

🔵 대다수, 과반수 (🔄 minority)

The **majority** of Korea's citizens live in urban areas.
한국 시민의 과반수가 도시 지역에 산다.

0261 ☐☐☐
nevertheless
[nèvərðəlés]

🔵 그럼에도 불구하고 (🟰 nonetheless)

I had seen the movie many times, but I still enjoyed it **nevertheless**.   나는 그 영화를 여러 번 봤음에도 불구하고 여전히 재밌게 보았다.

0262 ☐☐☐
empathy
[émpəθi]

🔵 공감, 감정 이입

Some people find it hard to feel **empathy** for others.
어떤 사람들은 다른 사람들을 공감하기 어려워한다.

➕ empathetic 🔵 감정 이입의   empathize 🔵 감정 이입을 하다

0263 ☐☐☐
handle
[hǽndl]

🔵 손잡이   🔵 다루다, 처리하다 (🟰 manage)

The **handle** on the cabinet is broken.
그 캐비닛의 손잡이가 부러져 있다.

She decided to **handle** the situation by herself.
그녀는 그 상황을 혼자서 처리하기로 결정했다.

0264 ☐☐☐
punish
[pʌ́niʃ]

🔵 처벌하다, 벌을 주다

The teacher will **punish** you if you are late.
네가 늦으면 선생님이 너에게 벌을 주실 것이다.

➕ punishment 🔵 처벌, 징계

0265 ☐☐☐
department
[dipá:rtmənt]

🔵 부서, 분야

My father was transferred to a different **department** in his company.   나의 아버지는 회사에서 다른 부서로 이동하셨다.

0266 ☐☐☐
donate
[dóuneit]

통 기부[기증]하다

The money they raised at the bake sale will be **donated** to charity.　그들이 빵 판매 행사에서 모금한 돈은 자선 단체에 기부될 것이다.

⊕ donation 명 기부[기증]　　donor 명 기부[기증]자

0267 ☐☐☐
mature
[mətjúər]

형 1. 성숙한, 어른스러운　2. 잘 익은, 숙성한
동 1. 성숙해지다　2. 잘 익다, 숙성하다

The students are expected to show **mature** behavior at the graduation ceremony.
학생들은 졸업식에서 성숙한 행동을 보여주리라고 기대된다.

0268 ☐☐☐
burden
[bə́:rdn]

명 짐, 부담　동 (~에게) 짐을 지우다

Focusing on the good things in life will help your **burdens** seem lighter.
삶의 좋은 일들에 집중하는 것은 너의 짐이 더 가벼워 보이도록 도와줄 것이다.

0269 ☐☐☐
tragic
[trǽdʒik]

형 비극적인, 안타까운

There was a **tragic** accident on the highway this afternoon.
오늘 오후에 고속도로에서 안타까운 사고가 있었다.

⊕ tragedy 명 비극, 참사

0270 ☐☐☐
announce
[ənáuns]

동 발표[공표]하다, 알리다

The government **announced** an increase in the minimum wage.　정부는 최저 임금의 인상을 발표했다.

⊕ announcement 명 발표, 공지　　announcer 명 아나운서, 해설자

· DAILY TEST ·

1	announce	_____	11	고립시키다, 격리하다	_____
2	basis	_____	12	위협하다, 위태롭게 하다	_____
3	burden	_____	13	손잡이; 다루다, 처리하다	_____
4	department	_____	14	거리, 간격; 먼 곳[지점]	_____
5	nevertheless	_____	15	대다수, 과반수	_____
6	tragic	_____	16	인용하다	_____
7	gradually	_____	17	공감, 감정 이입	_____
8	average	_____	18	편집[교정]하다	_____
9	situation	_____	19	처벌하다, 벌을 주다	_____
10	fulfill	_____	20	기부[기증]하다	_____

21-25 문맥상 빈칸에 들어갈 알맞은 단어를 골라 쓰시오.

install	remark	proper	comfort	source

21 Orange juice is a good _____ of vitamin C.

22 The woman tried to _____ the lost child.

23 His rude _____ offended some of the people around him.

24 You need to _____ an antivirus program on your computer.

25 It is not _____ to use informal words in academic writing.

Answer   1 발표[공표]하다, 알리다 2 기초, 기반; 근거, 이유; 기준 (단위) 3 짐, 부담; 짐을 지우다 4 부서, 분야 5 그럼에도 불구하고 6 비극적인, 안타까운 7 점차적으로, 서서히 8 평균; 평균의, 보통의 9 상황, 처지; 위치 10 실행[실현]하다; 충족시키다 11 isolate 12 threaten 13 handle 14 distance 15 majority 16 quote 17 empathy 18 edit 19 punish 20 donate 21 source 22 comfort 23 remark 24 install 25 proper

고등 핵심 어휘

0271 ☐☐☐
accept
[əksépt]

동 받아들이다, 수락하다 (반 refuse)

The teacher didn't **accept** his excuse for being
late. 그 선생님은 늦은 것에 대한 그의 변명을 받아들이지 않았다.
She was **accepted** into Harvard University.
그녀는 하버드 대학에 입학이 허가되었다.

➕ acceptable 형 허용할 수 있는
   acceptance 명 수용, 수락

0272 ☐☐☐
chase
[tʃeis]

동 1. 쫓다, 추격하다 2. 추구하다 명 추적, 추구

The fox **chased** the mouse across the field.
여우는 들판을 가로질러 쥐를 쫓아갔다.

0273 ☐☐☐
consult
[kənsʌ́lt]

동 상의[상담]하다

You should **consult** with your doctor before going on a strict
diet. 너는 혹독한 다이어트를 하기 전에 의사와 상담해야 한다.

➕ consultant 명 컨설턴트, 상담가

0274 ☐☐☐
official
[əfíʃəl]

명 공무원, 관계자 형 공무상의, 공식적인

A government **official** attended the school assembly.
한 정부 공무원이 학교 회의에 참석했다.
Our company is the **official** sponsor for this event.
우리 회사는 이 행사의 공식적인 후원자이다.

➕ officially 부 공식적으로

0275 ☐☐☐
severe
[sivíər]

형 1. 극심한, 심각한 2. 가혹한 (유 harsh) 3. 엄격한 (유 strict)

The child was angry because he thought his punishment was
too **severe**. 그 아이는 그의 처벌이 너무 가혹하다고 생각해서 화가 났다.

10

0276 ☐☐☐
odd
[ɑd]

[형] 1. 이상한, 별난 (⊕ strange) 2. 홀수의 (⊕ even)

The weather was really **odd** this year compared to most years.
다른 해와 비교했을 때 올해 날씨는 정말 이상했다.

Today, we will learn the difference between **odd** numbers and even numbers.   오늘 우리는 홀수와 짝수의 차이점에 관해 배울 것이다.

⊕ oddly [부] 이상하게(도)

0277 ☐☐☐
bother
[bάðər]

[동] 귀찮게 굴다, 괴롭히다 (⊕ disturb)   [명] 성가심, 수고

You shouldn't **bother** people when they are trying to concentrate on something.
너는 다른 사람들이 무언가에 집중하려 할 때 성가시게 굴면 안 된다.

0278 ☐☐☐
incline
[동] [inkláin]
[명] [ínklain]

[동] 1. 마음이 (~로) 기울다[기울게 하다] 2. (물건 등이) 기울다
[명] 경사면

He was **inclined** to believe her story.
그는 그녀의 이야기를 믿는 쪽으로 마음이 기울었다.

The land began to **incline** as we got closer to the mountains.
우리가 산에 더 가까워질수록 지면이 기울기 시작했다.

⊕ inclined [형] 1. 마음이 내키는 2. ~하는 경향이 있는

0279 ☐☐☐
generally
[dʒénərəli]

[부] 일반적으로, 대개 (⊕ typically)

This clinic **generally** does not accept walk-in patients.
이 진료소는 보통 예약 없이 방문하는 환자들을 받지 않는다.

⊕ general [형] 일반적인, 보편적인

0280 ☐☐☐
series
[síəri:z]

[명] 1. 일련, 연속 2. 시리즈, 연속 출판물

I'm looking for a new television **series** to watch.
나는 볼 만한 새로운 텔레비전 시리즈를 찾고 있다.

0281 ☐☐☐
emerge
[imə́:rdʒ]

동 1. 나타나다, 모습을 드러내다 2. (생각·사실 등이) 드러나다

The submarine **emerged** from the sea.
그 잠수함은 바다로부터 모습을 드러냈다.

More details will **emerge** as the investigation continues.
조사가 계속될수록 더 많은 세부 내용이 드러날 것이다.

➕ emergence 명 등장, 발생

0282 ☐☐☐
raw
[rɔ:]

형 날것의, 가공하지 않은

It is not safe to eat **raw** chicken.
생 닭고기를 먹는 것은 안전하지 않다.

This factory uses a lot of **raw** materials to create products.
이 공장은 제품을 생산하기 위해 많은 원자재를 사용한다.

0283 ☐☐☐
measure
[méʒər]

동 1. 측정하다 2. 판단[평가]하다 (⊕ assess)   명 1. 기준, 척도 2. 조치, 방책

She **measured** the size of the room
to see if the furniture would fit.
그녀는 그 가구가 들어맞을지 보기 위해 방의 크기를 측정했다.

The city decided to take **measures** to
reduce traffic jams.
그 도시는 교통 체증을 줄이기 위해 조치를 취하기로 결정했다.

0284 ☐☐☐
resolution
[rèzəlú:ʃən]

명 1. 결의, 결단 2. 해결

Many people make New Year's **resolutions** every year.
많은 사람들은 매년 새해 다짐을 한다.

The conflict between the two countries finally came to a
peaceful **resolution**.   두 나라 사이의 갈등은 마침내 평화적인 해결에 이르렀다.

➕ resolve 동 1. 결심하다 2. 해결하다

0285 ☐☐☐
logical
[ládʒikəl]

형 논리적인 (⊖ illogical)

Scientists believe there must be a **logical** explanation for this
discovery.   과학자들은 이 발견에 대한 논리적인 설명이 반드시 있을 거라고 믿는다.

➕ logic 명 논리   logically 부 논리적으로

0286 ☐☐☐
offer
[ɔ́:fər]

图 제공[제안]하다   图 제공[제안]

This restaurant **offers** free meals for children under five years old.   이 식당은 5세 미만의 어린이들에게 무료 식사를 제공한다.

His **offer** was very generous, so I accepted it.
그의 제안이 정말 관대해서 나는 그것을 수락했다.

0287 ☐☐☐
aim
[eim]

图 1. 《~ at》 노리다, 목표로 하다 2. 겨누다
图 1. 목표, 목적 (❸ purpose) 2. 조준

The **aim** of this campaign is to increase the company's sales.
이 캠페인의 목적은 회사의 매출을 늘리는 것이다.

0288 ☐☐☐
offend
[əfénd]

图 기분을 상하게 하다

His speech **offended** many people.
그의 연설은 많은 사람들의 기분을 상하게 했다.

➕ offensive 图 모욕적인, 불쾌한

0289 ☐☐☐
organize
[ɔ́:rgənàiz]

图 1. (단체 등을) 조직하다 2. (특정 순서·구조로) 정리[체계화]하다

The books are **organized** alphabetically.
그 책들은 알파벳 순서로 정리되어 있다.

➕ organization 图 조직, 단체

0290 ☐☐☐
apologize
[əpɑ́lədʒàiz]

图 사과하다

He **apologized** to his parents for lying.
그는 거짓말한 것에 대해 부모님께 사과드렸다.

➕ apology 图 사과, 사죄

0291 ☐☐☐
hesitate
[hézətèit]

图 망설이다, 주저하다

If you **hesitate**, you'll miss this opportunity.
네가 망설인다면, 이 기회를 놓칠 것이다.

➕ hesitation 图 망설임   hesitant 图 망설이는, 주저하는

0292 □□□

wealth
[welθ]

명 부, 재산

Some people are famous because of their **wealth**.
어떤 사람들은 그들의 재산 때문에 유명하다.

⊕ wealthy 형 부유한

0293 □□□

injure
[índʒər]

동 상처를[부상을] 입히다, 손상하다 (⊜ hurt)

The soccer player **injured** her ankle during the game.
그 축구 선수는 경기 중에 발목을 다쳤다.

⊕ injury 명 상처, 부상　　injured 형 상처 입은

0294 □□□

factor
[fǽktər]

명 요인, 요소 (⊜ element)

There are many **factors** that influence the success of a
business.　사업의 성공에 영향을 미치는 많은 요소들이 존재한다.

0295 □□□

vary
[vέəri]

동 1. 다르다[다르게 하다]　2. 변화하다[변화를 주다]

The jewelry at the store **varied** in quality and price.
그 가게의 보석들은 품질과 가격 면에서 다양했다.

⊕ varied 형 가지각색의　　variation 명 변화, 변형
　various 형 다양한　　variety 명 여러 가지, 다양함

0296 □□□

generation
[dʒènəréiʃən]

명 세대, 대(代)

The younger **generations** often see the world differently than
the older **generations**.
젊은 세대는 흔히 나이 든 세대와는 다르게 세상을 바라본다.

His family has owned this land for **generations**.
그의 가문은 몇 대에 걸쳐 이 땅을 소유해 왔다.

0297 □□□

admire
[ədmáiər]

동 1. 존경하다　2. (~에) 감탄하다

Everyone **admired** her bravery.
모두가 그녀의 용감함에 감탄했다.

⊕ admirable 형 감탄할 만한
　admiration 명 1. 존경　2. 감탄

10

0298 ☐☐☐
steep
[stiːp]

[형] 가파른

They used special equipment to climb the **steep** cliff.
그들은 가파른 절벽을 오르기 위해 특수 장비를 사용했다.

0299 ☐☐☐
claim
[kleim]

[동] 1. 주장하다 (❸ insist) 2. 요구하다　[명] 1. 주장　2. 요구, 청구

The suspect **claims** he doesn't know anything about the
crime.　그 용의자는 그 범죄에 대해 아무것도 모른다고 주장한다.

0300 ☐☐☐
artificial
[ɑ̀ːrtəfíʃəl]

[형] 인공의, 인위적인 (❹ natural)

The store sold jackets made from
artificial fur.
그 가게는 인조 모피로 만들어진 재킷을 팔았다.

클래스카드
매칭게임

· DAILY TEST ·

1-20 영어는 우리말로, 우리말은 영어로 바꾸시오.

1 generally _____
2 accept _____
3 bother _____
4 emerge _____
5 offend _____
6 injure _____
7 vary _____
8 wealth _____
9 chase _____
10 official _____

11 이상한, 별난; 홀수의 _____
12 날것의, 가공하지 않은 _____
13 논리적인 _____
14 세대, 대(代) _____
15 결의, 결단; 해결 _____
16 조직하다; 정리[체계화]하다 _____
17 극심한, 심각한; 가혹한; 엄격한 _____
18 가파른 _____
19 측정하다; 척도; 조치 _____
20 존경하다; 감탄하다 _____

21-25 문맥상 빈칸에 들어갈 알맞은 단어를 골라 쓰시오.

offer	series	consult	hesitate	artificial

21 If you _____, you'll miss this opportunity.

22 The store sold jackets made from _____ fur.

23 His _____ was very generous, so I accepted it.

24 I'm looking for a new television _____ to watch.

25 You should _____ with your doctor before going on a strict diet.

Answer 1 일반적으로, 대개 2 받아들이다, 수락하다 3 귀찮게 굴다, 괴롭히다; 성가심, 수고 4 나타나다, 모습을 드러내다; 드러나다 5 기분을 상하게 하다 6 상처를[부상을] 입히다, 손상하다 7 다르다[다르게 하다]; 변화하다[변화를 주다] 8 부, 재산 9 쫓다, 추격하다; 추구하다; 추적, 추구 10 공무원, 관계자; 공무상의, 공식적인 11 odd 12 raw 13 logical 14 generation 15 resolution 16 organize 17 severe 18 steep 19 measure 20 admire 21 hesitate 22 artificial 23 offer 24 series 25 consult

의미 추론을 돕는
어원별 어휘

---

a- 1. ~에 2. '강조' 3. '완료'

0301 □□□
alike
[əláik]

형 비슷한 (❸ similar) 부 비슷하게, 똑같이

➔ a('강조') + like(닮은) → 아주 닮은

The twins look **alike**.
그 쌍둥이들은 비슷하게 생겼다.

0302 □□□
amaze
[əméiz]

동 놀라게 하다 (❸ surprise)

➔ a('강조') + maze(당황하게 하다) → 매우 당황하게 하다

The singer **amazed** them with her beautiful voice.
그 가수는 아름다운 목소리로 그들을 놀라게 했다.

➕ amazing 형 놀라운, 멋진   amazed 형 놀란

0303 □□□
afford
[əfɔ́ːrd]

동 1. ~할 여유가 있다 2. 제공하다, 주다

➔ a('완료') + fford(해내다) → 해낼 수 있게 되었다

I cannot **afford** a new smartphone.
나는 새 스마트폰을 살 여유가 없다.

➕ affordable 형 (가격 등이) 알맞은, 감당할 수 있는

---

ab- 1. ~에서 떨어져 2. '강조'

0304 □□□
absolute
[ǽbsəlùːt]

형 1. 완전한 (❸ complete) 2. 절대적인 3. 확실한 (❸ unquestionable)

➔ ab(~에서 떨어져) + solute(풀다) → 느슨한 것에서 떨어진

Freedom of speech is an **absolute** necessity.
언론의 자유는 절대적인 필수 요소이다.

➕ absolutely 부 완전히, 확실히

0305 □□□
absorb
[əbsɔ́ːrb]

동 1. 흡수하다 2. (정보를) 받아들이다

➔ ab(~에서 떨어져) + sorb(빨아들이다) → 다른 것으로부터 빨아들이다

Sponges **absorb** water.
스펀지는 물을 흡수한다.

11

ad-

1. ~에 2. ~로 3. ~을 (향해)

• 변화형: ac-, ap-, a-

0306 ☐☐☐
adjust
[ədʒʌ́st]

图 1. 《~ to》 (환경 등에) 적응하다[시키다] 2. 조절[조정]하다

➔ ad(~에) + just(올바른) → ~에 제대로 맞게 하다

This program helps new immigrants **adjust** to the country.
이 프로그램은 새로운 이민자들이 나라에 적응하도록 도와준다.

I have to **adjust** my glasses to see better.
나는 더 잘 보기 위해 내 안경을 조정해야 한다.

0307 ☐☐☐
accompany
[əkʌ́mpəni]

图 1. 동행하다 2. 【음악】 반주하다 3. 수반하다

➔ ac(~로) + company(동행, 일행) → ~로 가는 길에 일행이 되다

My friend **accompanied** me to the airport.
내 친구는 공항까지 나와 동행하였다.

0308 ☐☐☐
appoint
[əpɔ́int]

图 1. 임명[지정]하다 2. (시간·장소 등을) 정하다

➔ ap(~로) + point(손가락으로 가리키다) → 지명하다

Ms. Jones **appointed** Ben as class president.
Jones 선생님은 Ben을 반장으로 임명했다.

Tomorrow the judge will **appoint** a trial date.
내일 판사가 재판 날짜를 정할 것이다.

○ appointment 图 1. 약속 2. 임명

0309 ☐☐☐
approach
[əpróutʃ]

图 1. 다가가다, 접근하다 2. (시간·정도 등이) 가까워지다
图 접근(법)

➔ ap(~에) + proach(접근하다) → 다가가다

He's nervous because his wedding day
is **approaching**.
그는 결혼 날짜가 가까워져서 긴장하고 있다.

0310 ☐☐☐
await
[əwéit]

图 (~을) 기다리다

➔ a(~을) + wait(기다리다) → ~을 기다리다

He sat at his computer, **awaiting** the email.
그는 이메일을 기다리면서 컴퓨터 앞에 앉아 있었다.

DAY 11

0311 □□□
abandon
[əbǽndən]

통 1. 버리다, 떠나다 2. 단념하다, 그만두다

➜ a(~에) + bandon(힘, 통제) → ~에게 힘, 통제권을 내어 주다

A man **abandoned** his bicycle on the road.
한 남자가 길에 그의 자전거를 버렸다.

We had to **abandon** our goal of eating 100 hot dogs.
우리는 핫도그 100개 먹기 목표를 포기해야 했다.

ante-

~ 앞에

● 변화형: ant(i)- ●

0312 □□□
advantage
[ədvǽntidʒ]

명 이점, 유리한 점, 우위 (⊕ disadvantage)

➜ adv(~으로) + ant(~ 앞에) + age(명사형 접미사) → 앞서는 것 → 유리함

Being born rich puts you at an **advantage** in life.
부유하게 태어나는 것은 네가 삶에서 유리한 위치에 있게 한다.

0313 □□□
anticipate
[æntísəpèit]

통 1. 예상[예측]하다 (⊕ expect) 2. 기대하다 (⊕ look forward to)

➜ anti(~ 앞에) + cip(잡아내다) + ate(동사형 접미사) → 미리 파악하다

My parents **anticipate** that I'll be a doctor one day.
나의 부모님은 내가 언젠가는 의사가 될 거라고 기대하신다.

➕ anticipation 명 예상[예측], 기대

bi-

둘, 두 개의

● 변화형: ba-, twi- ●

0314 □□□
balance
[bǽləns]

명 1. 균형, 평형 (⊕ imbalance) 2. 잔고[잔액]
통 1. 균형을 잡다 2. 상쇄하다 (⊕ offset)

➜ ba(두 개의) + lance(저울 접시) → 두 개의 저울 접시 → 균형

There is a delicate **balance** between life and death in nature.
자연에는 삶과 죽음 사이에 미묘한 균형이 존재한다.

0315 □□□
twist
[twist]

명 1. 비틀기, 꼬임 2. (도로·강 등의) 굴곡
통 1. 꼬다, 감다, 비틀다 2. 왜곡하다

➜ twi(두 개의) + st(어미) → 두 가닥으로 된 것

It's easy to **twist** your ankle when skating.
스케이트를 탈 때 네 발목을 삐기 쉽다.

com-   1. 함께   2. '강조'

변화형: con-

0316 □□□
com**bine**
[kəmbáin]

동 1. 결합하다[되다] 2. 겸비하다

➜ com(함께) + bine(두 가지를 동시에 하다) → 두 개가 함께 있도록 하다

Combine the dry and wet ingredients into a bowl.
마른 재료와 젖은 재료를 그릇에 섞어라.

⊕ combination 명 조합, 결합

0317 □□□
com**promise**
[kámprəmàiz]

명 타협[절충] 동 타협[절충]하다

➜ com(함께) + promise(약속하다) → 서로 간의 약속

We have to reach a **compromise** before the end of the day.
우리는 오늘 하루가 끝나기 전에 타협에 이르러야 한다.

0318 □□□
com**plain**
[kəmpléin]

동 1. 불평하다 2. (고통 등을) 호소하다

➜ com('강조') + plain(탄식하며 슬퍼하다) → 불평하다

In the spring, everyone **complains** about air pollution.
봄에는 모든 사람들이 대기오염에 대해 불평한다.

⊕ complaint 명 불평, 불만

0319 □□□
con**front**
[kənfránt]

동 (문제·어려움 등에) 직면하다, 맞서다

➜ con(함께) + front(정면) → 서로 마주보다

She must **confront** her fear of public speaking.
그녀는 대중 연설에 대한 두려움에 맞서야 한다.

⊕ confrontation 명 대결, 직면

0320 □□□
con**firm**
[kənfɔ́ːrm]

동 1. 사실임을 보여주다 2. 확정[공식화]하다

➜ con('강조') + firm(확고한) → 더욱 확고하게 하다

Please reply to this email to **confirm** your appointment with us.
저희와의 약속을 확정하기 위해서 이 이메일에 답해 주세요.

DAY 11

contra- ~에 반대[대항]하여

0321 ☐☐☐
contrary
[kántreri]

형 반대되는, 정반대의 (🔄 opposite) 명 반대의 것

→ contra(~에 반대하여) + ry(형용사형 접미사) → 반대의

Contrary to popular belief, french fries aren't from France.
일반적인 믿음과 달리, 프렌치프라이는 프랑스 음식이 아니다.

0322 ☐☐☐
contrast
동 [kəntrǽst]
명 [kántræst]

동 대조[대비]하다 명 대조[대비]

→ contra(~에 반대하여) + st(일어서다) → 대립하다

News outlets are already **contrasting** the new president to the last one. 언론 매체들은 이미 새 대통령을 전 대통령과 비교하고 있다.
I can see a **contrast** between the two colors.
나는 그 두 색상 사이의 대비를 볼 수 있다.

de- 1. 아래로 2. 떨어져 3. '강조' 4. '반대'

0323 ☐☐☐
derive
[diráiv]

동 1. 이끌어 내다, 얻다 2. ((~ from)) (~에서) 유래[파생]하다

→ de(떨어져) + rive(개울) → 개울에서 갈라져 나오다

Parents often **derive** happiness from their children.
부모는 흔히 그들의 자녀들로부터 행복을 얻는다.

0324 ☐☐☐
debate
[dibéit]

명 논의[논쟁], 토론 동 논의[논쟁]하다, 토론하다

→ de('강조') + bate(치다) → (상대방을) 철저히 치다

There will be a class **debate** on school uniforms tomorrow.
내일 교복에 관한 학급 토론이 있을 것이다.

0325 ☐☐☐
declare
[diklέər]

동 1. 선언[공표]하다 2. 단언하다 3. (세관에) 신고하다

→ de('강조') + clare(확실히 하다) → 분명하게 하다 → 선언하다

You should **declare** all of your earnings on your tax return.
당신은 소득 신고서에 당신의 모든 소득을 신고해야 합니다.

➕ declaration 명 1. 선언, 발표 2. 신고(서)

ex-   1. 밖으로   2. '강조'   3. ~을 넘어서

0326 ☐☐☐
export
동 [ikspɔ́ːrt]
명 [ékspɔːrt]

동 수출하다 (⊕ import)   명 수출(품)

➔ ex(밖으로) + port(나르다) → 수출하다

A number of countries **export** oil to the US.
많은 나라들이 미국으로 석유를 수출한다.

0327 ☐☐☐
expose
[ikspóuz]

동 1. 드러내다, 노출시키다 (⊕ reveal) 2. 폭로하다

➔ ex(밖으로) + pose(두다) → 드러내다

The nurse removed the patient's bandages to **expose** his
wound.   그 간호사는 환자의 상처를 노출시키기 위해 그의 붕대를 제거했다.

⊕ exposure 명 1. 노출 2. 폭로

0328 ☐☐☐
exaggerate
[igzǽdʒərèit]

동 과장하다

➔ ex('강조') + agger(쌓다) + ate(동사형 접미사) → 크게 쌓다 → 강조하다

He always **exaggerates** about his accomplishments.
그는 항상 자신의 업적에 대해 과장한다.

⊕ exaggeration 명 과장

0329 ☐☐☐
exhaust
[igzɔ́ːst]

동 1. 지치게 하다 2. (자원 등을) 다 써 버리다   명 배기(가스)

➔ ex('강조') + haust(끌어내다) → 다 끌어내다

Walking up the stairs is enough to **exhaust** me.
계단 오르기는 충분히 나를 지치게 한다.

⊕ exhausted 형 1. 지친 2. (자원 등이) 고갈된

0330 ☐☐☐
exceed
[iksíːd]

동 (한계·범위 등을) 넘다, 초과하다

➔ ex(~을 넘어서) + ceed(가다) → ~을 넘어가다

You **exceeded** the speed limit, so I'm going to give you a $50
fine.   당신이 제한 속도를 초과해서, 당신에게 벌금 50달러를 부과하겠습니다.

⊕ excess 명 과잉, 초과   excessive 형 과도한

· DAILY TEST ·

1-20 영어는 우리말로, 우리말은 영어로 바꾸시오.

1	derive _____	11	지치게 하다; 다 써 버리다 _____
2	anticipate _____	12	다가가다; 가까워지다; 접근 _____
3	absolute _____	13	균형; 잔고; 균형을 잡다 _____
4	await _____	14	불평하다; 호소하다 _____
5	accompany _____	15	논의, 토론; 논의[토론]하다 _____
6	expose _____	16	수출하다; 수출(품) _____
7	declare _____	17	흡수하다; 받아들이다 _____
8	abandon _____	18	과장하다 _____
9	compromise _____	19	대조[대비]하다; 대조[대비] _____
10	adjust _____	20	넘다, 초과하다 _____

21-25 문맥상 빈칸에 들어갈 알맞은 단어를 골라 쓰시오.

afford　　contrary　　appoint　　twist　　combine

21 I cannot _____ a new smartphone.

22 Tomorrow the judge will _____ a trial date.

23 It's easy to _____ your ankle when skating.

24 _____ the dry and wet ingredients into a bowl.

25 _____ to popular belief, french fries aren't from France.

Answer　1 이끌어 내다, 얻다; 유래[파생]하다 2 예상[예측]하다; 기대하다 3 완전한; 절대적인; 확실한 4 기다리다 5 동행하다; 반주하다; 수반하다 6 드러내다, 노출시키다; 폭로하다 7 선언[공표]하다; 단언하다; (세관에) 신고하다 8 버리다, 떠나다; 단념하다, 그만두다 9 타협[절충]; 타협[절충]하다 10 적응하다[시키다]; 조절[조정]하다 11 exhaust 12 approach 13 balance 14 complain 15 debate 16 export 17 absorb 18 exaggerate 19 contrast 20 exceed 21 afford 22 appoint 23 twist 24 Combine 25 Contrary

어원별 어휘 접두사

dis- 　　1. '부정'　　2. '반대'　　3. 떨어져　　• 변화형: dif-

0331 ☐☐☐
disagree
[dìsəgrí:]

동 1. 동의하지 않다　2. 일치하지 않다

➜ dis('부정') + agree(동의하다) → 동의하지 않다

The public **disagreed** with the judge's decision to free the criminal.　대중은 그 범죄자를 석방시키겠다는 판사의 결정에 동의하지 않았다.

➕ disagreement 명 1. 이견　2. 불일치

0332 ☐☐☐
disappear
[dìsəpíər]

동 사라지다, 없어지다 (반 appear)

➜ dis('반대') + appear(나타나다) → 사라지다

The woman was worried because her dog had suddenly **disappeared**.　그 여자는 그녀의 개가 갑자기 사라져서 걱정이 되었다.

0333 ☐☐☐
discount
동 [dískaunt, diskáunt]
명 [dískaunt]

동 1. 할인하다　2. 무시하다　명 할인

➜ dis(떨어져) + count(계산하다) → 떨어지게 계산하다

There is a **discount** for seniors who are 65 or older.　65세 이상의 노인들을 위한 할인이 있다.

0334 ☐☐☐
discourage
[diskə́:ridʒ]

동 낙담[단념]시키다 (반 encourage)

➜ dis(떨어져) + courage(용기) → 용기를 잃게 하다

The images on cigarette boxes are used to **discourage** smoking.　담뱃갑에 있는 이미지들은 흡연을 단념시키기 위해 사용된다.

➕ discouraged 형 낙담한

0335 ☐☐☐
dispose
[dispóuz]

동 1. ((~ of)) 폐기[처분]하다　2. 배치[정리]하다

➜ dis(떨어져) + pose(놓다) → 멀리 (다른 곳에) 두다 → 처분하다

Can you **dispose** of this bag of trash for me?
나를 위해 이 쓰레기봉투를 버려줄 수 있니?

➕ disposal 명 폐기[처분]　　disposable 형 일회용의

0336 ☐☐☐
differ
[dífər]

동 다르다

→ dif(떨어져) + fer(지니다) → 동떨어진 것을 지니다

Everyone's taste in clothes **differs**.
모든 사람의 옷 취향은 다르다.

➕ different 형 다른   difference 명 차이, 다름

en-

1. ~이 되게 하다   2. 안에

● 변화형: em-

0337 ☐☐☐
enable
[inéibl]

동 ~할 수 있게 하다, 가능하게 하다

→ en(~이 되게 하다) + able(가능한) → 가능하게 하다

The internet **enables** us to find information easily.
인터넷은 우리가 쉽게 정보를 찾을 수 있게 한다.

0338 ☐☐☐
endure
[indjúər]

동 1. 견디다, 참다 (⊜ bear) 2. 지속[계속]하다

→ en(~이 되게 하다) + dure(견고한) → 견고하게 하다

You don't have to **endure** their mean comments.
너는 그들의 심술궂은 발언을 참을 필요가 없다.

➕ endurable 형 참을 수 있는   endurance 명 인내(력)

0339 ☐☐☐
enforce
[infɔ́:rs]

동 1. (법률 등을) 시행[집행]하다 2. 강요하다

→ en(~이 되게 하다) + force(힘) → 힘을 발생시키다, 강력하게 하다

Tomorrow the government will **enforce** its new policy on protesting.   내일 정부는 시위에 관한 새 정책을 시행할 것이다.

➕ enforcement 명 1. 시행 2. 강제

0340 ☐☐☐
enhance
[inhǽns]

동 향상하다, 강화하다

→ en(~이 되게 하다) + hance(높은) → 높아지게 하다

Salt was added to **enhance** the sweetness of the watermelon.
수박의 당도를 높이기 위해 소금이 첨가되었다.

➕ enhancement 명 향상, 증대

12

0341 □□□
enrich
[inrítʃ]

동 1. 풍부하게 하다, 질을 높이다 2. 부유하게 하다

➔ en(~이 되게 하다) + rich(부유한) → 부유하게 하다

You can **enrich** your trip by learning the language of the country. 너는 그 나라의 언어를 배움으로써 여행의 질을 높일 수 있다.

0342 □□□
encounter
[inkáuntər]

동 1. (우연히) 마주치다 2. (문제 등에) 직면하다 명 우연한 마주침

➔ en(안에) + counter(반대되는 것) → (안에 있는 것과) 반대되는 것을 만나다

I **encountered** my childhood friend while running in the park.
나는 공원에서 달리다가 어릴 적 친구와 마주쳤다.

0343 □□□
embrace
[imbréis]

동 1. 포옹하다 (❸ hug) 2. (생각 등을) 받아들이다
명 1. 포옹 2. 수락, 용인

➔ em(안에) + brace(팔) → 팔 안에 넣다

We **embraced** as if we would never meet again. 우리는 마치 다시는 만나지 않을 것처럼 포옹했다.

---

in- (1)   1. 안에   2. 위에

변화형: il-

0344 □□□
inherent
[inhíərənt]

형 내재된, 타고난 (❸ acquired)

➔ in(안에) + herent(붙다) → 안에 붙은 → 내재된

Humans have an **inherent** need to be social.
인간은 사회적이고자 하는 타고난 욕구를 가지고 있다.

0345 □□□
insight
[ínsàit]

명 통찰(력)

➔ in(안에) + sight(꿰뚫이 보기) → 안을 꿰뚫어 보는 시야

The historian gave **insight** into how cultural norms came to be. 그 역사학자는 문화적 규범이 어떻게 생겨났는지에 대한 통찰을 주었다.

⊕ insightful 형 통찰력 있는

0346 ☐☐☐
intake
[íntèik]

명 섭취(량)

➜ in(안에) + take(취하다) → 섭취

The dietician recommended that I lower my **intake** of sugar.
그 영양사는 내게 당 섭취를 줄이라고 권했다.

0347 ☐☐☐
illustrate
[íləstrèit]

동 1. 설명하다 2. 삽화를 넣다

➜ il(위에) + lustrate(비추다) → 위로 불을 비추다 → 잘 보이게 하다

The speaker **illustrated** his point by showing the audience some recent statistics. 그 연설자는 몇몇 최근 통계를 청중에게 보여줌으로써 그의 주장을 설명했다.

➕ illustration 명 1. 삽화 2. 실례

---

in- (2)   '부정'

0348 ☐☐☐
informal
[infɔ́:rməl]

형 격식을 차리지 않는, 비공식적인 (반 formal)

➜ in('부정') + formal(공식적인) → 비공식적인

We hosted an **informal** party so everyone could get to know each other.   우리는 모두가 서로 알아갈 수 있도록 비공식적인 파티를 열었다.

0349 ☐☐☐
independent
[ìndipéndənt]

형 1. 독립한 2. 독립심이 강한 (반 dependent)

➜ in('부정') + dependent(의존하는) → 의존하지 않는

As an **independent** person, I prefer to live alone.
독립심이 강한 사람으로서, 나는 혼자 사는 것을 선호한다.

➕ independence 명 독립, 자립

0350 ☐☐☐
inevitable
[inévətəbl]

형 피할 수 없는, 필연적인 (반 evitable)

➜ in('부정') + evit(피하다) + able(할 수 있는) → 피할 수 없는

Death is **inevitable**, so you should live life to the fullest.
죽음은 피할 수 없으므로, 너는 삶을 최대한 충실하게 살아야 한다.

inter-

1. ~ 사이에   2. 상호 간, 서로

0351 ☐☐☐
inter**national**
[ìntərnǽʃənəl]

톙 국제적인, 국가 간의

➔ inter(~ 사이에) + national(국가의) → 국가 간의

Having strong **international** relations can greatly improve a
country's economy.
강력한 국제 관계를 갖는 것은 국가의 경제를 크게 향상시킬 수 있다.

0352 ☐☐☐
inter**pret**
[intə́ːrprit]

동 1. 해석[설명]하다 2. 통역하다 (逾 translate)

➔ inter(~ 사이에) + pret(값을 정하다) → 사이에서 흥정해 주다

Literature professors have spent years
interpreting Shakespeare's works.
문학 교수들은 셰익스피어의 작품을 해석하는 데
수년을 보내 왔다.

⊕ interpretation 톙 1. 해석 2. 통역
  interpreter 톙 통역자

0353 ☐☐☐
inter**val**
[íntərvəl]

톙 (시간·지점의) 간격

➔ inter(~ 사이에) + val(벽) → 벽 사이 → 간격

There's a four-year **interval** between Olympic Games.
올림픽 대회 사이에는 4년의 간격이 있다.

0354 ☐☐☐
inter**action**
[ìntərǽkʃən]

톙 상호 작용

➔ inter(상호 간) + action(행동) → 상호 작용

There isn't much **interaction** between the two tribes.
그 두 부족 간의 상호 작용은 많지 않다.

⊕ interact 동 소통하다, 상호 작용하다   interactive 톙 상호적인

0355 ☐☐☐
inter**fere**
[ìntərfíər]

동 1. ((~ in)) 간섭하다 2. ((~ with)) 방해하다

➔ inter(서로) + fere(치다) → 서로 치다 → 간섭하다

Interfering in someone else's problems
isn't smart.
타인의 문제에 간섭하는 것은 현명하지 않다.

⊕ interference 톙 간섭, 방해

uni-   하나의

0356 □□□
unify
[júːnəfài]

동 통일[통합]하다

➔ uni(하나의) + fy(~로 되다) → 하나로 되다

Abraham Lincoln wanted to **unify** America during the civil war.   에이브러햄 링컨은 남북 전쟁 당시 미국을 통합하고 싶어 했다.

➕ unification 명 통일[통합]   unified 형 통일[통합]된

0357 □□□
union
[júːnjən]

명 1. 결합, 합체 2. 연합, 조합

➔ uni(하나의) + on(명사형 접미사) → 하나가 됨

Marriage is the legal **union** of two people as partners.
결혼은 두 사람이 배우자로서 법적인 결합을 하는 것이다.

0358 □□□
unite
[juːnáit]

동 결합[연합]하다, 단결하다

➔ uni(하나의) + te(~하게 만들다) → 하나로 만들다

If we want to win the competition, we have to **unite** as a team.   경쟁에서 이기고자 한다면, 우리는 한 팀으로서 단결해야 한다.

➕ united 형 합친, 결합[연합]한

---

out-   밖으로

0359 □□□
outcome
[áutkʌm]

명 결과, 성과 (유 result)

➔ out(밖으로) + come(오다) → 밖으로 나온 것 → 결과

There is no way to predict the **outcome** of the match.
그 경기의 결과를 예측할 방법은 없다.

0360 □□□
outstanding
[àutstǽndiŋ]

형 1. 두드러진 2. 훌륭한, 뛰어난

➔ out(밖으로) + standing(서 있는) → 밖으로 튀어나온 → 뛰어난

Jim is looked up to for his **outstanding** work ethic.
Jim은 그의 훌륭한 직업의식으로 인해 존경받는다.

· DAILY TEST ·

1-20 영어는 우리말로, 우리말은 영어로 바꾸시오.

1	disagree	_____	11	사라지다, 없어지다	_____
2	interaction	_____	12	할인하다; 무시하다; 할인	_____
3	outcome	_____	13	통찰(력)	_____
4	enable	_____	14	독립한; 독립심이 강한	_____
5	enhance	_____	15	국제적인, 국가 간의	_____
6	inherent	_____	16	시행[집행]하다; 강요하다	_____
7	interfere	_____	17	설명하다; 삽화를 넣다	_____
8	union	_____	18	포옹하다; 받아들이다	_____
9	informal	_____	19	다르다	_____
10	discourage	_____	20	섭취(량)	_____

21-25 문맥상 빈칸에 들어갈 알맞은 단어를 골라 쓰시오.

dispose	interval	outstanding	unify	inevitable

21 Can you _____ of this bag of trash for me?

22 Jim is looked up to for his _____ work ethic.

23 Death is _____, so you should live life to the fullest.

24 There's a four-year _____ between Olympic Games.

25 Abraham Lincoln wanted to _____ America during the civil war.

Answer   1 동의하지 않다; 일치하지 않다 2 상호 작용 3 결과, 성과 4 ~할 수 있게 하다, 가능하게 하다 5 향상하다; 강화하다 6 내재된, 타고난 7 간섭하다; 방해하다 8 결합, 합체; 연합, 조합 9 격식을 차리지 않는, 비공식적인 10 낙담[단념]시키다 11 disappear 12 discount 13 insight 14 independent 15 international 16 enforce 17 illustrate 18 embrace 19 differ 20 intake 21 dispose 22 outstanding 23 inevitable 24 interval 25 unify

---

over-   넘어, 너머, 위에

0361 ☐☐☐
over**come**
[òuvərkʌ́m]

동 극복하다, 이겨내다

➔ over(넘어) + come(오다) → 넘어가다 → 극복하다

It is hard to **overcome** problems by yourself.
너 혼자서 문제들을 극복하기는 어렵다.

0362 ☐☐☐
over**seas**
부 [òuvərsíːz]
형 [óuvərsìːz]

부 해외로 (⊕ abroad)   형 해외에 있는, 해외의

➔ over(너머) + sea(바다) + s(부사형 어미) → 바다 너머로

You need a passport to travel **overseas**.
해외여행을 가기 위해서는 여권이 필요하다.

0363 ☐☐☐
over**look**
[òuvərlúk]

동 1. 간과하다 2. 눈감아 주다 3. 내려다보다

➔ over(넘어, 위에) + look(보다) → 넘겨보다, 위에서 보다 → 간과하다, 내려다보다

If you **overlook** this problem, it will get worse in the future.
만약 네가 이 문제를 간과한다면, 그것은 장차 더 악화될 것이다.

This hotel room **overlooks** the ocean.
이 호텔 객실은 바다를 내려다본다.

0364 ☐☐☐
over**whelm**
[òuvərwélm]

동 1. 압도[제압]하다 2. 어쩔 줄 모르게 만들다

➔ over(위에) + whelm(짓누르다) → 위에서 짓누르다 → 압도하다

Overwhelmed with grief, he didn't eat for two days.
그는 슬픔에 압도되어 이틀 동안 먹지 않았다.

⊕ overwhelming 형 압도적인   overwhelmed 형 압도된

0365 ☐☐☐
over**lap**
동 [òuvərlǽp]
명 [óuvərlæ̀p]

동 겹치다[겹쳐지다] 명 겹침, 중복

➔ over(위에) + lap(겹쳐 포개다) → 위에 겹쳐 놓다

Sadly, our schedules don't **overlap**.
슬프게도, 우리의 일정이 겹치지 않는다.

---

per- 완전히

0366 ☐☐☐
per**sist**
[pərsíst]

동 1. ((~ in)) (~을) 고집하다 2. 지속하다

➡ per(완전히) + sist(세우다) → 끝까지 서 있다 → 고집하다

I told him the plan wouldn't work, but he keeps **persisting**.
나는 그에게 그 계획이 통하지 않을 거라고 말했는데, 그는 계속 고집한다.

➕ persistent 형 1. 고집하는, 끈질긴 2. 지속하는

0367 ☐☐☐
per**spective**
[pərspéktiv]

명 1. 관점, 견해 (● viewpoint) 2. 원근법

➡ per(완전히) + spect(보다) + ive(명사형 접미사) → 전체를 봄 → 관점

Not everyone agrees with the professor's **perspective**.
모두가 그 교수의 견해에 동의하는 것은 아니다.

0368 ☐☐☐
per**suade**
[pərswéid]

동 설득하다

➡ per(완전히) + suade(촉구하다) → 완전히 촉구하다 → 설득하다

How can I **persuade** you that I'm telling the truth?
내가 진실을 말하고 있다고 너를 어떻게 설득할 수 있을까?

➕ persuasive 형 설득력 있는

---

pre- 먼저, 미리

0369 ☐☐☐
pre**cede**
[prisí:d]

동 ~에 앞서다[선행하다]

➡ pre(먼저) + cede(가다) → 앞서 가다

Steve Jobs **preceded** Tim Cook as Apple's CEO.
Steve Jobs는 Tim Cook보다 먼저 Apple사의 최고 경영자였다.

0370 ☐☐☐
pre**dict**
[pridíkt]

동 예측[예언]하다 (● forecast)

➡ pre(미리) + dict(말하다) → 미리 말하다 → 예측하다

Fortune-tellers are asked to **predict** the future.
점쟁이들은 미래를 예견해달라고 요청받는다.

➕ prediction 명 예측, 예상   predictable 형 예측할 수 있는

pro-   앞으로

0371 □□□
proceed
[prəsíːd]

동 1. (계속) 진행하다[되다] 2. 나아가다

➜ pro(앞으로) + ceed(가다) → 앞으로 나아가다

After hearing the news, are you sure you want to **proceed**?
너는 그 소식을 들은 뒤에도 계속 진행하고 싶은 게 확실하니?

⊕ procedure 명 절차, 과정

0372 □□□
produce
동 [prədjúːs]
명 [pródjuːs]

동 생산하다, 만들어 내다   명 농산물

➜ pro(앞으로) + duce(이끌다) → 앞으로 이끌어 내다 → 생산하다

Honeybees aren't the only insects that can **produce** honey.
꿀벌은 꿀을 생산할 수 있는 유일한 곤충이 아니다.

⊕ product 명 제품, 생산물   productive 형 생산적인
   production 명 생산, 제작

0373 □□□
progress
명 [práːgres]
동 [prəgrés]

명 1. 진행[진전] 2. 발전[발달]   동 1. 진행[진전]하다 2. 발전[발달]하다

➜ pro(앞으로) + gress(가다) → 앞으로 감

I am making good **progress** on my art project.
나는 내 미술 프로젝트에서 훌륭한 진전을 보이고 있다.

⊕ progressive 형 진보적인

0374 □□□
propose
[prəpóuz]

동 1. 제안[제시]하다 (⊜ offer) 2. 청혼하다

➜ pro(앞으로) + pose(놓다) → 앞에 놓다 → 제안하다

The team **proposed** that they meet again next week.
그 팀은 다음 주에 다시 만나자고 제안했다.

⊕ proposal 명 1. 제안 2. 청혼

---

re-   1. 다시   2. 뒤에

0375 □□□
recharge
[riːtʃáːrdʒ]

동 (재)충전하다

➜ re(다시) + charge(충전하다) → 다시 충전하다

Where can I **recharge** my phone?
제 휴대폰을 어디서 충전할 수 있습니까?

0376 ☐☐☐
re**new**
[rinjú:]

동 1. 재개하다 (유 resume) 2. 갱신[연장]하다

➜ re(다시) + new(새로운) → 다시 새롭게 하다

I need to **renew** my driver's license this Saturday.
나는 이번 주 토요일에 운전면허증을 갱신해야 한다.

⊕ renewal 명 1. 재개 2. 갱신[연장]

0377 ☐☐☐
re**place**
[ripléis]

동 1. 대신하다 2. 교체하다, 바꾸다

➜ re(다시) + place(놓다) → 다시 (다른 것으로) 놓다

I need to **replace** the batteries in the smoke detector.
나는 연기 탐지기의 배터리를 교체해야 한다.

⊕ replacement 명 대체, 교체

0378 ☐☐☐
re**vive**
[riváiv]

동 1. 소생[회복]시키다, (관습·유행 등을) 부활시키다 2. 재상영하다

➜ re(다시) + vive(살아나다) → 다시 살아나다

The catchy advertisement helped **revive** our sales.
그 기억하기 쉬운 광고는 우리의 매출이 되살아나도록 도왔다.

⊕ revival 명 1. 재생, 회복 2. 부흥, 재유행

0379 ☐☐☐
re**main**
[riméin]

동 1. (~한 상태로) 여전히 있다 2. 남아 있다 3. 머무르다 (유 stay)

➜ re(뒤에) + main(남다) → 뒤에 남다

Due to widespread forest fires, very few trees **remain**.
광범위한 산불로 인해 나무가 거의 남아 있지 않다.

0380 ☐☐☐
re**move**
[rimú:v]

동 1. 제거하다, 없애다 2. (옷 등을) 벗다 (유 take off)

➜ re(뒤에) + move(이동하다) → 뒤로 옮기다 → 없애다

Is there a way to **remove** chewing gum from hair?
머리카락에서 껌을 제거할 방법이 있을까요?

⊕ removal 명 제거

0381 □□□
re**present**
[rèprizént]

图 1. 대표하다 2. 나타내다, 상징하다 (⑨ stand for)

➡ re(뒤에) + present(내밀다) → 뒤에서 내밀다 → 앞으로 나오다 → 대표하다

Hearts are often used to **represent** love.
하트 모양은 흔히 사랑을 상징하기 위해 사용된다.

➕ representative 圆 대표자 圈 대표하는　representation 圆 1. 대표 2. 표현

0382 □□□
re**tire**
[ritáiər]

图 은퇴[퇴직]하다

➡ re(뒤에) + tire(당기다) → 뒤로 끌어내다 → 은퇴하다

People typically **retire** by the age of 65.
사람들은 일반적으로 65세 무렵에 은퇴한다.

➕ retirement 圆 은퇴

---

se-　　떨어져

0383 □□□
se**cure**
[sikjúər]

圈 안전한 (⑨ unsafe)　图 1. 안전하게 하다, 지키다 2. 확보하다

➡ se(떨어져) + cure(걱정) → 걱정이 없는 → 안전한

Newer phones are more **secure** against hacking.
신형 휴대폰이 해킹으로부터 더 안전하다.

The police **secured** the area around the building.
경찰은 그 건물 주변의 지역을 지켰다.

➕ security 圆 보안, 경비, 안전

0384 □□□
se**lect**
[silékt]

图 선택[선발]하다 (⑨ choose)

➡ se(떨어져) + lect(고르다) → 따로 골라내다 → 선택하다

You can **select** the design that you like best.
너는 네가 가장 좋아하는 디자인을 선택할 수 있다.

➕ selection 圆 선택　selective 圈 선택[선별]적인

0385 □□□
se**parate**
图 [sépərèit]
圈 [sépərət]

图 분리하다[되다], 나누다[나뉘다]　圈 분리된, 별개의

➡ se(떨어져) + parate(준비되다) → 따로 마련하다 → 분리하다

I always **separate** my clothes before washing them.
나는 세탁하기 전에 항상 내 옷들을 분리한다.

➕ separation 圆 분리, 구분　separately 囲 별도로, 따로

sub-   아래에

변화형: suf-, sup-

0386 ☐☐☐
suffer
[sʌ́fər]

图 1. (병·고통 등을) 겪다 2. (~로) 괴로워하다

➜ suf(아래에) + fer(견디다) → (고통) 아래에서 견디다

Mr. Smith **suffers** from having a bad back.
Smith 씨는 허리가 좋지 않아 괴로워한다.

➕ suffering 圀 고통

0387 ☐☐☐
support
[səpɔ́ːrt]

图 1. (의견 등을) 지지하다 2. 부양[지원]하다 3. (밑에서) 받치다
圀 1. 지지, 지원 2. 받침

➜ sup(아래에) + port(옮기다) → 아래에서 (위로) 옮기다 → 지지하다

Not all parents **support** the dreams of their children.
모든 부모가 자녀의 꿈을 지지하지는 않는다.

➕ supporter 圀 지지자, 후원자

trans-   이쪽에서 저쪽으로

0388 ☐☐☐
transfer
图 [trænsfə́ːr]
圀 [trǽnsfəːr]

图 1. 옮기다 2. 환승하다 3. 전송하다 圀 1. 이동 2. 환승

➜ trans(이쪽에서 저쪽으로) + fer(나르다) → 이쪽에서 저쪽으로 옮기다

Medical staff have to be very careful when
transferring a patient to another hospital.
의료진들은 환자를 다른 병원으로 이송할 때 매우 조심해야 한다.

0389 ☐☐☐
transform
[trænsfɔ́ːrm]

图 바꾸다, 변형시키다

➜ trans(이쪽에서 저쪽으로) + form(형성하다) → 형태를 바꾸다

He decided to **transform** his appearance before going to
university.   그는 대학에 가기 전에 외모에 변화를 줘야겠다고 결심했다.

➕ transformation 圀 변화, 변신

0390 ☐☐☐
translate
[trænsléit]

图 1. 번역[통역]하다 (➡ interpret) 2. 해석[설명]하다

➜ trans(이쪽에서 저쪽으로) + late(옮기다) → (말·글 등을) 이쪽에서 저쪽으로 옮기다

The school hired someone to **translate** for the new exchange
student.   그 학교는 새로운 교환 학생을 위해 통역할 사람을 고용했다.

➕ translation 圀 1. 번역 2. 해석   translator 圀 번역가, 통역사

· DAILY TEST ·

1-20 영어는 우리말로, 우리말은 영어로 바꾸시오.

1	overcome	_____	11	겹치다[겹쳐지다]; 겹침, 중복	_____
2	persuade	_____	12	고집하다; 지속하다	_____
3	progress	_____	13	번역[통역]하다; 해석[설명]하다	_____
4	transform	_____	14	지지하다; 부양하다; 받치다	_____
5	replace	_____	15	제거하다, 없애다; 벗다	_____
6	propose	_____	16	대표하다; 나타내다, 상징하다	_____
7	overlook	_____	17	안전한; 안전하게 하다; 확보하다	_____
8	precede	_____	18	압도하다; 어쩔 줄 모르게 만들다	_____
9	renew	_____	19	생산하다, 만들어 내다; 농산물	_____
10	transfer	_____	20	(병·고통 등을) 겪다; 괴로워하다	_____

21-25 문맥상 빈칸에 들어갈 알맞은 단어를 골라 쓰시오.

separate	predict	overseas	retire	recharge

21 Where can I _____ my phone?

22 You need a passport to travel _____.

23 I always _____ my clothes before washing them.

24 People typically _____ by the age of 65.

25 Fortune-tellers are asked to _____ the future.

Answer   1 극복하다, 이겨내다 2 설득하다 3 진행; 발전; 진행하다; 발전하다 4 바꾸다, 변형시키다 5 대신하다; 교체하다, 바꾸다 6 제안[제시]하다; 청혼하다 7 간과하다; 눈감아 주다; 내려다보다 8 ~에 앞서다[선행하다] 9 재개하다; 갱신[연장]하다 10 옮기다; 환승하다; 전송하다; 이동; 환승 11 overlap 12 persist 13 translate 14 support 15 remove 16 represent 17 secure 18 overwhelm 19 produce 20 suffer 21 recharge 22 overseas 23 separate 24 retire 25 predict

어원별 어휘 접미사

동사형 접미사 -(i)fy/-ate/-en ~화하다, ~하게 만들다

0391 ☐☐☐
modify
[mádəfài]

동 1. 수정[변경]하다 2. 【문법】 수식하다

→ mod(척도) + ify(~화하다) → 척도에 맞추다 → 수정하다

We will only agree to your plan if you **modify** it.
우리는 네가 계획을 수정할 경우에만 그것에 동의할 것이다.

⊕ modification 명 수정, 변경

0392 ☐☐☐
simplify
[símpləfài]

동 단순화하다

→ simple(단순한) + ify(~화하다) → 단순화하다

Teachers often **simplify** ideas so that their students can understand them. 교사들은 학생들이 이해할 수 있도록 종종 개념을 단순화한다.

⊕ simplicity 명 단순함, 간단함   simplification 명 간소화

0393 ☐☐☐
fascinate
[fǽsənèit]

동 매료시키다, (마음을) 사로잡다

→ fascin(마법을 걸다) + ate(~하게 만들다) → 마법에 걸리게 하다 → 매료시키다

Children are often **fascinated** by the unknown.
아이들은 종종 미지의 것에 매료된다.

⊕ fascinating 형 멋진, 매혹적인   fascinated 형 매료된

0394 ☐☐☐
originate
[ərídʒənèit]

동 비롯되다, 유래하다, 생기다

→ origin(기원) + ate(~하게 만들다) → 기원하다

The dance **originated** in the Hawaiian Islands.
그 춤은 하와이 제도에서 유래했다.

0395 ☐☐☐
straighten
[stréitn]

동 1. 곧게 하다[펴다] 2. ((~ up)) 정리[정돈]하다

→ straight(곧은) + en(~하게 만들다) → 곧게 하다

It's better to **straighten** your back when you sit. 앉을 때 등허리를 곧게 펴는 것이 더 좋다.

명사형 접미사 (1)
-(e)ty/-ity/-ance/-ence/-ure

성질, 상태, 행위

0396 ☐☐☐
variety
[vəráiəti]

명 1. 다양(성), 여러 가지 2. 종류

➔ vary(다르다) + ety(성질) → 다양성

This grocery store offers many **varieties** of fruit and vegetables.   이 식료품점은 많은 종류의 과일과 채소를 판다.

➕ various 혱 다양한   vary 통 1. 다르다 2. 변화를 주다

0397 ☐☐☐
ability
[əbíləti]

명 능력, 할 수 있음 (반 inability)

➔ able(할 수 있는) + ity(상태) → 할 수 있음

Chefs have the **ability** to do multiple tasks at once.
요리사는 여러 가지 일을 동시에 하는 능력이 있다.

0398 ☐☐☐
appearance
[əpíərəns]

명 1. 외모, 외관 2. 출현, 나타남 (반 disappearance)

➔ appear(나타나다) + ance(상태, 행위) → 외모, 나타남

Platypuses are known for their strange **appearance**.
오리너구리는 이상한 생김새로 알려져 있다.

0399 ☐☐☐
conference
[kánfərəns]

명 회의, 회담

➔ confer(의논하다) + ence(행위) → 회의

The **conference** on global warming is in Hall B.   지구 온난화에 관한 회담은 B홀에서 열린다.

0400 ☐☐☐
creature
[krí:tʃər]

명 1. (기이한) 동물 2. ~한 사람, ~한 자

➔ create(창조하다) + ure(상태, 행위) → 창조물 → 동물

The Amazon forest is filled with many different kinds of **creatures**.   아마존 숲은 여러 다른 종류의 동물들로 가득하다.

➕ creative 혱 창조적인, 창의적인   creator 명 창조자

0401 ☐☐☐
failure
[féiljər]

명 실패(자)

➡ fail(실패하다) + ure(행위) → 실패

The company's **failure** to pay its workers on time led to a
strike. 그 회사가 노동자들에게 제때 (임금을) 지급하지 못한 것은 파업으로 이어졌다.

명사형 접미사 (2)
-ant/-ent

행위자

0402 ☐☐☐
merchant
[mɔ́ːrtʃənt]

명 상인, 무역상 　형 상인의, 상선의

➡ merch(거래하다) + ant(행위자) → 장사하는 사람

The wine **merchant** has a wide selection of wines.
그 와인 상인은 다양한 와인을 갖추고 있다.

➕ merchandise 명 상품, 물품 동 판매하다

0403 ☐☐☐
resident
[rézidənt]

명 거주자, 주민 　형 거주하고 있는

➡ reside(거주하다) + ent(행위자) → 거주자

The prime minister is not very popular among local
residents. 그 수상은 지역 주민들 사이에서 그다지 인기가 많지 않다.

➕ residential 형 주거의 　　 residence 명 주택, 주거

명사형 접미사 (3)
-et/-le

작은 것

0404 ☐☐☐
target
[táːrgit]

명 1. 목표, 대상 2. 과녁 　동 표적으로 삼다

➡ targ(방패) + et(작은 것) → 목표로 하는 것

The archer easily hit the center of the **target**.
그 궁수는 쉽게 과녁의 중앙을 맞혔다.

0405 ☐☐☐
angle
[æŋgl]

명 1. 각도, 기울기 2. 관점

➡ ang(구부리다) + le(작은 것) → 구부러져 있는 것 → 각도

Wheelchair ramps should be at an **angle** of 4.8 degrees.
휠체어 경사로는 4.8도의 기울기여야 한다.

부사형 접미사 -ly   방식

0406 ☐☐☐
rarely
[réərli]

图 드물게, 좀처럼 ~않는 (❸ seldom)

➔ rare(드문) + ly(방식) → 드물게

Badgers **rarely** come out of their burrows during the day.
오소리는 낮 동안 좀처럼 굴 밖으로 나오지 않는다.

0407 ☐☐☐
merely
[míərli]

图 단지, 그저

➔ mere(단순한) + ly(방식) → 단지

It's not like she isn't sad; she **merely** hides it better.
그녀가 슬프지 않은 게 아니다. 그녀는 단지 슬픔을 더 잘 숨길 뿐이다.

형용사형 접미사 (1) -al/-ual/-ent   성질, 성향

0408 ☐☐☐
ideal
[aidíːəl]

혱 이상적인, 완벽한   몡 이상(적인 것)

➔ idea(생각) + al(성질) → 이상적인

Ripe bananas are **ideal** for making banana bread.
익은 바나나는 바나나 빵을 만들기에 이상적이다.

⊕ ideally 图 이상적으로   idealistic 혱 이상주의의

0409 ☐☐☐
literal
[lítərəl]

혱 문자[말] 그대로의

➔ liter(글자) + al(성질) → 글자 그대로의

The meanings of most idioms aren't **literal**.
대다수 관용구의 의미는 문자 그대로가 아니다.

⊕ literally 图 말 그대로, 그야말로

0410 ☐☐☐
social
[sóuʃəl]

혱 1. 사회적인, 사회의 2. 사교적인

➔ soci(친구) + al(성향) → 친구와 함께하는 → 사회의

If you want to have a **social** life, you need to go out more.
네가 사회 생활을 하고 싶다면, 더 많이 외출해야 한다.

⊕ socially 图 사회적으로   society 몡 사회
socialize 图 사회화하다, (사람들과) 어울리다

0411 ☐☐☐
intellectual
[ìntəléktʃuəl]

형 지능의, 지적인

➔ intellect(지성) + ual(성향) → 지적인

John is more **intellectual** than he seems.
John은 보기보다 더 지적이다.

⊕ intelligent 형 총명한, 지성 있는　　intelligence 명 지능

0412 ☐☐☐
urgent
[ə́:rdʒənt]

형 긴급한, 급박한

➔ urge(촉구하다) + ent(성향) → 긴급한

A head injury often needs **urgent** care.
머리 부상은 보통 긴급한 치료를 요한다.

⊕ urgently 부 긴급하게

0413 ☐☐☐
violent
[váiələnt]

형 1. 폭력적인, 난폭한　2. 격렬한

➔ violence(폭력) + ent(성향) → 폭력적인

The fans became **violent** when their team lost the game.
팬들은 그들의 팀이 경기에서 지자 난폭해졌다.

⊕ violently 부 격렬히　　violence 명 폭력

형용사형 접미사 (2)
-ate/-ary/-ative

성질, 성향

0414 ☐☐☐
literate
[lítərət]

형 읽고 쓸 줄 아는 (⊕ illiterate)

➔ liter(글자) + ate(성질) → 글자를 읽고 쓸 줄 아는

Globally, 86% of people who are older than 15 are **literate**.
세계적으로, 15세 이상의 사람들 중 86%가 읽고 쓸 줄 안다.

⊕ literacy 명 읽고 쓸 줄 아는 능력

0415 ☐☐☐
imaginary
[imǽdʒənèri]

형 상상[가상]의

➔ imagine(상상하다) + ary(성질) → 상상의

This book is about an **imaginary** land of unicorns and dragons.　이 책은 유니콘과 용이 있는 상상의 땅에 관한 것이다.

0416 □□□
imaginative
[imǽdʒənətiv]

형 상상력이 풍부한, 창의적인

➡ imagine(상상하다) + ative(성향) → 상상력이 풍부한

It is often said that kids are quite **imaginative** thinkers.
흔히 아이들은 상당히 상상력이 풍부한 사고가라고 한다.

형용사형 접미사 (3)
-ic/-ical/-ly/-ous

성질, 성향

0417 □□□
characteristic
[kæ̀riktərístik]

형 특징적인   명 특성, 특징

➡ character(특성) + ist(행위자) + ic(성질) → 특징(적인)

Durian is known for its **characteristic** smell and taste.
두리안은 특유의 향과 맛으로 알려져 있다.

⊕ character 명 1. 성격 2. 특성 3. 등장인물, 캐릭터

0418 □□□
typical
[típikəl]

형 1. 전형적인, 대표적인 2. 일반적인, 평범한

➡ type(유형) + ical(성향) → 유형을 나타내는 → 전형적인

It is **typical** for cats to dislike being in water.
고양이가 물에 있는 것을 싫어하는 것은 일반적이다.

⊕ typically 부 1. 전형적으로 2. 보통, 일반적으로

0419 □□□
costly
[kɔ́ːstli]

형 값비싼 (⊕ expensive)

➡ cost(가격) + ly(성질) → 비싼

The new employee made the **costly** mistake of downloading a virus.
그 새로운 직원은 바이러스를 다운로드하는 값비싼 실수를 저질렀다.

0420 □□□
continuous
[kəntínjuəs]

형 계속[연속]적인

➡ continue(계속하다) + ous(성질) → 계속적인

I asked my doctor about the **continuous** buzzing in my left ear.   나는 왼쪽 귀에서 계속되는 윙윙거리는 소리에 대해 의사에게 물었다.

⊕ continue 동 계속하다[되다]   continuously 부 계속해서

· DAILY TEST ·

1-20 영어는 우리말로, 우리말은 영어로 바꾸시오.

1	merely	_____	11	외모, 외관; 출현, 나타남	_____

1 merely _____   11 외모, 외관; 출현, 나타남 _____

2 costly _____   12 다양(성), 여러 가지; 종류 _____

3 modify _____   13 목표; 과녁; 표적으로 삼다 _____

4 literal _____   14 사회적인, 사회의; 사교적인 _____

5 resident _____   15 이상적인, 완벽한; 이상 _____

6 failure _____   16 폭력적인, 난폭한; 격렬한 _____

7 typical _____   17 비롯되다, 유래하다, 생기다 _____

8 imaginative _____   18 읽고 쓸 줄 아는 _____

9 intellectual _____   19 상인, 무역상; 상인의, 상선의 _____

10 continuous _____   20 각도, 기울기; 관점 _____

21-25 문맥상 빈칸에 들어갈 알맞은 단어를 골라 쓰시오.

rarely	urgent	simplify	ability	straighten

21 It's better to _____ your back when you sit.

22 Chefs have the _____ to do multiple tasks at once.

23 Badgers _____ come out of their burrows during the day.

24 A head injury often needs _____ care.

25 Teachers often _____ ideas so that their students can understand them.

Answer 1 단지, 그저 2 값비싼 3 수정[변경]하다; 수식하다 4 문자[말] 그대로의 5 거주자, 주민; 거주하고 있는 6 실패(자) 7 전형적인, 대표적인; 일반적인, 평범한 8 상상력이 풍부한, 창의적인 9 지능의, 지적인 10 계속[연속]적인 11 appearance 12 variety 13 target 14 social 15 ideal 16 violent 17 originate 18 literate 19 merchant 20 angle 21 straighten 22 ability 23 rarely 24 urgent 25 simplify

어원별 어휘 어근

---

ag

1. 행하다   2. 작용하다   3. 몰다

• 변화형: act, ig •

0421 ☐☐☐
agent
[éidʒənt]

명 1. 대리인, 중개인 2. (스포츠·연예 부문의) 에이전트 3. 직원, 요원

➔ ag(행하다) + ent(명사형 접미사) → (대신) 해 주는 사람

Your call will be transferred to one of our **agents**.
당신의 전화는 저희 직원들 중 한 명에게 연결될 것입니다.

0422 ☐☐☐
react
[riǽkt]

동 반응하다

➔ re(반응하여) + act(작용하다) → 반응하다

If you see a wolf in the wild, **react** calmly and slowly back
away.   만약 네가 야생에서 늑대를 본다면 침착하게 반응하고 천천히 뒤로 물러서라.

➕ reaction 명 반응

0423 ☐☐☐
navigate
[nǽvəgèit]

동 1. 길을 찾다 2. 항해하다, 조종하다

➔ nav(배) + ig(몰다) + ate(동사형 접미사) → 배를 조종하다

Did you know that dung beetles use the stars
and moon to **navigate** their way?
너는 쇠똥구리가 길을 찾기 위해 별과 달을 이용한다는 사실을 알았니?

➕ navigation 명 항해, 운항   navigator 명 조종사, 항해사

---

alter

다른

0424 ☐☐☐
alter
[ɔ́ːltər]

동 변경하다, 바꾸다 (⊜ change)

➔ alter(다른) → 다른 것으로 만들다

The doctor said that I have to **alter** my eating habits.
그 의사는 내가 식습관을 바꿔야 한다고 말했다.

➕ alteration 명 변화, 변경

15

0425 ☐☐☐
alternative
[ɔːltə́ːrnətiv]

명 대안, 대체 (수단) 형 대신하는, 대체의

➔ alter(다른) + (n)ative(형용사형 접미사) → 다른 것의

Scientists are looking for more **alternatives** to animal meat.
과학자들은 동물 고기에 대한 더 많은 대안들을 찾고 있다.

ann
해마다, 1년의

0426 ☐☐☐
anniversary
[æ̀nəvə́ːrsəri]

명 (매년 돌아오는) 기념일

➔ ann(i)(해마다) + vers(돌다) + ary(명사형 접미사)
→ 해마다 돌아오는 것

My grandparents are celebrating their
wedding **anniversary** tomorrow.
나의 조부모님은 내일 그들의 결혼기념일을 축하할 것이다.

0427 ☐☐☐
annual
[ǽnjuəl]

형 1. 해마다의, 연례의 2. 1년의, 한 해의

➔ ann(1년의) + ual(형용사형 접미사) → 1년의

Local villagers are preparing for the **annual** potato festival.
지역 사람들은 연례 감자 축제를 준비하고 있다.

➕ annually 부 매년, 1년에 한 번

cap
잡다, 취하다   • 변화형: cupy, cept, cip, ceive •

0428 ☐☐☐
capable
[kéipəbl]

형 1. 유능한, 역량 있는 2. ((~ of)) (~을) 할 수 있는 (⊕ able)

➔ cap(잡다) + able(할 수 있는) → 잡을 수 있는 → 감당할 수 있는

Kangaroos are **capable** of jumping over six feet high.
캥거루는 6피트 이상으로 점프할 수 있다.

➕ capability 명 능력, 역량

0429 ☐☐☐
capture
[kǽptʃər]

동 1. 잡다, 포획하다 2. 점유하다 명 1. 포획 2. 점령

➔ cap(잡다) + ture(명사형 접미사) → 잡기, 포획

The police **captured** the thief before he could drive away.
경찰은 도둑이 차를 몰고 달아나기 전에 그를 잡았다.

0430 ☐☐☐
occupy
[ákjupài]

图 1. (공간·시간 등을) 차지하다, 점유하다 2. 점령하다

➔ oc('강조') + cupy(잡다, 취하다) → 꽉 잡다 → 차지하다

That room is **occupied** by four university students.
그 방에는 네 명의 대학생들이 있다.

⊕ occupant 명 (주택 등의) 점유자　　　occupancy 명 점유

0431 ☐☐☐
except
[iksépt]

전 ~을 제외하고, ~ 이외에는　　접 ((~ that)) ~라는 점만 제외하고

➔ ex(밖으로) + cept(취하다) → ~을 빼놓고, 제외하고

Harry loves all fruit **except** for pears.
Harry는 배를 제외한 모든 과일을 좋아한다.

0432 ☐☐☐
participate
[pɑːrtísəpèit]

图 참여[참가]하다

➔ parti(부분) + cip(취하다) + ate(동사형 접미사)
→ ~의 부분을 차지하다 → 참여하다

To **participate** in the event, please sign up
on our website.
행사에 참여하려면, 저희 웹 사이트에서 신청해 주세요.

⊕ participant 명 참가자　　　participation 명 참여[참가]

0433 ☐☐☐
perceive
[pərsíːv]

图 인지하다, 알아차리다

➔ per(철저하게) + ceive(취하다) → 철저히 취하다 → 파악하다

Celebrities often care about how people **perceive** them.
유명인들은 종종 사람들이 그들을 어떻게 인지하는지 신경 쓴다.

⊕ perception 명 지각, 인지

---

cern

1. 체로 쳐서 가려내다　　2. 분리하다　　　●변화형: cri ●

0434 ☐☐☐
concern
[kənsə́ːrn]

명 1. 우려, 걱정 2. 관심사 3. 관계
图 1. 걱정하다[시키다] 2. 관심을 갖다 3. 관여[관계]하다

➔ con(함께) + cern(체로 쳐서 가려내다) → 함께 체로 쳐서 옳고 그름을 가려내다
→ (문제 등에 갖는) 관심 → 관여하다

Our greatest **concern** is the success of the company.
우리의 가장 큰 관심사는 회사의 성공이다.

Doctors are **concerned** about the well-being of their patients.
의사들은 그들의 환자들의 행복에 대해 걱정한다.

0435 ☐☐☐
crisis
[kráisis]

명 위기, 어려운 상황

➔ cri(분리하다) + sis(명사형 접미사) → 분리되어 갈라짐 → 위기

There has been an economic **crisis** due to the war.
전쟁으로 인한 경제적인 위기가 있어 왔다.

---

char

사랑하는, 소중한

변화형: cher

0436 ☐☐☐
char**ity**
[tʃǽrəti]

명 1. 자선 (단체) 2. 너그러움, 자비심

➔ char(사랑하는) + ity(명사형 접미사) → 사랑하는 마음으로 베푸는 것

This **charity** gives food to the homeless.
이 자선 단체는 노숙자들에게 음식을 제공한다.

0437 ☐☐☐
cher**ish**
[tʃériʃ]

동 소중히 하다

➔ cher(소중한) + ish(동사형 접미사) → 소중하게 여기다

You should always **cherish** the people
around you. 너는 항상 네 주변 사람들을 소중히 해야 한다.

---

cide

자르다

변화형: cis

0438 ☐☐☐
de**cis**ion
[disíʒən]

명 결정, 판단

➔ de(떼다) + cis(자르다) + ion(명사형 접미사) → (문제의 매듭을) 잘라냄 → 해결, 결정

The **decision** to replace the historical building with a new one
caused widespread protest.
역사적인 건물을 새 건물로 바꾸겠다는 결정은 대규모 시위를 불러일으켰다.

0439 ☐☐☐
pre**cis**e
[prisáis]

형 1. 정확한, 정밀한 (➌ exact) 2. (사람·태도가) 꼼꼼한, 세밀한

➔ pre(앞의) + cis(e)(자르다) → 앞을 잘라낸 → (불필요한 것을 잘라내고) 정확한

He's a very **precise** painter, always making sure to paint within
the outline. 그는 매우 세밀한 화가인데, 항상 반드시 윤곽선 안쪽만을 색칠한다.

➕ precisely 부 정확하게

circul
원, 둘레에

변화형: circu(m)

0440 ☐☐☐
circuit
[sə́:*r*kit]

명 1. 순환, 순회 2. 【전기】 회로

➜ circu(둘레에) + it(가다) → 둘레를 도는 것

Make sure you don't get water on the electrical **circuit**.
전기 회로에 물이 닿지 않도록 해라.

0441 ☐☐☐
circumstance
[sə́:*r*kəmstæns]

명 ((주로 ~s)) 상황, 환경

➜ circum(둘레에) + stance(서 있다) → 주위에 서 있는 것

Under no **circumstances** should you cheat on a test.
너는 어떤 상황에서도 시험에서 부정행위를 하면 안 된다.

---

clud
닫다

0442 ☐☐☐
conclude
[kənklú:d]

동 1. 결론을 내리다 2. 끝내다[끝나다] 3. (협정 등을) 맺다

➜ con('강조') + clud(e)(닫다) → 완전히 닫다 → 결론짓다

The police **concluded** that the woman couldn't have stolen the ring. 경찰은 그 여자가 반지를 훔쳤을 리가 없다고 결론 내렸다.

➕ conclusion 명 결론

0443 ☐☐☐
exclude
[iksklú:d]

동 제외하다, 배제하다 (⊜ include)

➜ ex(밖에) + clud(e)(닫다) → 밖에 놓고 닫다 → 제외하다

It is unkind to **exclude** people from conversations.
사람을 대화에서 배제시키는 것은 불친절하다.

➕ exclusive 형 배타적인, 독점적인 명 독점 기사

0444 ☐☐☐
include
[inklú:d]

동 포함하다 (⊜ exclude)

➜ in(안에) + clud(e)(닫다) → 안에 넣고 닫다 → 포함하다

The new smartphone doesn't **include** a charger.
그 새 스마트폰은 충전기를 포함하지 않는다.

➕ inclusive 형 포괄적인   inclusion 명 통합, 포함

cogn 알다

변화형: (g)no

0445 ☐☐☐
recognize
[rékəgnàiz]

통 1. 인정하다, 승인하다 2. 알아보다, 분간하다

➜ re(다시) + cogn(알다) + ize(동사형 접미사) → 다시 알아보다

No one **recognized** Mary after her transformation.
Mary의 변신 이후에 아무도 그녀를 알아보지 못했다.

➕ recognition 명 1. 인식 2. 인정 3. 표창, 포상

0446 ☐☐☐
ignore
[ignɔ́:r]

통 무시하다, 못 본 척하다

➜ i('부정') + gno(알다) + re(어미) → 모르는 척하다

I asked for a raise but my manager **ignored** the request.
나는 임금 인상을 요구했지만 매니저는 그 요구를 무시했다.

➕ ignorance 명 무지, 무식   ignorant 형 무지한, 모르는

0447 ☐☐☐
noble
[nóubl]

형 1. 고귀한, 숭고한 2. 귀족의

➜ no(알다) + ble(형용사형 접미사) → 알려진 → 고귀한

Not all donations are used toward a **noble** cause.
모든 기부가 고귀한 명분을 위해 쓰이는 것은 아니다.

She came from a **noble** family and never worried about
money.   그녀는 귀족 가문 출신이었고 돈에 대한 걱정을 전혀 하지 않았다.

➕ nobility 명 1. 고귀함 2. 귀족

equ 같은

0448 ☐☐☐
equal
[íːkwəl]

형 동일한, 평등한   명 동등한 사람[것]   통 같다

➜ equ(같은) + al(형용사형 접미사) → 정도가 같은

The two boxes were **equal** in weight.
그 두 상자는 무게가 동일했다.

➕ equally 부 똑같이, 평등하게
   equality 명 평등, 동등

DAY 15

equivalent
[ikwívələnt]

⌐형⌐ ((~ to)) (~와) 동등한, (~에) 상당하는   ⌐명⌐ 등가물, 상당물

➜ equ(i)(같은) + val(가치) + ent(형용사형·명사형 접미사) → 같은 가치의 (것)

Hola is the Spanish **equivalent** for "Hello."
*Hola*는 "Hello"의 스페인어에 해당한다.

---

adequate
[ǽdikwət]

⌐형⌐ 적당한, 충분한 (⊕ inadequate)

➜ ad(~에) + equ(같은) + ate(형용사형 접미사) → (필요에) 맞는

This house is **adequate** for four people.
이 집은 네 사람에게 적당하다.

· DAILY TEST ·

클래스카드
매칭게임

1-20 영어는 우리말로, 우리말은 영어로 바꾸시오.

1 navigate _____

2 perceive _____

3 adequate _____

4 circumstance _____

5 precise _____

6 occupy _____

7 alternative _____

8 anniversary _____

9 cherish _____

10 agent _____

11 위기, 어려운 상황 _____

12 결론을 내리다; 끝내다 _____

13 인정하다; 알아보다 _____

14 무시하다, 못 본 척하다 _____

15 결정, 판단 _____

16 자선 (단체); 너그러움 _____

17 포함하다 _____

18 제외하다, 배제하다 _____

19 반응하다 _____

20 고귀한, 숭고한; 귀족의 _____

21-25 문맥상 빈칸에 들어갈 알맞은 단어를 골라 쓰시오.

| alter | except | annual | capable | participate |

21 Harry loves all fruit _____ for pears.

22 Kangaroos are _____ of jumping over six feet high.

23 The doctor said that I have to _____ my eating habits.

24 Local villagers are preparing for the _____ potato festival.

25 To _____ in the event, please sign up on our website.

Answer 1 길을 찾다; 항해하다, 조종하다 2 인지하다, 알아차리다 3 적당한, 충분한 4 상황, 환경 5 정확한, 정밀한; 꼼꼼한, 세밀한 6 차지하다, 점유하다; 점령하다 7 대안, 대체 (수단); 대신하는, 대체의 8 기념일 9 소중히 하다 10 대리인, 중개인; 에이전트; 직원, 요원 11 crisis 12 conclude 13 recognize 14 ignore 15 decision 16 charity 17 include 18 exclude 19 react 20 noble 21 except 22 capable 23 alter 24 annual 25 participate

crea
1. 만들다   2. 자라다
• 변화형: cruit •

0451 ☐☐☐
recreate
[riːkriéit]

동 1. 되살리다, 재현하다 2. 기분을 전환시키다

➜ re(다시) + crea(만들다) + te(어미) → 다시 만들다

The future bride asked us to **recreate** her mother's wedding dress.   예비 신부는 우리에게 그녀의 어머니의 웨딩드레스를 재현해달라고 요청했다.

⊕ recreation 명 휴양, 오락

0452 ☐☐☐
recruit
[rikrúːt]

동 모집하다, 채용하다   명 신병, 신입 회원

➜ re(다시) + cruit(자라다) → (인원을) 다시 늘리다 → 모집하다

Organizations set up booths to **recruit** volunteers.
기관들은 자원봉사자를 모집하기 위해 부스를 설치했다.

⊕ recruitment 명 모집, 채용

cred
믿다

0453 ☐☐☐
credit
[krédit]

명 1. 신용 (거래), 신뢰 2. 칭찬, 공로   동 믿다

➜ cred(믿다) + it(어미) → 믿다 → 신용

Don't give any **credit** to those rumors.
그 소문들을 믿지 마.

0454 ☐☐☐
incredible
[inkrédəbl]

형 1. 믿어지지 않는 (⊕ unbelievable) 2. 엄청난, 놀랄 만한

➜ in('부정') + cred(믿다) + ible(~할 수 있는) → 믿을 수 없는

The man lifted the car in an **incredible** feat of strength.
그 남자는 믿을 수 없는 힘을 발휘해 차를 들어 올렸다.

⊕ incredibly 부 믿을 수 없을 만큼, 엄청나게

dict 말하다

0455 □□□
dedicate
[dédikèit]

동 헌신[전념]하다, 바치다 (@ devote)

➜ de(떨어져) + dic(말하다) + ate(동사형 접미사) → 따로 챙겨 두겠다고 말하다
→ 따로 뒀다가 바치다

I **dedicated** all my time to studying, only to fail.
나는 내 모든 시간을 공부하는 데 바쳤지만, 결국 낙제했다.

➕ dedicated 형 전념하는, 헌신적인　　dedication 명 전념, 헌신

0456 □□□
indicate
[índikèit]

동 1. (손으로) 가리키다, 지적하다　2. 나타내다, 암시하다

➜ in(안에) + dic(말하다) + ate(동사형 접미사) → (안에서) 말하여 가리키다

This study **indicates** that four-day workweeks don't decrease
productivity.　이 연구는 주 4일 근무가 생산성을 저하시키지 않음을 나타낸다.

➕ indication 명 표시, 징후　　indicator 명 지표, 지수

dom 1. 집　2. 주인

0457 □□□
domain
[douméin]

명 1. 영토　2. 분야, 영역　3. 【인터넷】 도메인

➜ 라틴어 domus(집)에서 유래 → 집, 집 주인 → 주인의 영역

Cooking is my husband's **domain**—not mine.
요리는 내 영역이 아닌 남편의 영역이다.

0458 □□□
domestic
[dəméstik]

형 1. 국내의 (@ foreign)　2. 가정의

➜ dom(e)(집) + stic(형용사형 접미사) → 집에 속하는

He argued that the government should focus on **domestic**
affairs.　그는 정부가 국내 문제에 집중해야 한다고 주장했다.

➕ domestically 부 국내에서, 가정적으로

fa 말하다

fame
[feim]

명 명성, 명망

➔ fa(me)(말하다) → (공공연한) 이야기 → 명성

Justin Bieber rose to **fame** through YouTube.
Justin Bieber는 YouTube를 통해 명성을 얻었다.

⊕ famous 형 유명한

---

fate
[feit]

명 운명

➔ fa(te)(말하다) → 신(神)의 말 → 운명

Fate led me to this place.
운명이 나를 이 장소로 이끌었다.

---

infant
[ínfənt]

명 1. 유아 2. 입문자　형 1. 유아의 2. 초기의

➔ in('부정') + fa(말하다) + (a)nt(명사형 접미사) → 말하지 못하는 사람

Product development is still in its **infant** stage.
제품 개발은 여전히 초기 단계에 있다.

⊕ infancy 명 유아기

fac 1. 만들다　2. 행하다　　● 변화형: fi(c)

sufficient
[səfíʃənt]

형 충분한 (⊕ insufficient)

➔ suf(아래에) + fic(i)(만들다) + ent(형용사형 접미사)
　→ 아래부터 위까지 만들어진 → 충분한

The man had **sufficient** water to last five days.
그 남자는 5일을 견디기에 충분한 물이 있었다.

⊕ sufficiently 부 충분히

---

efficient
[ifíʃənt]

형 효율적인, 능률적인 (⊕ inefficient)

➔ ef(밖으로) + fic(i)(행하다) + ent(형용사형 접미사) → (결과가) 밖으로 나오게 하는

You should be more **efficient** when you wash the dishes.
너는 설거지를 할 때 더 효율적으로 해야 한다.

⊕ efficiently 부 효율적으로　　efficiency 명 효율, 능률

0464 ☐☐☐
benefit
[bénəfit]

몡 이익, 혜택　툉 이익을 주다

➔ bene(좋은) + fi(t)(행하다) → 좋은 행위

A hidden **benefit** of learning music is improved math skills.
음악을 배우는 것의 숨겨진 이익은 수학 능력 향상이다.

⊕ beneficial 휑 유익한, 이로운

flo

흐르다

0465 ☐☐☐
float
[flout]

툉 (물에) 뜨다, 떠다니다 (빤 sink)

➔ 중세 영어 flote(물에 떠 있다)에서 유래

Some logs **float**, but others sink.
어떤 통나무는 물에 뜨지만, 다른 것들은 가라앉는다.

0466 ☐☐☐
flow
[flou]

툉 흐르다, 흘러 들어가다　몡 흐름, 유입

➔ 중세 영어 flouen(흐르다)에서 유래

Toxic waste is **flowing** into our oceans.
유독성 폐기물이 우리의 바다로 흘러 들어가고 있다.

form

형태, 구성

0467 ☐☐☐
formula
[fɔ́ːrmjulə]

몡 1. 【수학·화학】 공식　2. 방식

➔ form(형태) + ula(작은 것) → 작은 형식 → 공식

The math **formula** we learned today is so hard to use!
우리가 오늘 배운 수학 공식은 활용하기 너무 어려워!

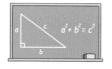

⊕ formulate 툉 만들어 내다, 공식화하다

0468 ☐☐☐
reform
[rifɔ́ːrm]

몡 개혁, 개선　툉 개혁하다, 개선하다

➔ re(다시) + form(구성) → 다시 구성(하다)

The citizens want the government to **reform** the police.
시민들은 정부가 경찰을 개혁하기를 원한다.

fort 강한

변화형: for

0469 ☐☐☐
effort
[éfərt]

몡 노력, 수고

→ ef(밖으로) + fort(강한) → 강한 힘을 밖으로 냄

The swimming team is making an **effort** to win first place.
그 수영 팀은 1등을 하기 위해 노력하고 있다.

0470 ☐☐☐
reinforce
[rìːinfɔ́ːrs]

동 보강하다, 강화하다

→ re(다시) + in(만들다) + for(ce)(강한) → 다시 강하게 하다

The builder **reinforced** the wooden beams with steel bars.
그 건축업자는 나무 기둥을 철근으로 보강했다.

⊕ reinforcement 몡 보강, 강화

---

fund 1. 바닥   2. 기초를 두다

변화형: found

0471 ☐☐☐
fundamental
[fÀndəméntl]

혱 1. 기초[기본]적인, 근본적인 2. 핵심적인, 필수적인 (⊜ essential)

→ fund(a)(바닥) + ment('상태') + al(형용사형 접미사) → 기본이 되는

A **fundamental** belief in Christianity is the existence of God.
기독교의 근본적인 믿음은 신의 존재이다.

0472 ☐☐☐
profound
[prəfáund]

혱 1. 심오한 2. (영향 등이) 강한 3. (학식 등이) 깊은

→ pro(앞에) + found(바닥) → 바닥으로 나아간 → 깊은

My grandmother offered me **profound** advice: it costs
nothing to be kind.
나의 할머니는 나에게 심오한 충고를 해 주셨는데, 친절함에는 비용이 들지 않는다는 것이다.

0473 ☐☐☐
found
[faund]

동 (founded – founded) 1. 설립하다, 세우다 (⊜ establish)
　　　　　　　　　　　2. ~에 기초[근거]를 두다

→ found(기초를 두다) → 설립하다

Today we celebrate the day our company was **founded**.
오늘 우리는 우리 회사가 설립된 날을 기념한다.

⊕ foundation 몡 1. 창립 2. 기반[기초]　　　　founder 몡 설립자, 창시자

gard

1. 지켜보다   2. 보호하다

변화형: guard, guarant

0474 ☐☐☐
regard
[rigá:rd]

동 ~을 (…으로) 여기다   명 1. 존경, 경의 2. 관심, 고려 3. ((~s)) 안부

➜ re('강조') + gard(지켜보다) → 잘 지켜보다 → 주의를 기울이다

The class **regards** Mr. Hill as the best teacher in the world.
그 학급 학생들은 Hill 씨를 세계 최고의 선생님이라고 여긴다.

Please send my **regards** to your wife.
당신의 아내에게 제 안부를 전해주세요.

➕ regardless 부 ((~ of)) 상관하지 않고   regarding 전 ~에 대하여

0475 ☐☐☐
guard
[ga:rd]

동 지키다, 보호하다   명 1. 경비원[경호원] 2. 경계, 감시

➜ 고대 프랑스어 garder(경호)에서 유래

A **guard** stands in front of the prison cell.
교도관이 감방 앞에 서 있다.

➕ guardian 명 보호자, 수호자

0476 ☐☐☐
guarantee
[gæ̀rəntí:]

명 보장, 보증(서)   동 보장[보증]하다

➜ guarant(보호하다) + ee(명사형 접미사) → 보호하는 것 → 보증

There is no **guarantee** that you'll get the job.
네가 그 일자리를 얻을 거라는 보장은 없다.

Don't worry if you don't like the bed; it comes with a one-year
guarantee.   침대가 마음에 들지 않을까 걱정 마세요. 그것은 1년간 보증이 됩니다.

---

gra

붙잡다

변화형: gri

0477 ☐☐☐
grab
[græb]

동 붙잡다, 잡아채다   명 붙잡음

➜ 중세 네덜란드어 grabben(잡다)에서 유래

When the girl fell, she **grabbed** onto a person nearby.
그 여자아이는 넘어질 때 근처에 있는 사람을 붙잡았다.

DAY 16

0478 ☐☐☐
grip
[grip]

명 1. 꽉 잡음, 움켜잡는 방식 2. 통제, 지배(력) 동 붙잡다, 쥐다

➔ 고대 영어 gripa(한 줌)에서 유래

Some babies will **grip** onto your hair
and not let go.
어떤 아기들은 네 머리카락을 붙잡고 놓아주지 않을 것이다.

labor

일하다

0479 ☐☐☐
collaborate
[kəlǽbərèit]

동 (일을) 공동으로 하다, 협력[협업]하다

➔ col(함께) + labor(일하다) + ate(동사형 접미사) → 함께 일하다

Many people have to **collaborate** to create a movie.
한 편의 영화를 만들기 위해서는 많은 사람들이 협업해야 한다.

➕ collaboration 명 협력, 합작

0480 ☐☐☐
elaborate
형 [ilǽbərət]
동 [ilǽbərèit]

형 정교한, 공들인 동 1. ((~ on)) 자세히 말하다 2. 정교하게 만들어 내다

➔ e('강조') + labor(일하다) + ate(형용사형 접미사) → 열심히 일한 → 공들인

When Judy was fifteen, she made an **elaborate** plan for her
future.   Judy는 15살이었을 때 그녀의 미래에 대한 정교한 계획을 세웠다.
Can you **elaborate** more on your ideas?
네 생각을 더 자세히 말해줄 수 있니?

➕ elaboration 명 정교화, 공들임

· DAILY TEST ·

1-20 영어는 우리말로, 우리말은 영어로 바꾸시오.

1 fate _____
2 grab _____
3 incredible _____
4 efficient _____
5 recreate _____
6 dedicate _____
7 reform _____
8 profound _____
9 indicate _____
10 fundamental _____

11 신용 (거래); 칭찬, 공로; 믿다 _____
12 흐르다; 흐름, 유입 _____
13 이익, 혜택; 이익을 주다 _____
14 공식; 방식 _____
15 정교한; 자세히 말하다 _____
16 보장, 보증(서); 보장하다 _____
17 유아; 입문자; 유아의; 초기의 _____
18 모집하다, 채용하다; 신입 회원 _____
19 국내의; 가정의 _____
20 영토; 분야; 도메인 _____

21-25 문맥상 빈칸에 들어갈 알맞은 단어를 골라 쓰시오.

| effort | guard | float | sufficient | collaborate |

21 Some logs _____, but others sink.
22 A(n) _____ stands in front of the prison cell.
23 The man had _____ water to last five days.
24 Many people have to _____ to create a movie.
25 The swimming team is making a(n) _____ to win first place.

Answer 1 운명 2 붙잡다, 잡아채다; 붙잡음 3 믿어지지 않는; 엄청난, 놀랄 만한 4 효율적인, 능률적인 5 되살리다, 재현하다; 기분을 전환시키다 6 헌신[전념]하다, 바치다 7 개혁, 개선; 개혁하다, 개선하다 8 심오한; 강한; 깊은 9 가리키다, 지적하다; 나타내다, 암시하다 10 기초[기본]적인, 근본적인; 핵심적인, 필수적인 11 credit 12 flow 13 benefit 14 formula 15 elaborate 16 guarantee 17 infant 18 recruit 19 domestic 20 domain 21 float 22 guard 23 sufficient 24 collaborate 25 effort

gener 출생

변화형: gen

0481 ☐☐☐
generate
[dʒénərèit]

⑧ 1. (전기·열 등을) 발생시키다 2. (생각·감정 등을) 일으키다

➔ gener(출생) + ate(동사형 접미사) → 낳다, 생성하다

Sunlight, wind, and water can all be used to **generate** electricity. 햇빛, 바람, 그리고 물은 모두 전기를 발생시키는 데 사용될 수 있다.

➕ generation ⑲ 1. 세대 2. 발생

0482 ☐☐☐
gender
[dʒéndər]

⑲ 성별, 성(性)

➔ 고대 프랑스어 gendre(종류, 인종)에서 유래

What is the **gender** of your cat?
네 고양이의 성별은 무엇이니?

0483 ☐☐☐
genuine
[dʒénjuin]

⑱ 1. 진짜의, 진품의 (⊕ fake) 2. 진실된, 거짓 없는 3. 순혈의

➔ gen(u)(출생) + ine(어미) → 본토박이인 → 진짜의

The thief replaced the **genuine** Picasso painting with a fake one. 그 도둑은 진품인 피카소 그림을 가품으로 바꿔치기했다.

---

lack 부족

변화형: leak

0484 ☐☐☐
lack
[læk]

⑲ ((~ of)) 부족, 결핍 (⊕ shortage) ⑧ 결핍되다, (~이) 없다[부족하다]

➔ 중세 독일어 lak(부족)에서 유래

His family **lacks** the ability to save money.
그의 가족은 돈을 저축하는 능력이 부족하다.

0485 □□□
leak
[liːk]

圀 1. 새는 곳[구멍] 2. 누출, 누설　圂 새다[새게 하다]

→ 중세 독일어 leken(새다)에서 유래

There is a **leak** in the roof of the house.
그 집의 지붕에 새는 곳이 있다.

The cup was **leaking** milk onto the new rug.
그 컵은 새 양탄자에 우유를 흘리고 있었다.

➕ leakage 圀 누출(물)

---

limin
1. 문턱　2. 경계

〔변화형: limit〕

0486 □□□
eliminate
[ilímənèit]

圂 제거하다, 없애다

→ e(밖에) + limin(문턱) + ate(동사형 접미사) → 문턱 밖으로 내보내다

Is there a way to **eliminate** world hunger?
세계 기아를 없앨 방법이 있을까?

➕ elimination 圀 제거

0487 □□□
limit
[límit]

圀 1. 한계(점), 한도, 제한 2. 경계(선) (🔁 boundary)　圂 한정[제한]하다

→ 라틴어 limes(경계)에서 유래

There is no time **limit** on how long you can stay.
네가 얼마나 오래 머물 수 있는지에 대한 시간제한은 없다.

Many parents **limit** the amount of time their children use
smartphones.　많은 부모들은 자녀들의 스마트폰 사용 시간을 제한한다.

➕ limitation 圀 한정, 제한　　limited 圂 한정[제한]된

---

loc
장소

0488 □□□
local
[lóukəl]

圂 지역의, 현지의　圀 ((주로 ~s)) 현지인

→ loc(장소) + al(형용사형 접미사) → 장소의

Our restaurant only uses **local** ingredients.
저희 식당은 오직 현지에서 나는 재료만 사용합니다.

Locals recommended this place to me.
현지인들이 나에게 이 장소를 추천해 주었다.

0489 ☐☐☐
locate
[lóukeit]

동 1. ~의 위치를 알아내다 2. (특정 위치에) 두다, 놓다

➜ loc(장소) + ate(동사형 접미사) → 위치시키다

I use this app to **locate** my phone.
나는 내 휴대폰의 위치를 파악하기 위해 이 앱을 사용한다.

➕ location 명 위치, 장소

---

magni   거대한

변화형: master, maxim

0490 ☐☐☐
master
[mǽstər]

명 1. 대가, 정통한 사람 2. 주인 3.【교육】석사
동 1. 숙달하다 2. 지배[정복]하다

➜ master(거대한) → 큰 사람 → 대가

Leonardo da Vinci was a **master** of
the arts and sciences.
레오나르도 다빈치는 예술과 과학의 대가였다.

0491 ☐☐☐
maximum
[mǽksəməm]

명 최대(량), 최고 (🔄 minimum)   형 최대의, 최고의

➜ maxim(거대한) + um(명사형 어미) → 가장 큰 (것)

The **maximum** temperature of this oven is 300°C.
이 오븐의 최고 온도는 섭씨 300도이다.

➕ maximize 동 최대로 하다   maximal 형 최대한의

---

manu   손

변화형: main, man(i)

0492 ☐☐☐
manual
[mǽnjuəl]

명 설명서   형 1. 손의, 수동식의 2. 노동력을 사용하는

➜ manu(손) + al(형용사형 접미사) → 손의

This is a **manual** on how to build chairs.
이것은 의자 조립 방법에 관한 설명서이다.

Some villages still use **manual** water pumps.
어떤 촌락에서는 여전히 수동식 물 펌프를 사용한다.

➕ manually 부 손으로, 수동으로

0493 ☐☐☐
maintain
[meintéin]

통 1. (관계·수준·상태 등을) 유지[지속]하다 2. (기계 등을 보수하여) 유지하다
3. 주장하다 (⊜ claim)

➜ main(손) + tain(잡다) → 손으로 잡다 → 유지하다

How can we **maintain** peace between the two countries?
우리는 어떻게 두 국가 간 평화를 유지할 수 있을까?

She **maintains** that she has never been to Korea before.
그녀는 이전에 한국에 가 본 적이 없다고 주장한다.

⊕ maintenance 명 유지, 관리, 보수

0494 ☐☐☐
manage
[mǽnidʒ]

통 1. 간신히[용케] 해내다 2. 관리[경영]하다

➜ 이탈리아어 maneggiare(다루다)에서 유래

The fan **managed** to buy a ticket to the concert.
그 팬은 용케 콘서트 티켓을 샀다.

⊕ management 명 관리[경영]   manager 명 경영[관리]자, 감독

0495 ☐☐☐
manipulate
[mənípjulèit]

통 1. (기계·도구 등을) 조작(操作)하다, 잘 다루다 2. (교묘하게) 조종하다

➜ mani(손) + pul(채우다) + ate(동사형 접미사) → 손에 가득 쥐다 → 처리하다

Seniors can have a hard time **manipulating** a computer.
노인들은 컴퓨터를 조작하는 데 어려움을 겪을 수 있다.

⊕ manipulation 명 조작

---

medi   중간   변화형: me

0496 ☐☐☐
immediate
[imíːdiət]

형 1. 즉시의, 즉각적인 (⊜ instant) 2. 당면한, 목전의

➜ im('부정') + medi(중간) + ate(형용사형 접미사) → 중간에 끼어드는 것이 없는 → 즉각적인

Your knee needs **immediate** attention from a doctor.
네 무릎은 의사의 즉각적인 진료가 필요하다.

⊕ immediately 부 즉시

0497 ☐☐☐
meanwhile
[míːnwàil]

📖 1. 그동안 (⊕ meantime) 2. 한편으로는

➜ me(an)(중간의) + while(동안) → 두 시기 사이에

Tom is washing the dishes, and **meanwhile** Sara is cleaning her room. Tom이 설거지를 하는 중이며, 그동안 Sara는 그녀의 방을 청소하고 있다.

ment

1. 마음   2. 기억하다   3. 경고하다   • 변화형: mon, min •

0498 ☐☐☐
mention
[ménʃən]

📖 언급하다, 말하다   📖 언급, 진술

➜ ment(마음) + ion(명사형 접미사) → 마음에 떠오르게 함 → 언급

You didn't **mention** that you had a girlfriend!
너는 여자친구가 있다고 말 안 했잖아!

0499 ☐☐☐
comment
[kάment]

📖 논평, 비평, 의견   📖 의견을 말하다, 논평하다

➜ com('강조') + ment(기억하다) → 기억해 말하다 → 논평하다

The president's **comment** on Haiti upset many people.
아이티에 관한 그 대통령의 발언은 많은 사람들을 화나게 했다.

➕ commentary 📖 1. 주석, 해설 2. 실황 방송

0500 ☐☐☐
monitor
[mάnətər]

📖 모니터, 감시 장치   📖 감시[감독]하다, 관찰하다

➜ mon(it)(경고하다) + or(명사형 접미사) → 경고하는 사람[것]

Don't worry, the hospital will closely **monitor** her health.
걱정 마, 병원이 그녀의 건강을 면밀히 관찰할 거야.

0501 ☐☐☐
remind
[rimáind]

📖 생각나게 하다, 상기시키다

➜ re(다시) + min(d)(마음) → 마음에 다시 가져오다

The dentist called to **remind** me of my appointment tomorrow.
그 치과 의사는 나에게 내일 있을 진료 예약을 상기시키기 위해 전화했다.

➕ reminder 📖 생각나게 하는 사람[것]

DAY ◉ • • • • • • • • • • • • • • • • • • 17 • • • •

min 작은

0502 ☐☐☐
diminish
[dimíniʃ]

동 줄이다[줄다], 약해지다

➔ di(~로부터) + min(작은) + ish(동사형 접미사) → 현재로부터 작게 하다

The number of friends that I have has **diminished**.
내가 가진 친구의 수가 줄어들었다.

0503 ☐☐☐
minor
[máinər]

형 (크기·수·중요도 등이) 작은[적은] (쪽의)   명 1. 미성년자 2. 부전공

➔ min(작은) + or(비교급) → 더 작은

The problem with your back is **minor**, so you don't need surgery.   네 허리 문제는 사소하기 때문에 너는 수술이 필요 없다.

➕ minority 명 소수 (집단)

0504 ☐☐☐
minimum
[mínəməm]

명 최소, 최저 (⊕ maximum)   형 최소[최저]인

➔ minim(가장 작은) + um(명사형 어미) → 가장 작은 것

A **minimum** of ten people need to sign up for this class.
최소 열 명이 이 수업을 신청해야 한다.

➕ minimize 동 최소화하다   minimal 형 최소의, 아주 작은

---

mit 보내다

0505 ☐☐☐
admit
[ədmít]

동 1. 인정[시인]하다 2. 자백하다 (⊕ confess) 3. (가입·입장을) 허락하다

➔ ad(~로) + mit(보내다) → 안으로 들여보내다 → 인정하다

Most people don't like to **admit** when they're wrong.
대부분의 사람은 자신이 틀렸을 때 인정하고 싶어 하지 않는다.

➕ admission 명 입학, 입장, 승인

0506 ☐☐☐
permit
[pərmít]

동 허락[허용]하다   명 허가증

➔ per(~를 통해) + mit(보내다) → 통과시키다

People are not **permitted** to have pets in this apartment building.   사람들은 이 아파트에서 반려동물을 키우는 것이 허용되지 않는다.

➕ permission 명 허가, 허락

DAY 17

mun 의무

0507 ☐☐☐
community
[kəmjúːnəti]

형 1. 공동체, 사회 (⊕ society) 2. 대중

➔ com(함께) + mun(i)(의무) + ty(명사형 접미사) → 함께 의무를 짐 → 공동체

The local **community** holds a farmer's market every Sunday.
그 지역 사회는 매주 일요일마다 농산물 직판장을 개최한다.

0508 ☐☐☐
common
[kámən]

형 1. 흔한, 일반적인, 보통의 (⊕ uncommon) 2. 공통의

➔ com(함께) + mon(의무) → 함께 의무를 지는 → 공통의

It's **common** to hear birds chirping in the morning.
아침에 새가 지저귀는 소리를 듣는 것은 흔하다.

We have the **common** goal of wanting to win a medal at the Olympics. 우리는 올림픽에서 메달을 따고 싶다는 공통된 목표가 있다.

➕ commonly 분 흔히, 일반적으로

neg 부인하다

0509 ☐☐☐
negative
[négətiv]

형 1. 부정적인 (⊕ positive) 2. 소극적인 명 부정

➔ neg(부인하다) + ative(형용사형 접미사) → 부정적인

Many children don't respond well to **negative** feedback.
많은 아이들이 부정적인 피드백에 잘 반응하지 못한다.

0510 ☐☐☐
deny
[dinái]

동 부인[부정]하다

➔ de('강조') + ny(부인하다) → 강하게 부인하다

The politician was quick to **deny** the rumors about him. 그 정치인은 자신에 관한 소문을 빠르게 부인했다.

➕ denial 명 부인, 부정

· DAILY TEST ·

1-20 영어는 우리말로, 우리말은 영어로 바꾸시오.

1	genuine	_____	11	한계(점); 경계(선); 한정하다 _____
2	eliminate	_____	12	간신히[용케] 해내다; 관리하다 _____
3	meanwhile	_____	13	부족, 결핍; 결핍되다 _____
4	diminish	_____	14	최대(량), 최고; 최대의, 최고의 _____
5	manipulate	_____	15	생각나게 하다, 상기시키다 _____
6	gender	_____	16	~의 위치를 알아내다; 두다 _____
7	permit	_____	17	부인[부정]하다 _____
8	common	_____	18	최소, 최저; 최소[최저]인 _____
9	admit	_____	19	부정적인; 소극적인 _____
10	mention	_____	20	설명서; 손의, 수동식의; 노동력을 사용하는 _____

21-25 문맥상 빈칸에 들어갈 알맞은 단어를 골라 쓰시오.

immediate	local	master	maintain	leak

21 There is a(n) _____ in the roof of the house.

22 Our restaurant only uses _____ ingredients.

23 Your knee needs _____ attention from a doctor.

24 Leonardo da Vinci was a(n) _____ of the arts and sciences.

25 How can we _____ peace between the two countries?

Answer 1 진짜의, 진품의; 진실된, 거짓 없는; 순혈의 2 제거하다, 없애다 3 그동안; 한편으로는 4 줄이다[줄다], 약해지다 5 조작하다, 잘 다루다; 조종하다 6 성별, 성 7 허락[허용]하다; 허가증 8 흔한, 일반적인, 보통의; 공통의 9 인정[시인]하다; 자백하다; 허락하다 10 언급하다, 말하다; 언급, 진술 11 limit 12 manage 13 lack 14 maximum 15 remind 16 locate 17 deny 18 minimum 19 negative 20 manual 21 leak 22 local 23 immediate 24 master 25 maintain

클래스카드

---

mov   움직이다   • 변화형: mot •

0511 ☐☐☐
motion
[móuʃən]

명 1. 움직임, 운동 (⊕ movement) 2. 동작[몸짓]   동 동작을 하다

➔ mot(움직이다) + ion(명사형 접미사) → 움직이는 것

Some people are sensitive to the **motion** of moving vehicles.
어떤 사람들은 이동하는 차의 움직임에 민감하다.

0512 ☐☐☐
emotion
[imóuʃən]

명 감정, 정서

➔ e('강조') + mot(움직이다) + ion(명사형 접미사) → 심하게 움직이는 것 → 감정

There are studies on whether animals can feel **emotions**.
동물들이 감정을 느낄 수 있는지에 관한 연구들이 있다.

⊕ emotional 형 감정의, 감정적인

0513 ☐☐☐
remote
[rimóut]

형 1. 먼, 외딴, 동떨어진 (⊕ distant) 2. 원격의

➔ re(떨어져) + mot(e)(움직이다) → 멀리 옮겨간

The problems this book talks about are
remote from my life.
이 책이 이야기하는 문제들은 내 삶과 거리가 멀다.

---

opt   선택하다   • 변화형: opin •

0514 ☐☐☐
option
[ápʃən]

명 1. 선택(권), 선택지 2. (제품의) 옵션

➔ opt(선택하다) + ion(명사형 접미사) → 선택하는 것

Because we don't have much money, our **options** are few.
우리는 돈이 많지 않기 때문에 선택지가 거의 없다.

0515 ☐☐☐
opinion
[əpínjən]

명 의견, 견해

➔ opin(선택하다) + ion(명사형 접미사) → (생각을) 선택함 → 의견

Public **opinion** on the law remains quite positive.
그 법에 대한 여론은 상당히 긍정적이다.

---

ordin　순서

DAY 18

0516 ☐☐☐
ordinary
[ɔ́ːrdənèri]

[형] 보통의, 평범한 (⊕ special)

➜ ordin(순서) + ary(형용사형 접미사) → 순서대로의 → 보통의

Bill was a very **ordinary** boy compared to Phillip.
Bill은 Phillip에 비하면 매우 평범한 소년이었다.

0517 ☐☐☐
coordinate
[동] [kouɔ́ːrdənèit]
[형][명] [kouɔ́ːrdənət]

[동] 1. 조직화하다　2. 조정하다　3. 동등하게 하다
[형] 동등한　[명] 1. ((~s)) 좌표　2. 동등한 사람[것]

➜ co(함께) + ordin(순서) + ate(동사형 접미사) → 함께 순서를 맞추다
→ 같은 위치에 있게 하다

To finish the project sooner, we should **coordinate** our work.
그 프로젝트를 더 빨리 끝내기 위해서 우리는 우리의 업무를 조직화해야 한다.

This map shows the **coordinates** of our location.
이 지도는 우리 위치의 좌표를 보여준다.

➕ coordination [명] 1. 조직화, 조정　2. 동등, 동격

---

ori　떠오르다

0518 ☐☐☐
orient
[동] [ɔ́ːriènt]
[명] [ɔ́ːriənt]

[동] 1. 지향하게 하다　2. 자기 위치를 알다　3. 적응하다[시키다]
[명] ((the O~)) 동양

➜ ori(떠오르다) + ent(명사형 접미사) → 태양이 떠오르는 위치 → 동쪽 방향
→ '동쪽으로 향하다, 특정한 방향으로 향하게 하다'의 뜻으로 발전

After falling down the hill, he found it hard to **orient** himself.
언덕에서 넘어진 뒤에 그는 자신의 위치를 알기 어려웠다.

➕ Oriental [형] 동양의　　　orientation [명] 1. 방향성, 지향　2. 예비 교육

0519 ☐☐☐
origin
[ɔ́ːridʒin]

[명] 1. 기원, 근원　2. 태생, 혈통

➜ ori(떠오르다) + gin(어미) → 떠오름 → 시작

No one knows the **origins** of this song.
아무도 이 노래의 기원을 모른다.

➕ original [형] 1. 원래의　2. 독창적인　　　originally [부] 원래, 처음에는
　 originate [동] 비롯되다, 유래하다　　　originality [명] 독창성

part 부분
● 변화형: port ●

0520 ☐☐☐
apart
[əpáːrt]

園 1. (거리·시간상으로) 떨어져 2. 따로, 개별적으로

➜ a(~로) + part(부분) → 부분으로 → 떨어져

The couple got back together after spending three years **apart**.
그 커플은 3년을 떨어져 보낸 뒤에 재결합했다.

0521 ☐☐☐
particular
[pərtíkjulər]

園 1. 특정한 (❸ specific) 2. 특별한, 각별한 3. 까다로운

➜ part(i)(부분) + cl(e)(작은) + ar(형용사형 접미사) → 작은 부분의 → 특정한

Only one **particular** type of mushroom should be used for this recipe. 오직 특정한 한 종류의 버섯만이 이 요리법에 사용되어야 한다.

➕ particularly 園 특히

0522 ☐☐☐
portion
[pɔ́ːrʃən]

園 1. 부분, 일부 2. 몫, 할당

➜ port(부분) + ion(명사형 접미사) → 일부분

A small **portion** of every purchase will go to charity.
모든 구매의 적은 일부가 자선 단체로 보내질 것이다.

0523 ☐☐☐
proportion
[prəpɔ́ːrʃən]

園 1. 비율 2. 균형 (❸ balance)

➜ pro(~에 대한) + port(부분) + ion(명사형 접미사) → 각 부분에 대한 것

Known animals only make up a small **proportion** of the total animals on Earth. 알려진 동물은 지구 상의 전체 동물의 오직 작은 비율만을 차지한다.

➕ proportional 園 비례하는

---

pel 몰다, 밀어 넣다
● 변화형: peal, pol ●

0524 ☐☐☐
appeal
[əpíːl]

園 1. 간청하다, 호소하다 2. 【법】 상소하다 3. ((~ to)) (~의) 흥미를 끌다
園 1. 간청, 애원 2. 【법】 상소

➜ ap(~로) + peal(몰다) → ~을 향해 돌진하다

I **appealed** to the judge to change my sentencing.
나는 판사에게 판결을 바꿔 달라고 간청했다.

This program **appeals** to people who enjoy sewing.
이 프로그램은 바느질을 즐기는 사람들의 마음을 사로잡는다.

➕ appealing 園 매력적인, 마음을 끄는

0525 ☐☐☐
polish
[pάliʃ]

동 1. 닦다, 광을 내다 2. 연마하다, 다듬다   명 광택(제), 윤기

➔ pol(밀어 넣다) + ish(동사형 접미사) → 밀어 넣어 매끄럽게 하다

Polishing your shoes makes them nice and shiny.
구두를 닦는 것은 구두가 멋지고 빛나 보이게 한다.

---

per   시험 삼아 해 보다

0526 ☐☐☐
experience
[ikspíəriəns]

명 경험[체험]   동 경험[체험]하다

➔ ex('강조') + per(i)(시험 삼아 해 보다) + ence(명사형 접미사)
→ 충분히 시험 삼아 해 봄

Those with related job **experience** will get higher pay.
관련된 직업 경험이 있는 사람들은 더 높은 보수를 받을 것이다.

0527 ☐☐☐
expert
[ékspəːrt]

명 전문가   형 전문가의, 숙련된 (☻ skilled)

➔ ex('강조') + per(t)(시험 삼아 해 보다) → 많이 시도해 숙달된 사람 → 전문가

When you feel sick, you should see a medical **expert**.
아플 때는 의료 전문가의 진찰을 받아야 한다.

---

pet   추구하다   변화형: peat

0528 ☐☐☐
compete
[kəmpíːt]

동 1. 경쟁하다, 겨루다 2. ((~ in)) (경기 등에) 참가하다

➔ com(함께) + pet(e)(추구하다) → 함께 추구하다 → 경쟁하다

Participants **compete** for first place in the marathon.
참가자들은 마라톤에서 1등을 위해 경쟁한다.

➕ competition 명 1. 경쟁 2. 경기, 대회
   competitive 형 경쟁력을 지닌, 경쟁의

0529 ☐☐☐
repeat
[ripíːt]

동 반복하다, 되풀이하다

➔ re(다시) + peat(추구하다) → 다시 추구하다 → 반복하다

Repeat the exercise until the timer beeps.
타이머가 울릴 때까지 운동을 반복하세요.

➕ repeatedly 부 반복적으로, 거듭해서
   repetition 명 반복, 되풀이

phan 보이다

변화형: phas, phen, fan

0530 ☐☐☐
emphasize
[émfəsàiz]

동 강조하다

> ➔ em(안에) + phas(보이다) + ize(동사형 접미사) → 안의 것을 보이게 하다 → 강조하다

This study **emphasizes** the importance of exercising regularly. 이 연구는 규칙적으로 운동하는 것의 중요성을 강조한다.

➕ emphasis 명 강조

0531 ☐☐☐
phenomenon
[finámənàn]

명 ((pl. phenomena)) 현상

> ➔ phen(o)(보이다) + menon(명사형 어미) → 보이는 것 → 현상

This natural **phenomenon** is only seen around the north and south poles. 이 자연 현상은 오직 북극과 남극 근처에서만 발견된다.

0532 ☐☐☐
fancy
[fǽnsi]

형 화려한, 장식이 많은 (🔄 plain) 명 공상[상상] 동 공상[상상]하다

> ➔ fan(보이다) + cy(명사형 어미) → (없는 것을) 보이게 함 → 공상

It was a **fancy** hotel with tall ceilings and large windows. 그곳은 높은 천장과 큰 창문이 있는 화려한 호텔이었다.

---

ple 채우다

변화형: plen

0533 ☐☐☐
complete
[kəmplíːt]

형 1. 완전한 2. 완료된 동 완료하다

> ➔ com('강조') + ple(te)(채우다) → 완전히 채워진 → 완전한

You must **complete** your project today. 너는 오늘 반드시 프로젝트를 끝내야 한다.

➕ completely 부 완전히, 전적으로
completion 명 완성

0534 ☐☐☐
plenty
[plénti]

명 많음, 충분(한 양) 부 많이

> ➔ plen(채우다) + ty(명사형 접미사) → 채워짐, 가득함

There are **plenty** of people who speak Spanish at work. 직장에서 스페인어를 하는 사람은 많다.

➕ plentiful 형 많은, 풍부한

plic
접어 겹치다

0535 ☐☐☐
complicate
[kámpləkèit]

동 복잡하게 하다

→ com(함께) + plic(접어 겹치다) + ate(동사형 접미사) → 함께 겹치게 하다

Going to the beach in the morning will **complicate** our plans.
아침에 해변에 가는 것은 우리의 계획을 복잡하게 만들 것이다.

⊕ complicated 형 복잡한

0536 ☐☐☐
imply
[implái]

동 (뜻을) 내포[함축]하다, 암시하다

→ im(안에) + ply(접어 겹치다) → 안으로 접어 넣다 → 내포하다

The article **implied** that video games were only for children.
그 기사는 비디오 게임이 오직 어린이를 위한 것임을 암시했다.

⊕ implication 명 1. 《주로 ~s》 영향 2. 함축, 암시

---

poss
~할 수 있다

변화형: pot

0537 ☐☐☐
possess
[pəzés]

동 1. (물건 등을) 소유하다 (⊕ own) 2. (능력·성격 등을) 갖추고 있다

→ poss(~할 수 있다) + sess(앉다) → 앉을 수 있다 → 앉아서 소유를 표시하다
→ 소유하다

All master chefs **possess** their own set of knives.
모든 달인 요리사들은 자신만의 칼 세트를 소유하고 있다.

⊕ possession 명 1. 소유 2. 《~s》 소유물, 소지품

0538 ☐☐☐
potential
[pəténʃəl]

형 잠재적인 명 잠재력, 가능성

→ pot(~할 수 있다) + ent(형용사형 접미사) + ial(형용사형 접미사)
→ 할 수 있는 (가능성)

People should learn about the **potential** dangers of exercising
too much. 사람들은 과도하게 운동하는 것의 잠재적인 위험에 대해 알아야 한다.
You show great **potential** in acting.
너는 연기에 대단한 잠재력을 보인다.

⊕ potentially 부 잠재적으로

DAY 18

preci 값

0539 ☐☐☐
precious
[préʃəs]

형 1. 소중한, 귀중한 (⊕ valuable) 2. 값비싼

➜ preci(값) + ous(형용사형 접미사) → 값진

This is a **precious** jewel that was found deep in the ocean. 이것은 바다 깊은 곳에서 발견된 귀한 보석이다.

0540 ☐☐☐
priceless
[práislis]

형 매우 귀중한, 돈으로 살 수 없는 (⊕ invaluable)

➜ pric(e)(값) + less(~없는) → 값을 매길 수 없는

Memories with your loved ones are **priceless**.
사랑하는 사람들과의 추억은 매우 귀중하다.

· DAILY TEST ·

1-20 영어는 우리말로, 우리말은 영어로 바꾸시오.

1	emotion	_____	11 먼, 외딴, 동떨어진; 원격의	_____
2	experience	_____	12 완전한; 완료된; 완료하다	_____
3	ordinary	_____	13 강조하다	_____
4	portion	_____	14 복잡하게 하다	_____
5	option	_____	15 현상	_____
6	motion	_____	16 내포[함축]하다, 암시하다	_____
7	proportion	_____	17 잠재적인; 잠재력, 가능성	_____
8	polish	_____	18 전문가; 전문가의, 숙련된	_____
9	plenty	_____	19 기원, 근원; 태생, 혈통	_____
10	priceless	_____	20 특정한; 특별한; 까다로운	_____

21-25 문맥상 빈칸에 들어갈 알맞은 단어를 골라 쓰시오.

precious	opinion	compete	repeat	possess

21 Public _____ on the law remains quite positive.

22 Participants _____ for first place in the marathon.

23 This is a(n) _____ jewel that was found deep in the ocean.

24 All master chefs _____ their own set of knives.

25 _____ the exercise until the timer beeps.

Answer   1 감정, 정서 2 경험[체험]; 경험[체험]하다 3 보통의, 평범한 4 부분, 일부; 몫, 할당 5 선택(권), 선택지; 옵션
6 움직임, 운동; 동작[몸짓]; 동작을 하다 7 비율; 균형 8 닦다, 광을 내다; 연마하다, 다듬다; 광택(제), 윤기
9 많음, 충분(한 양); 많이 10 매우 귀중한, 돈으로 살 수 없는 11 remote 12 complete 13 emphasize
14 complicate 15 phenomenon 16 imply 17 potential 18 expert 19 origin 20 particular
21 opinion 22 compete 23 precious 24 possess 25 Repeat

클래스카드

---

pos   놓다

● 변화형: pon ●

0541 ☐☐☐

oppose
[əpóuz]

图 반대[저항]하다

➜ op(~에 대항하여) + pos(e)(놓다) → ~에 대항하여 놓다 → 반대하다

We **oppose** the removal of the after-school program.
우리는 방과 후 프로그램의 철폐에 반대한다.

○ opposite 囹 1. 정반대의 2. 맞은편의 囿 반대의 것[사람]
   opposition 囿 반대

0542 ☐☐☐

pose
[pouz]

图 1. (문제 등을) 제기하다 2. 포즈를 취하다 囿 자세, 포즈

➜ 고대 프랑스어 poser(위치를 잡다)에서 유래

Plastic pollution **poses** a threat to animals living in the sea.
플라스틱 오염은 바다에 사는 동물들에게 위협을 가한다.

0543 ☐☐☐

position
[pəzíʃən]

囿 1. 위치, 장소 2. 입장 3. 지위, 신분

➜ pos(it)(놓다) + ion(명사형 접미사) → 놓은 곳

Greg spent all day yesterday changing the **position** of his furniture.   Greg은 그의 가구의 위치를 바꾸는 데 어제 하루를 다 보냈다.

0544 ☐☐☐

purpose
[pə́:rpəs]

囿 목적, 의도 (❸ objective)

➜ pur(앞에) + pos(e)(놓다) → 앞에 놓은 것 → 목적

The **purpose** of this essay is to argue the importance of Charles Dickens's works.
이 에세이의 목적은 Charles Dickens 작품의 중요성을 논의하기 위함이다.

0545 ☐☐☐

opponent
[əpóunənt]

囿 1. (경기·게임 등의) 상대, 적 2. 반대자

➜ op(~에 대항하여) + pon(놓다) + ent(명사형 접미사) → 반대편에 선 사람

MacCarthy stole the ball from her **opponent** and scored a goal.
MacCarthy가 그녀의 상대로부터 공을 빼앗아 득점했다.

---

prim　제1의, 최초의

0546 ☐☐☐
primary
[práimeri]

형 1. 주요한, 제1위인　2. 최초[초기]의

➜ prim(제1의) + ary(형용사형 접미사) → 처음의

The group's **primary** purpose is to help families adopt children.
그 단체의 주된 목표는 가족들이 아이를 입양하는 것을 돕는 것이다.

⊕ primarily 부 주로, 첫째로

0547 ☐☐☐
prime
[praim]

형 1. 주요한, 가장 중요한　2. (품질 등이) 최상의　명 전성기

➜ 라틴어 primus(제1의)에서 유래

Mr. Taylor is the **prime** suspect for the murder.
Taylor 씨는 그 살인 사건의 주요 용의자이다.

0548 ☐☐☐
prior
[práiər]

형 1. 이전의, 먼저의　2. ((~ to)) (~보다) 우선하는, 더 중요한

➜ pri(최초의) + or(비교급) → 더 먼저인

Be sure to brush your teeth **prior** to going to the dentist.
치과에 가기 전에 반드시 이를 닦아라.

⊕ priority 명 우선 사항, 우선권

prob　시험하다, 증명하다

변화형: prov

0549 ☐☐☐
prove
[pru:v]

동 1. 입증[증명]하다　2. (~임이) 판명되다

➜ 라틴어 probare(시험하다)에서 유래

Our theory about relationships **proved** to be wrong.
관계에 대한 우리의 이론은 틀린 것으로 판명되었다.

⊕ proof 명 증거, 증명

0550 ☐☐☐
approve
[əprú:v]

동 1. 찬성하다 (반 disapprove)　2. 승인[허가]하다

➜ ap(~로) + prov(e)(시험하다) → 시험한 후 인정하다

The bank **approved** my request for a loan.
그 은행은 나의 대출 신청을 승인했다.

⊕ approval 명 승인, 허가

DAY 19

rang 줄

0551 □□□
range
[reindʒ]

명 범위, 영역 동 1. (범위가) ~에 이르다 2. 배열[배치]하다

➔ 고대 프랑스어 rangier(차례로 놓다)에서 유래

I can't buy this house because it is out of my price **range**.
이 집은 내 예산 범위에서 벗어나기 때문에 살 수 없다.

Everything here is on sale, and prices **range** from $5 to $15.
여기 있는 모든 것은 할인 중이고, 가격은 5달러에서 15달러에 이른다.

0552 □□□
rank
[ræŋk]

명 1. 계급, 지위 2. 줄, 열
동 1. (특정 계급·지위 등에) 위치시키다[하다] 2. (~의) 순위를 차지하다

➔ rank(줄) → 지위

We **rank** third best in the world in this game.
우리는 이 경기에서 세계 상위 3위를 차지한다.

sequ 따라가다, 뒤를 잇다

0553 □□□
sequence
[síːkwəns]

명 1. 연속적인 사건들 2. 순서[차례]

➔ sequ(따라가다) + ence(명사형 접미사) → (사건이) 순서대로 뒤따름

Please put the pictures into the correct **sequence**.
그 사진들을 올바른 순서대로 놓아 주세요.

0554 □□□
consequence
[kánsəkwèns]

명 1. 결과, 결말 (⊕ result) 2. 중요성 (⊕ significance)

➔ con(함께) + sequ(따라가다) + ence(명사형 접미사) → 함께 따르는 것 → 결과

There are serious **consequences** to not taking care of your
teeth.   치아를 잘 관리하지 않는 것에는 심각한 결과가 따른다.

⊕ consequently 부 결과적으로   consequent 형 ~의 결과로 일어나는

0555 □□□
pursue
[pərsúː]

동 1. 추구하다 2. 뒤쫓다, 추적하다 (⊕ chase)

➔ pur(앞으로) + su(e)(따라가다) → 앞으로 따라가다

My professor convinced me to **pursue** a career in comedy.
나의 교수님은 나에게 코미디 분야의 직업을 추구하도록 설득하셨다.

⊕ pursuit 명 추구, 추격

sid 앉다

변화형: sess, set

0556 □□□
assess
[əsés]

동 평가[판단]하다

→ as(~로) + sess(앉다) → 어떤 방향으로 앉다 → 앉아서 자세히 평가하다

In an emergency, always **assess** the situation before acting.
비상사태에는, 행동하기 전에 항상 상황을 판단해라.

⊕ assessment 명 평가

0557 □□□
settle
[sétl]

동 1. 확정하다, 정하다 2. 정착하다[시키다] 3. (논쟁 등을) 해결하다

→ 고대 영어 setlan(앉다) → (움직이지 않게) 정하다, 정착하다

After a long talk, we **settled** on taking the airplane to London.
오랜 이야기 끝에, 우리는 런던에 비행기를 타고 가기로 정했다.

My dream is to **settle** down in Tokyo and have a family.
내 꿈은 도쿄에 정착해서 가정을 꾸리는 것이다.

---

sign 표시(하다)

0558 □□□
assign
[əsáin]

동 1. 할당하다, 부여하다 2. (역할 등을) 맡기다

→ as(~로) + sign(표시하다) → ~의 몫으로 표시하다

Kevin and David were **assigned** with painting the fence.
Kevin과 David에게는 울타리를 페인트칠하는 일이 맡겨졌다.

⊕ assignment 명 과제, 임무, 할당받은 것

0559 □□□
signal
[sígnəl]

명 1. 신호 2. 조짐, 징후   동 신호를 보내다

→ sign(표시하다) + al(명사형 접미사) → 표시해서 알려줌

The referee gave the teams the **signal** to start.
그 심판은 팀들에게 시작하라는 신호를 보냈다.

0560 □□□
significant
[signífikənt]

형 1. 중요한, 중대한 2. (수·양 등이) 상당한 3. 의미심장한

→ sign(표시하다) + ific(만들다) + ant(형용사형 접미사) → 표시를 만드는 → 표시할 만큼 중요한

There was a **significant** change in how Judy treated me today.
오늘 Judy가 나를 대하는 방식에 상당한 변화가 있었다.

⊕ significantly 분 상당히, 크게   significance 명 중요성, 의의

---

spect 1. 보다 2. 종류

변화형: spit, spec

0561 ☐☐☐
suspect
[səspékt]

图 1. 의심하다, 혐의를 두다 2. (~임을) 추측하다   图 피의자, 용의자

➔ su(아래에서) + spect(보다) → 아래에서 위로 훑어보다 → 의심하다

Many people **suspected** that she was guilty.
많은 사람들이 그녀가 유죄라고 의심했다.

We **suspect** that she was kidnapped last night.
우리는 그녀가 지난밤에 납치되었다고 추측한다.

➕ suspicious 图 의심스러운, 수상한   suspicion 图 의혹, 의심

0562 ☐☐☐
aspect
[ǽspekt]

图 1. 측면 2. 양상

➔ a(~에) + spect(보다) → 바라본 모습

Having to make hard decisions is one **aspect** of growing up.
어려운 결정을 내려야만 하는 것은 성장의 한 가지 측면이다.

0563 ☐☐☐
prospect
[práspèkt]

图 1. 가망, 가능성 2. 예상, 기대

➔ pro(앞으로) + spect(보다) → 앞을 바라봄

There is little **prospect** that the war will end soon.
전쟁이 곧 끝날 가능성은 거의 없다.

➕ prospective 图 장래의, 가망이 있는

0564 ☐☐☐
respect
[rispékt]

图 1. 존경, 존중 2. (측)면, 점, 사항   图 존경하다, 존중하다

➔ re(되돌아) + spect(보다) → 되돌아보게 되다 → 존경(하다)

In most cultures, it is important to **respect** your elders.
대부분의 문화권에서 어른들을 공경하는 것은 중요한 일이다.

➕ respectful 图 존경하는, 경의를 표하는
　 respectable 图 존경할 만한, 훌륭한

0565 ☐☐☐
despite
[dispáit]

图 ~에도 불구하고 (➓ in spite of)

➔ de(낮게) + spit(e)(보다) → 낮춰 봄 → (어떤 상황을) 무시하고

Despite just taking a nap, I felt incredibly tired.
방금 낮잠을 잤음에도 불구하고, 나는 엄청나게 피곤했다.

0566 ☐☐☐
specific
[spisífik]

[형] 1. 특정한 (❸ particular) 2. 구체적인

➤ spec(i)(종류) + fic(만드는) → 특정 종류를 만드는 → 특정한

Only a **specific** kind of flower grows in this area.
이 지역에는 오직 특정한 한 종류의 꽃만이 자란다.

➕ specifically [부] 분명하게, 특별히

---

sting

찌르다

변화형: stinct, stim

0567 ☐☐☐
distinguish
[distíŋgwiʃ]

[동] 1. 구별[식별]하다 2. (감각에 의해) 알아차리다, 감지하다

➤ di(떨어져) + sting(u)(찌르다) + ish(동사형 접미사) → 찔러서 떨어뜨리다
→ (다른 것과) 구분 짓다

Do you know how to **distinguish** lies from the truth?
너는 진실과 거짓을 어떻게 구별하는지 아니?

➕ distinguished [형] 1. 저명한, 뛰어난 2. 뚜렷한

0568 ☐☐☐
distinct
[distíŋkt]

[형] 1. ((~ from)) (~와) 다른, 별개의 2. 뚜렷한, 확실한

➤ di(떨어져) + stinct(찌르다) → 찔러서 떨어뜨린 → 구별한

Your approaches to the problem are quite
distinct from each other.
문제에 대한 너희의 접근법은 서로 상당히 다르다.

➕ distinctive [형] 특유의, 독특한   distinction [명] 구별, 차이

0569 ☐☐☐
instinct
[ínstiŋkt]

[명] 1. 본능, 본성 2. 타고난 재능[소질]

➤ in(안에) + stinct(찌르다) → 안을 찔러 부추김 → 충동 → 본능

Dogs shake their fur after getting wet by **instinct**.
개는 본능적으로 젖은 뒤에 털을 흔든다.

➕ instinctive [형] 본능적인

0570 ☐☐☐
stimulate
[stímjulèit]

[동] 1. 자극하다, 활성화하다 2. (흥미 등을) 불러일으키다

➤ stim(찌르다) + ulate(동사형 접미사) → 찔러 부추기다 → 자극시키다

Eating vitamin-rich foods can help **stimulate** hair growth.
비타민이 풍부한 음식을 먹는 것은 모발 성장을 활성화시키도록 도울 수 있다.

➕ stimulation [명] 자극

· DAILY TEST ·

1-20 영어는 우리말로, 우리말은 영어로 바꾸시오.

1 purpose _____

2 primary _____

3 approve _____

4 assess _____

5 prospect _____

6 specific _____

7 distinct _____

8 position _____

9 significant _____

10 aspect _____

11 본능, 본성; 타고난 재능[소질] _____

12 할당하다, 부여하다; 맡기다 _____

13 추구하다; 뒤쫓다, 추적하다 _____

14 결과, 결말; 중요성 _____

15 연속적인 사건들; 순서[차례] _____

16 신호; 조짐; 신호를 보내다 _____

17 자극하다; 불러일으키다 _____

18 존경; (측)면; 존경하다 _____

19 상대, 적; 반대자 _____

20 입증[증명]하다; 판명되다 _____

21-25 문맥상 빈칸에 들어갈 알맞은 단어를 골라 쓰시오.

> prior   rank   range   despite   distinguish

21 We _____ third best in the world in this game.

22 Everything here is on sale, and prices _____ from $5 to $15.

23 _____ just taking a nap, I felt incredibly tired.

24 Do you know how to _____ lies from the truth?

25 Be sure to brush your teeth _____ to going to the dentist.

Answer   1 목적, 의도 2 주요한, 제1위의; 최초[초기]의 3 찬성하다; 승인[허가]하다 4 평가[판단]하다 5 가망, 가능성; 예상, 기대 6 특정한; 구체적인 7 다른, 별개의; 뚜렷한, 확실한 8 위치, 장소; 입장; 지위, 신분 9 중요한, 중대한; 상당한; 의미심장한 10 측면; 양상 11 instinct 12 assign 13 pursue 14 consequence 15 sequence 16 signal 17 stimulate 18 respect 19 opponent 20 prove 21 rank 22 range 23 Despite 24 distinguish 25 prior

DAY 20

---

simil   1. 비슷한, 같은   2. 함께   변화형: sembl

0571 ☐☐☐
similar
[símələr]

형 비슷한, 유사한

→ simil(비슷한) + ar(형용사형 접미사) → 비슷한

Though we're siblings, we don't have very **similar** personalities.
비록 우리는 형제이지만, 성격은 그다지 비슷하지 않다.

➕ similarly 부 비슷하게, 마찬가지로   similarity 명 유사점, 닮은 점

0572 ☐☐☐
resemble
[rizémbl]

동 닮다

→ re('강조') + sembl(e)(비슷한) → 매우 비슷하다

People say that dogs often **resemble** their owners.
사람들은 개가 흔히 주인을 닮는다고 말한다.

0573 ☐☐☐
assemble
[əsémbl]

동 1. 조립하다 2. 모으다, 집합시키다 (🌐 gather)

→ as(~로) + sembl(e)(함께) → 함께 ~로 모으다

You can **assemble** the chair by simply attaching these two parts.
너는 그저 이 두 부분을 부착함으로써 의자를 조립할 수 있다.

➕ assembly 명 1. 국회, 의회, 집회 2. 조립

---

sta   서다, 세우다   변화형: sist, sto, st(e), stitu

0574 ☐☐☐
constant
[kánstənt]

형 1. 일정한, 변함없는 2. 지속적인, 끊임없는

→ con(함께) + sta(nt)(서다) → (항상) 함께 서 있는

It's important that your heart rate stays **constant**.
너의 심박수가 일정한 것이 중요하다.

Being pregnant, the woman had a **constant** desire to eat.
임신을 해서, 그 여자는 끊임없는 식욕을 느꼈다.

➕ constantly 부 끊임없이

---

establish

0575 ☐☐☐

[istǽbliʃ]

图 1. 설립[수립]하다 (❸ found) 2. (법·제도 등을) 제정[확립]하다

➔ e(모음 첨가) + sta(bl)(서다) + ish(동사형 접미사) → 안정되게 서다

The company was **established** in 1938.
그 회사는 1938년에 설립되었다.

✚ establishment 圀 1. 설립 2. 기관, 시설

---

instance

0576 ☐☐☐

[ínstəns]

圀 경우, 예시

➔ in(접하여) + sta(n)(서다) + ce(명사형 접미사) → 가까이 서 있는 것 → 관련 있는 예시

There have been **instances** of male tigers raising their young,
though it is rare. 드물지만, 수컷 호랑이가 새끼들을 키우는 경우들이 있어 왔다.

---

instant

0577 ☐☐☐

[ínstənt]

圀 1. 즉각[즉시]의 2. (식품이) 인스턴트의   圀 순간 (❸ moment)

➔ in(접하여) + sta(nt)(서다) → 가까이 서 있는 → 근처에 있는 → 즉석의

There was an **instant** attraction between your father and
mother. 네 아버지와 어머니 사이에는 즉각적인 이끌림이 있었다.
For an **instant**, time seemed to stop.
일순간, 시간이 멈춘 것 같았다.

✚ instantly 囲 즉시

---

obstacle

0578 ☐☐☐

[ábstəkl]

圀 장애(물), 방해

➔ ob(~에 대하여) + sta(서다) + cle(명사형 접미사)
  → 대항하여 서 있는 것

I'll help you get over any **obstacles**
that you face in life.
네가 삶에서 마주치는 어떤 장애물이든 극복하도록 내가 도와줄게.

---

stable

0579 ☐☐☐

[stéibl]

圀 안정적인, 안정된 (❹ unstable)   圀 마구간

➔ sta(서다) + ble(형용사형 접미사) → 가만히 서 있는 → 안정된

It is incredibly hard to find a **stable** job these days.
요즘에는 안정적인 직장을 찾는 것이 매우 어렵다.

✚ stabilize 图 안정시키다   stability 圀 안정

0580 ☐☐☐
assist
[əsíst]

동 도와주다, 돕다

➔ as(곁에) + sist(서다) → 곁에 서다 → 거들다

Foreign aid was sent to **assist** the country in recovering from the war.   그 나라가 전쟁으로부터 회복하도록 돕기 위해 외국의 원조가 보내졌다.

➕ assistance 명 지원, 도움, 보조   assistant 명 보조, 조수

0581 ☐☐☐
consist
[kənsíst]

동 1. ((~ of)) (~로) 구성되다, 이루어지다 2. ((~ in)) (~에) 존재하다, 있다

➔ con(함께) + sist(서다) → 함께 서 있다 → ~로 구성되다

A healthy diet **consists** of fruit, vegetables, grains, dairy, and protein.   건강한 식단은 과일, 채소, 곡물, 유제품, 그리고 단백질로 구성된다.

➕ consistent 형 일관된, 일치하는   consistency 명 일관성, 일치

0582 ☐☐☐
resist
[rizíst]

동 1. 저항[반항]하다 2. 참다, 견디다

➔ re(반대하여) + sist(서다) → 반대 입장에 서다

If you **resist** arrest, you will be fined.
당신이 체포에 저항한다면, 벌금을 물게 될 것입니다.

➕ resistant 형 저항하는, 견디는   resistance 명 저항, 내성

0583 ☐☐☐
restore
[ristɔ́:r]

동 1. 회복시키다[하다] 2. 복원[복구]하다

➔ re(다시) + sto(re)(서다) → 다시 서다

Her hearing was **restored** after surgery.
수술 후에 그녀의 청력이 회복되었다.
A professional is needed to **restore** this sculpture.   이 조각품을 복원하기 위해서는 전문가가 필요하다.

➕ restoration 명 회복, 복원[복구]

0584 ☐☐☐
steady
[stédi]

형 1. 꾸준한, 지속적인 2. 확고한, 안정된

➔ ste(ad)(서다) + y(형용사형 접미사) → 확고히 서 있는

There is a **steady** decline in moth populations in Britain.
영국의 나방 개체 수는 꾸준한 감소세이다.

➕ steadily 부 꾸준히, 점차

0585 ☐☐☐
institute
[ínstətjùːt]

뗑 연구 기관, 학회, 협회   동 (제도 등을) 실시하다, 제정하다

➜ in(위에) + stitu(te)(세우다) → ~에 세우다 → 설립한 곳

There are more than 100 research **institutes** in the United States.   미국에는 100개 이상의 연구 기관이 있다.

⊕ institution 뗑 기관, 협회

---

strict
팽팽히 당기다

● 변화형: stress ●

0586 ☐☐☐
strict
[strikt]

뗑 1. 엄격한 2. 정확한, 엄밀한

➜ strict(팽팽히 당기다) → 팽팽히 당겨진 → 엄격한

That school is known for having **strict** rules on dating.
그 학교는 연애에 대한 엄격한 교칙을 가진 것으로 알려져 있다.

⊕ strictly 閂 엄격히, 철저히

0587 ☐☐☐
restrict
[ristríkt]

동 제한[한정]하다

➜ re(뒤로) + strict(팽팽히 당기다) → 뒤로 꽉 당기다 → 제한하다

My parents **restrict** me from staying out past 11:00 p.m.
우리 부모님은 내가 오후 11시가 넘도록 밖에 있는 것을 제한한다.

⊕ restriction 뗑 제한, 제약   restrictive 휑 제한[한정]하는

0588 ☐☐☐
distress
[distrés]

뗑 고뇌, 고통   동 괴롭히다, 고민하게 하다

➜ di(떨어져) + stress(팽팽히 당기다) → 떨어지도록 팽팽히 당기다 → 괴롭게 하다

His parents will be in **distress** if they know that he has cancer.
그가 암인 것을 알면 그의 부모님은 고통에 빠질 것이다.

---

struct
세우다, 쌓다

● 변화형: str, stroy ●

0589 ☐☐☐
instrument
[ínstrəmənt]

뗑 1. 기구, 도구 (❀ tool) 2. 악기

➜ in(위에) + str(u)(세우다) + ment(명사형 접미사) → 쌓아 올릴 때 쓰는 것

Mozart could play multiple musical **instruments** when he was six.   모차르트는 6살 때 여러 악기를 연주할 수 있었다.

0590 ☐☐☐
destroy
[distrɔ́i]

[동] 파괴하다, 파멸시키다

➔ de('반대') + stroy(세우다) → '세우다'의 반대 의미 → 파괴하다

The hurricane **destroyed** many people's homes.
그 허리케인은 많은 사람들의 집을 파괴했다.

sum

취하다, 골라 가지다

0591 ☐☐☐
assume
[əsúːm]

[동] 1. (사실이라고) 추정하다[생각하다] (❸ presume)
2. (책임·임무 등을) 떠맡다 3. ~인 체하다, 가장하다

➔ as(~로) + sum(e)(취하다) → 어떤 방향으로 생각·일·태도 등을 취하다

I **assumed** you were friends after I saw you hugging.
나는 너희가 포옹하는 것을 보고 친구라고 생각했다.

Secret agents often have to **assume** false identities.
비밀 요원은 종종 거짓 신분으로 가장해야 한다.

⊕ assumption [명] 가정, 추측

0592 ☐☐☐
consume
[kənsúːm]

[동] 1. 소비하다, 다 써 버리다 (❸ produce) 2. 먹다, 마시다

➔ con('강조') + sum(e)(취하다) → 완전히 취하다
→ 다 써 버리다

Biking to work every day **consumes**
a lot of my energy.
매일 자전거로 출근하는 것은 내 에너지를 많이 소비한다.

⊕ consumption [명] 소비(량)   consumer [명] 소비자, 고객

tend

뻗다, 당기다

변화형: tens

0593 ☐☐☐
tend
[tend]

[동] ((~ to-v)) ~하는 경향이 있다, ~하기 쉽다

➔ tend(뻗다) → 어떤 방향으로 뻗다

Young children **tend** to copy the actions of their older siblings.
어린아이들은 나이가 더 많은 형제들의 행동을 따라 하는 경향이 있다.

⊕ tendency [명] 경향

0594 ☐☐☐
intend
[inténd]

⑤ ~할 작정이다, 의도하다

➔ in(~로) + tend(뻗다) → 어떤 방향으로 (마음을) 뻗다

It was **intended** to be a joke, but no one saw it that way.
그것은 농담으로 의도된 것이었지만, 아무도 그렇게 받아들이지 않았다.

⊕ intention ⑱ 의도, 의향   intentional ⑲ 의도적인, 고의적인

0595 ☐☐☐
pretend
[priténd]

⑤ ~인 체하다

➔ pre(앞에) + tend(뻗다) → 앞에 거짓 등을 펼치다

Children often like to **pretend** to be animals.
어린이들은 흔히 동물인 척하는 것을 좋아한다.

0596 ☐☐☐
tense
[tens]

⑲ 1. (끈·섬유 등이) 팽팽한 2. 긴장한   ⑱ 【문법】 시제

➔ tens(e)(당기다) → 팽팽히 당겨진

Try not to be **tense** before a competition.
대회 전에 긴장하지 않도록 노력해라.

⊕ tension ⑱ 1. 팽팽함 2. 긴장, 불안

0597 ☐☐☐
intense
[inténs]

⑲ 1. 강렬한, 격렬한 2. 열렬한, 열정적인

➔ in(~로) + tens(e)(뻗다) → (관심 등이) ~을 향해 뻗은

I have an **intense** hatred of pineapple on pizza.
나는 피자에 올려진 파인애플을 극도로 싫어한다.

He was an **intense** worker, never wanting to take a break.
그는 결코 쉬기를 원하지 않는 열정적인 근로자였다.

⊕ intensely ⑲ 격렬히   intensive ⑲ 강한, 집중적인

---

tract
끌다, 끌리다
● 변화형: trac, trai

0598 ☐☐☐
trace
[treis]

⑤ ~의 (발)자국을 더듬다, 추적하다   ⑱ 자취, 흔적

➔ 라틴어 tractus(끌린 것, 자국)에서 유래

Detectives tried to **trace** the missing girl,
but they failed.
탐정들은 실종된 여자아이를 추적하려 노력했지만 실패했다.

There is no **trace** of anyone being here
last night.   어젯밤에 여기 누군가가 있었다는 흔적이 없다.

0599 ☐☐☐
trail
[treil]

⟨동⟩ 1. 뒤를 밟다, 추적하다 2. 질질 끌다[끌리다]   ⟨명⟩ 1. 오솔길 2. 자국, 단서

➔ 중세 영어 trailen(끌다)에서 유래

The **trail** ahead is blocked by fallen trees.
앞에 놓인 오솔길은 쓰러진 나무들로 막혀 있다.

0600 ☐☐☐
trait
[treit]

⟨명⟩ (성격·습관의) 특징, 특색

➔ trai(t)(끌다) → 펜을 끌어 그린 선 → 눈에 띄는 특징

His best **trait** is his ability to lead in any situation.
그의 최고의 장점은 어떤 상황에서도 남을 이끄는 능력이다.

DAY 20

1-20 영어는 우리말로, 우리말은 영어로 바꾸시오.

1	assist _____	11	장애(물), 방해 _____
2	destroy _____	12	안정적인, 안정된; 마구간 _____
3	trait _____	13	기구, 도구; 악기 _____
4	strict _____	14	~할 작정이다, 의도하다 _____
5	restore _____	15	일정한, 변함없는; 지속적인 _____
6	similar _____	16	설립[수립]하다; 제정[확립]하다 _____
7	pretend _____	17	저항[반항]하다; 참다, 견디다 _____
8	instance _____	18	조립하다; 모으다, 집합시키다 _____
9	consume _____	19	연구 기관, 학회, 협회 _____
10	distress _____	20	추정하다; 떠맡다; ~인 체하다 _____

21-25 문맥상 빈칸에 들어갈 알맞은 단어를 골라 쓰시오.

trail	tend	restrict	tense	resemble

21 Try not to be _____ before a competition.

22 The _____ ahead is blocked by fallen trees.

23 People say that dogs often _____ their owners.

24 My parents _____ me from staying out past 11:00 p.m.

25 Young children _____ to copy the actions of their older siblings.

Answer   1 도와주다, 돕다 2 파괴하다, 파멸시키다 3 특징, 특색 4 엄격한; 정확한, 엄밀한 5 회복시키다[하다]; 복원[복구]하다 6 비슷한, 유사한 7 ~인 체하다 8 경우, 예시 9 소비하다, 다 써 버리다; 먹다, 마시다 10 고뇌, 고통; 괴롭히다, 고민하게 하다 11 obstacle 12 stable 13 instrument 14 intend 15 constant 16 establish 17 resist 18 assemble 19 institute 20 assume 21 tense 22 trail 23 resemble 24 restrict 25 tend

DAY 21

어원별 어휘 어근

---

tact
건드리다, 접촉하다

0601 ☐☐☐
attain
[ətéin]

동 1. 달성하다, 이루다 (⊜ achieve) 2. (특정 수준 등에) 도달하다

➜ at(~에) + tain(건드리다) → (목표에) 닿다

She wanted to **attain** her master's degree within two years.
그녀는 석사 학위를 2년 이내에 따고 싶어 했다.

⊕ attainable 형 달성할 수 있는

0602 ☐☐☐
entire
[intáiər]

형 1. 전체의 (⊜ whole) 2. 완전한 (⊜ complete)

➜ en('부정') + ti(건드리다) + re(어미) → 건드리지 않은 → 온전한

The music was so loud that it shook the **entire** house.
그 음악은 너무 시끄러워서 온 집안을 뒤흔들었다.

⊕ entirely 부 완전히, 전적으로

---

tain
지니다, 잡다, 쥐다

0603 ☐☐☐
contain
[kəntéin]

동 함유하다, 포함하다

➜ con(함께) + tain(지니다) → 함께 지니다 → 포함하다

I can't eat that cookie because it **contains** nuts.
그 쿠키는 견과류를 포함하고 있어서 나는 그것을 먹을 수 없다.

⊕ container 명 1. 그릇, 용기 2. 컨테이너

0604 ☐☐☐
obtain
[əbtéin]

동 얻다, 획득하다 (⊜ get)

➜ ob(앞에) + tain(잡다) → 앞에 잡아 놓다 → 얻다

If you work out four times a week, you can **obtain** your dream body. 일주일에 네 번씩 운동한다면, 너는 꿈꾸는 몸매를 얻을 수 있다.

⊕ obtainable 형 획득할 수 있는

---

urb 도시

0605 ☐☐☐
suburb
[sʌ́bəːrb]

몡 교외, 근교

➔ sub(아래에) + urb(도시) → 도시 근처

It is cheaper to live in the **suburbs** than in the city.
도시에 사는 것보다 근교에 사는 것이 더 저렴하다.

0606 ☐☐☐
urban
[ə́ːrbən]

휑 도시의, 도심의 (⊕ rural)

➔ urb(도시) + an(형용사형 접미사) → 도시의

Urban areas are known for being highly populated.
도심 지역은 인구 밀도가 매우 높은 것으로 알려져 있다.

val 가치 있는   ● 변화형: vail ●

0607 ☐☐☐
evaluate
[ivǽljuèit]

통 평가하다

➔ e(밖으로) + val(u)(가치 있는) + ate(동사형 접미사)
→ 가치를 밖으로 보이다 → 평가하다

Tests are used to **evaluate** how well
students understand a subject.
시험은 학생들이 얼마나 잘 과목을 이해하는지 평가하기 위해 사용된다.

⊕ evaluation 몡 평가, 분석

0608 ☐☐☐
available
[əvéiləbl]

휑 1. 이용할 수 있는, 얻을 수 있는 2. 시간이[여유가] 있는

➔ a(~에) + vail(가치 있는) + able(할 수 있는) → ~하는 데 가치가 있는

This offer is only **available** to members of our club.
이 제공물은 오직 우리 동호회 회원들만 이용할 수 있다.

vent 오다   ● 변화형: ven ●

0609 ☐☐☐
prevent
[privént]

통 1. 막다, 예방하다 2. 방해하다

➔ pre(먼저) + vent(오다) → 먼저 오다 → 먼저 행동을 취하다 → 예방하다

The heavy traffic **prevented** me from getting to work on time.
교통 체증이 내가 직장에 제시간에 가지 못하게 했다.

0610 ☐☐☐
avenue
[ǽvənjùː]

몡 1. 큰 길, 대로, ~가(街) 2. 수단, 방안

➜ a(~로) + ven(오다) + ue(어미) → ~로 오는 것 → 길

This **avenue** will lead you to the ocean.
이 길이 너를 바다로 이끌 것이다.

0611 ☐☐☐
convenient
[kənvíːnjənt]

휑 편리한, 간편한 (몡 inconvenient)

➜ con(함께) + ven(i)(오다) + ent(형용사형 접미사) → (도움을 주며) 함께 오가는
→ 편리한

This first aid kit is **convenient** for small injuries.
이 구급상자는 작은 부상에 편리하다.

➕ convenience 몡 편의, 편리

---

vert
돌리다
변화형: vers

0612 ☐☐☐
convert
[kənvə́ːrt]

동 1. 바꾸다, 전환하다 2. (다른 종교·당 등으로) 개종[전향]시키다

➜ con('강조') + vert(돌리다) → 완전히 돌리다 → 바꾸다

Can you tell me how to **convert** Fahrenheit into Celsius?
화씨를 섭씨로 어떻게 바꾸는지 나에게 알려주겠니?

➕ conversion 몡 전환, 전향   converter 몡 변환기

0613 ☐☐☐
vertical
[və́ːrtikəl]

휑 수직의 (몡 horizontal)

➜ 라틴어 vertex(꼭지점)에서 유래

It is commonly believed that **vertical**
stripes make you look slimmer.
수직 줄무늬가 너를 더 날씬해 보이게 한다고 흔히 믿어진다.

➕ vertically 믠 수직으로

diverse

0614 □□□

diverse
[daivə́:rs]

형 다양한, 가지각색의

➡ di(옆으로) + vers(e)(돌리다) → 옆으로 돌린 → 다른 방향으로 바꾼 → 다양한

When you grow up in an ethnically **diverse** city, you can try many different foods.
인종적으로 다양한 도시에서 자라면, 여러 다양한 음식을 먹어볼 수 있다.

➕ diversify 동 다양화[다각화]하다　　　diversity 명 다양성

0615 □□□

reverse
[rivə́:rs]

형 1. 반대의, 거꾸로 된 2. 뒤의[뒷면의] 명 1. 반대 2. 뒤[뒷면] 동 뒤집다

➡ re(뒤로) + vers(e)(돌리다) → 뒤돌아서 방향이 반대로 된

Scientists are looking for a way to **reverse** aging.
과학자들은 노화를 되돌릴 방법을 찾고 있다.

➕ reversible 형 거꾸로 할 수 있는, 양면 모두 쓸 수 있는

---

via 길

● 변화형: vi, vey ●

0616 □□□

via
[váiə, ví:ə]

전 1. ~를 거쳐[경유하여] 2. ~를 매개로, 통하여

➡ 라틴어 via(길)에서 유래

My parents flew to Korea **via** China.
나의 부모님은 중국을 거쳐 한국으로 비행기를 타고 오셨다.

Sending a package **via** boat is slow but cost-effective.
소포를 배로 보내는 것은 느리지만 비용 효율이 높다.

0617 □□□

previous
[prí:viəs]

형 이전의, 앞의, 사전의

➡ pre(앞에) + vi(길) + ous(형용사형 접미사) → 길을 앞서가는

The students revealed that they preferred their **previous** teacher. 그 학생들은 이전의 선생님이 더 좋다고 밝혔다.

➕ previously 부 이전에, 과거에

0618 □□□

convey
[kənvéi]

동 1. 나르다, 운반하다 (🔵 transport) 2. (생각·감정 등을) 전하다[전달하다]

➡ con(함께) + vey(길) → 함께 길을 가다 → 나르다

It can be hard to **convey** your feelings with words.
네 감정을 말로 전달하는 것은 어려울 수 있다.

vid

분리하다

변화형: vis

0619 □□□
divide
[diváid]

동 나누다, 분리하다

> di(떨어져) + vid(e)(분리하다) → 떨어지도록 분리하다

The teacher **divided** the students into groups based on their interests.   그 선생님은 학생들을 관심사에 따라서 그룹으로 나누었다.

⊕ division 명 1. 분할 2. 나눗셈 3. 부분, 부서

0620 □□□
individual
[ìndəvídʒuəl]

형 1. 개개의, 개인적인 2. 개성 있는, 독특한   명 개인

> in('부정') + di(떨어져) + vid(분리하다) + ual(형용사형 접미사)
> → (더 이상) 떨어져 분리되지 않는 (것)

Every **individual** vote makes a difference.
모든 개개의 투표가 변화를 만든다.

⊕ individually 부 개별적으로

0621 □□□
devise
[diváiz]

동 고안[발명]하다

> 라틴어 divisare(여러 번 나누다)에서 유래 → (여러 번 나누어) 궁리하다

He **devised** a training program for the new recruits.
그는 신입 사원들을 위한 훈련 프로그램을 고안했다.

⊕ device 명 장치, 기기

---

vis

보다

변화형: vid

0622 □□□
revise
[riváiz]

동 개정[수정]하다

> re(다시) + vis(e)(보다) → 다시 보다 → 수정하다

After hearing the news, we decided to **revise** our plans.
그 소식을 듣고 나서 우리는 계획을 수정하기로 결정했다.

⊕ revision 명 개정(판), 수정

0623 ☐☐☐
supervise
[súːpərvàiz]

동 감독[관리]하다

➔ super(위에서) + vis(e)(보다) → 위에서 내려다보다

A babysitter is needed to **supervise** our children while we're gone.   우리가 외출한 동안 우리 아이들을 관리하기 위해 베이비시터가 필요하다.

⊕ supervisor 명 감독[관리]자

0624 ☐☐☐
vision
[víʒən]

명 1. 시력, 시각 2. 선견지명 3. 환상, 공상

➔ vis(보다) + ion(명사형 접미사) → 보는 것

You should see an eye doctor if your **vision** is bad.
시력이 나쁘면 안과에 가야 한다.

⊕ visual 형 시각의   visible 형 눈에 보이는

0625 ☐☐☐
evidence
[évidəns]

명 1. 증거, 근거 (⊕ proof) 2. 흔적, 징후

➔ e('강조') + vid(보다) + ence(명사형 접미사) → 분명히 보이는 것 → 증거

There is growing **evidence** that many dinosaurs had feathers.
많은 공룡들이 깃털을 가지고 있었다는 증거가 늘어나고 있다.

⊕ evident 형 명백한   evidently 부 분명히, 명백하게

0626 ☐☐☐
provide
[prəváid]

동 제공[공급]하다 (⊕ supply)

➔ pro(앞으로) + vid(e)(보다) → 앞을 내다보다 → 대비하여 제공하다

This brochure **provides** information on healthy eating habits.
이 소책자는 건강한 식습관에 관한 정보를 제공한다.

---

viv   1. 살다   2. 생명   ● 변화형: vit

0627 ☐☐☐
vivid
[vívid]

형 선명한, 생생한

➔ viv(살다) + id(형용사형 접미사) → 살아 있는 듯한

His dreams were so **vivid** that he thought they were real.
그의 꿈들이 너무 생생해서 그는 그것들이 진짜라고 생각했다.

⊕ vividly 부 선명하게, 생생하게

0628 ☐☐☐
vital
[váitl]

[형] 1. 생명의 2. 필수적인, 매우 중요한 3. 활기 있는

➔ vit(생명) + al(형용사형 접미사) → 생명의

It is **vital** that you see a doctor as soon as possible.
네가 가능한 한 빨리 진찰을 받는 것이 매우 중요하다.

➕ vitality [명] 활력, 생명력

DAY 21

ward

주의하다, 지켜보다

변화형: war, warn

0629 ☐☐☐
aware
[əwɛ́ər]

[형] ((~ of/that)) (~을) 알고 있는 (🔄 unaware)

➔ a('강조') + war(e)(주의하다) → 주의 깊은 → 알고 있는

Are you **aware** of how much trouble you caused?
네가 얼마나 많은 문제를 일으켰는지 알고 있니?

➕ awareness [명] 인식, 자각

0630 ☐☐☐
warn
[wɔːrn]

[동] 경고하다, 주의를 주다

➔ 중세 영어 warnian(주의하다)에서 유래

The news anchor **warned** people not to leave their houses.
그 뉴스 앵커는 사람들에게 집을 떠나지 말라고 경고했다.

➕ warning [명] 경고, 주의

· DAILY TEST ·

1-20 영어는 우리말로, 우리말은 영어로 바꾸시오.

1	convey	_____	11 도시의, 도심의	_____
2	contain	_____	12 경고하다, 주의를 주다	_____
3	diverse	_____	13 막다, 예방하다; 방해하다	_____
4	via	_____	14 수직의	_____
5	attain	_____	15 개정[수정]하다	_____
6	devise	_____	16 개인적인; 개성 있는; 개인	_____
7	evidence	_____	17 선명한, 생생한	_____
8	provide	_____	18 교외, 근교	_____
9	convenient	_____	19 나누다, 분리하다	_____
10	obtain	_____	20 이전의, 앞의, 사전의	_____

21-25 문맥상 빈칸에 들어갈 알맞은 단어를 골라 쓰시오.

vision	entire	convert	evaluate	available

21 Can you tell me how to _____ Fahrenheit into Celsius?

22 You should see an eye doctor if your _____ is bad.

23 This offer is only _____ to members of our club.

24 The music was so loud that it shook the _____ house.

25 Tests are used to _____ how well students understand a subject.

Answer 1 나르다, 운반하다; 전하다[전달하다] 2 함유하다, 포함하다 3 다양한, 가지각색의 4 ~를 거쳐[경유하여]; ~를 매개로, 통하여 5 달성하다, 이루다; 도달하다 6 고안[발명]하다 7 증거, 근거; 흔적, 징후 8 제공[공급]하다 9 편리한, 간편한 10 얻다, 획득하다 11 urban 12 warn 13 prevent 14 vertical 15 revise 16 individual 17 vivid 18 suburb 19 divide 20 previous 21 convert 22 vision 23 available 24 entire 25 evaluate

DAY 11-21 | 어원 LIST

접두사		동사형 접미사 -(i)fy/-ate/-en	~화하다, ~하게 만들다
DAY 11		명사형 접미사[1] -(e)ty/-ity/-ance/-ence/-ure	성질, 상태, 행위
a-	~에; '강조'; '완료'	명사형 접미사[2] -ant/-ent	행위자
ab-	~에서 떨어져; '강조'	명사형 접미사[3] -et/-le	작은 것
ad- (ac-, ap-, a-)	~에; ~로; ~을 (향해)	부사형 접미사 -ly	방식
ante- (ant(i)-)	~ 앞에	형용사형 접미사[1] -al/-ual/-ent	성질, 성향
bi- (ba-, twi-)	둘, 두 개의	형용사형 접미사[2] -ate/-ary/-ative	성질, 성향
com- (con-)	함께; '강조'	형용사형 접미사[3] -ic/-ical/-ly/-ous	성질, 성향
contra-	~에 반대[대항]하여	어근	
de-	아래로; 떨어져; '강조'; '반대'	**DAY 15**	
ex-	밖으로; '강조'; ~을 넘어서	ag (act, ig)	행하다; 작용하다; 몰다
DAY 12		alter	다른
dis- (dif-)	'부정'; '반대'; 떨어져	ann	해마다, 1년의
en- (em-)	~이 되게 하다; 안에	cap (cupy, cept, cip, ceive)	잡다, 취하다
in-[1] (il-)	안에; 위에	cern (cri)	체로 쳐서 가려내다; 분리하다
in-[2]	'부정'	char (cher)	사랑하는, 소중한
inter-	~ 사이에; 상호 간, 서로	cide (cis)	자르다
uni-	하나의	circul (circu(m))	원, 둘레에
out-	밖으로	clud	닫다
DAY 13		cogn ((g)no)	알다
over-	넘어, ~너머, 위에	equ	같은
per-	완전히	**DAY 16**	
pre-	먼저, 미리	crea (cruit)	만들다; 자라다
pro-	앞으로	cred	믿다
re-	다시; 뒤에	dict (dic)	말하다
se-	떨어져	dom	집; 주인
sub- (suf-, sup-)	아래에	fa	말하다
trans-	이쪽에서 저쪽으로	fac (fi(c))	만들다; 행하다
접미사		flo	흐르다
DAY 14		form	형태, 구성

fort (for)	강한	preci (pric)	값
fund (found)	바닥; 기초를 두다	**DAY 19**	
gard (guard, guarant)	지켜보다; 보호하다	pos (pon)	놓다
gra (gri)	붙잡다	prim (pri)	제1의, 최초의
labor	일하다	prob (prov)	시험하다, 증명하다
DAY 17		rang (rank)	줄
gener (gen)	출생	sequ (su)	따라가다, 뒤를 잇다
lack (leak)	부족	sid (sess, set)	앉다
limin (limit)	문턱; 경계	sign	표시(하다)
loc	장소	spect (spit, spec)	보다; 종류
magni (master, maxim)	거대한	sting (stinct, stim)	찌르다
manu (main, man(i))	손	**DAY 20**	
medi (me)	중간	simil (sembl)	비슷한, 같은; 함께
ment (mon, min)	마음; 기억하다; 경고하다	sta (sist, sto, st(e), stitu)	서다, 세우다
min (minim)	작은	strict (stress)	팽팽히 당기다
mit	보내다	struct (str, stroy)	세우다, 쌓다
mun (mon)	의무	sum	취하다, 골라 가지다
neg (ny)	부인하다	tend (tens)	뻗다, 당기다
DAY 18		tract (trac, trai)	끌다, 끌리다
mov (mot)	움직이다	**DAY 21**	
opt (opin)	선택하다	tact (tain, ti)	건드리다, 접촉하다
ordin	순서	tain	지니다, 잡다, 쥐다
ori	떠오르다	urb	도시
part (port)	부분	val (vail)	가치 있는
pel (peal, pol)	몰다, 밀어 넣다	vent (ven)	오다
per	시험 삼아 해 보다	vert (vers)	돌리다
pet (peat)	추구하다	via (vi, vey)	길
phan (phas, phen, fan)	보이다	vid (vis)	분리하다
ple (plen)	채우다	vis (vid)	보다
plic (ply)	접어 겹치다	viv (vit)	살다; 생명
poss (pot)	~할 수 있다	ward (war, warn)	주의하다, 지켜보다

PART

03

DAY 22-32

독해가 편해지는

주제별 어휘

0631 ☐☐☐
impatient
[impéiʃənt]

형 1. 참을성 없는 (반 patient) 2. ((~ to-v)) 몹시 ~하고 싶어 하는 (비 eager)

Passengers on the plane were **impatient** to land.
비행기의 승객들은 몹시 착륙하고 싶어 했다.

0632 ☐☐☐
silly
[síli]

형 어리석은, 바보 같은 (비 foolish)

Throwing away fresh food is just **silly**!
신선한 음식을 버리는 것은 그저 어리석은 짓이야!

0633 ☐☐☐
disappoint
[dìsəpɔ́int]

동 1. 실망시키다 2. (희망·계획 등을) 좌절시키다

When I decided not to attend university,
it **disappointed** my parents.
내가 대학교에 다니지 않기로 결정했을 때, 그것은 부모님을 실망시켰다.

➕ disappointed 형 실망한   disappointment 명 실망

0634 ☐☐☐
rude
[ru:d]

형 무례한 (반 polite)

The comedian just laughed at the woman's **rude** comments.
그 코미디언은 그 여자의 무례한 발언에 그저 웃었다.

0635 ☐☐☐
enthusiasm
[inθú:ziæzəm]

명 열정, 열광

We will only hire people with **enthusiasm** for the job.
우리는 일에 열정을 가진 사람만을 고용할 것이다.

➕ enthusiastic 형 열정적인

0636 ☐☐☐
indifferent
[indífərənt]

형 무관심한

Our PE teacher was **indifferent** to our complaints.
우리 체육 선생님은 우리의 불평에 무관심했다.

➕ indifference 명 무관심

0637 ☐☐☐
diligent
[dílədʒənt]

휑 부지런한, 근면한

Dr. Smith is a **diligent** chemist that often works through the night. Smith 박사는 종종 밤새 일하곤 하는 근면한 화학자이다.

➕ diligence 휑 근면   diligently 휑 부지런히, 열심히

0638 ☐☐☐
embarrass
[imbǽrəs]

동 당황[난처]하게 하다

My boss **embarrassed** me when he said I did a bad job.
나의 상사는 내가 일을 형편없이 했다고 말해 나를 당황하게 했다.

➕ embarrassed 휑 부끄러운, 당황한   embarrassment 휑 부끄러움, 당황

0639 ☐☐☐
confident
[kánfidənt]

휑 자신 있는, 확신하는

My dad was **confident** that the weather would improve. 우리 아빠는 날씨가 나아질 것이라고 확신했다.

➕ confidence 휑 자신감

0640 ☐☐☐
desperate
[déspərət]

휑 1. 자포자기의 (⊜hopeless) 2. 필사적인, 절실한 3. 극심한

The tsunami survivors are in **desperate** need of food and supplies. 그 지진 해일 생존자들은 음식과 보급품이 절실히 필요하다.

➕ desperation 휑 절망   desperately 휑 1. 절망적으로 2. 필사적으로

0641 ☐☐☐
humiliate
[hjuːmílièit]

동 굴욕을[창피를] 주다

Rather than **humiliate** others, we should encourage them.
우리는 다른 사람들에게 굴욕을 주기보다는 그들을 격려해야 한다.

➕ humiliating 휑 굴욕적인, 창피한

0642 ☐☐☐
cautious
[kɔ́ːʃəs]

휑 신중한, 조심스러운 (⊜careful)

You should be extremely **cautious** when making a campfire.
모닥불을 피울 때는 매우 조심해야 한다.

➕ cautiously 휑 신중히, 조심하여

0643 ☐☐☐
aggressive
[əgrésiv]

형 1. 공격적인 2. 대단히 적극적인 (반 passive)

The dog's **aggressive** behavior shocked its owner.
그 개의 공격적인 행동은 주인에게 충격을 주었다.

0644 ☐☐☐
thoughtful
[θɔ́ːtfəl]

형 1. 사려 깊은, 신중한 2. 생각에 잠긴 3. 친절한

My boss is very **thoughtful** and always gives us Christmas gifts.
나의 상사는 매우 사려 깊고 항상 우리에게 크리스마스 선물을 준다.

0645 ☐☐☐
responsible
[rispánsəbl]

형 1. 《~ for》 (~에) 책임이 있는 2. (사람이) 책임감 있는 (반 irresponsible)

Chad is **responsible** for the safety of the power plant.
Chad는 그 발전소의 안전을 책임지고 있다.

➕ responsibility 명 책임(감)

0646 ☐☐☐
passion
[pǽʃən]

명 열정, 흥미

My friend has a **passion** for music education.
내 친구는 음악 교육에 열정이 있다.

➕ passionate 형 열정적인

0647 ☐☐☐
selfish
[sélfiʃ]

형 이기적인, 자기중심적인 (유 self-centered)

Toddlers tend to be very **selfish** with their toys.
유아들은 자신의 장난감에 있어서 매우 자기중심적인 경향이 있다.

0648 ☐☐☐
arrogant
[ǽrəgənt]

형 오만한, 거만한

The **arrogant** actor thought he was the best actor ever.
그 오만한 배우는 자신이 역대 최고의 배우라고 생각했다.

➕ arrogance 명 오만, 자만

0649 ☐☐☐
modest
[mádist]

형 1. 겸손한 2. (규모·수량 등이) 많지[심하지] 않은

Though he has won many awards, he is quite **modest**.
그는 많은 상을 받았음에도 상당히 겸손하다.

0650 ☐☐☐
pleasure
[pléʒər]

몡 즐거움, 기쁨 (⊜ delight)

Most chefs take **pleasure** in serving meals to customers.
대부분의 요리사들은 손님들에게 식사를 제공하는 것에서 즐거움을 얻는다.

0651 ☐☐☐
grateful
[gréitfəl]

혱 감사하는, 고마워하는 (⊜ thankful)

I've always been **grateful** for my parents' help.
나는 항상 나의 부모님의 도움에 감사해 왔다.

0652 ☐☐☐
neglect
[niglékt]

동 무시하다, 방치하다   명 무시, 방치

Neglect of a child is a serious crime in modern society.
아이를 방치하는 것은 현대 사회에서 심각한 범죄이다.

➕ neglectful 혱 태만한, 소홀한

0653 ☐☐☐
ashamed
[əʃéimd]

혱 부끄러운, 창피한 (⊜ embarrassed)

The athlete was **ashamed** of being accused of cheating in the
game.   그 운동선수는 경기에서 반칙으로 걸린 것을 부끄러워했다.

0654 ☐☐☐
irritate
[írətèit]

동 짜증 나게 하다 (⊜ bother)

Why does the boy keep **irritating** our cat?
왜 저 남자아이는 우리 고양이를 계속 짜증 나게 하는 거니?

➕ irritated 혱 화난, 짜증이 난

0655 ☐☐☐
reckless
[réklis]

혱 무모한, 신중하지 못한

Reckless drivers deserve to get in trouble with the law.
무모한 운전자들은 법적으로 곤란에 처할 만하다.

➕ recklessly 쀳 무모하게, 무분별하게

0656 ☐☐☐
pity
[píti]

몡 1. 동정, 연민 2. 유감   동 동정하다, 유감스러워하다

It's important for leaders to have **pity** for those in need.
지도자들이 도움이 필요한 사람들에게 연민을 갖는 것은 중요하다.

0657 ☐☐☐
satisfaction
[sæ̀tisfǽkʃən]

몡 만족, 충족 (앤 disappointment)

They felt great **satisfaction** upon hearing the good news.
그들은 그 좋은 소식을 듣자마자 큰 만족감을 느꼈다.

➕ satisfy 동 만족시키다　　　satisfied 형 만족하는

0658 ☐☐☐
frighten
[fráitn]

동 두렵게[놀라게] 하다

The ghost in the haunted house likes to **frighten**
guests.　유령의 집의 유령은 방문객들을 놀라게 하는 것을 좋아한다.

➕ frightened 형 겁먹은, 무서워하는

0659 ☐☐☐
frustrate
[frʌ́strèit]

동 실망[좌절]시키다 (유 discourage)

It **frustrates** me that I can't find a job.
내가 일자리를 구하지 못한다는 사실은 나를 좌절시킨다.

➕ frustrated 형 낙담한, 좌절된

0660 ☐☐☐
exhausted
[igzɔ́:stid]

형 1. 지친, 기진맥진한　2. (자원 등을) 다 써 버린

By the time the match was over, Travis was **exhausted**.
경기가 끝날 무렵, Travis는 기진맥진했다.

➕ exhaust 동 1. 기진맥진하게 하다　2. (자원 등을) 다 써 버리다

· DAILY TEST ·

1-20 영어는 우리말로, 우리말은 영어로 바꾸시오.

1 silly _____
2 satisfaction _____
3 passion _____
4 desperate _____
5 irritate _____
6 frighten _____
7 grateful _____
8 ashamed _____
9 pity _____
10 pleasure _____

11 무례한 _____
12 자신 있는, 확신하는 _____
13 무관심한 _____
14 실망시키다; 좌절시키다 _____
15 책임이 있는; 책임감 있는 _____
16 이기적인, 자기중심적인 _____
17 무모한, 신중하지 못한 _____
18 기진맥진한; 다 써 버린 _____
19 당황[난처]하게 하다 _____
20 굴욕을[창피를] 주다 _____

21-25 문맥상 빈칸에 들어갈 알맞은 단어를 골라 쓰시오.

neglect	arrogant	modest	aggressive	cautious

21 The _____ actor thought he was the best actor ever.
22 You should be extremely _____ when making a campfire.
23 The dog's _____ behavior shocked the owner.
24 Though he has won many awards, he is quite _____.
25 _____ of a child is a serious crime in modern society.

Answer 1 어리석은, 바보 같은 2 만족, 충족 3 열정, 흥미 4 자포자기의; 필사적인, 절실한; 극심한 5 짜증 나게 하다 6 두렵게[놀라게] 하다 7 감사하는, 고마워하는 8 부끄러운, 창피한 9 동정, 연민; 유감; 동정하다, 유감스러워하다 10 즐거움, 기쁨 11 rude 12 confident 13 indifferent 14 disappoint 15 responsible 16 selfish 17 reckless 18 exhausted 19 embarrass 20 humiliate 21 arrogant 22 cautious 23 aggressive 24 modest 25 Neglect

0661 ☐☐☐
task
[tæsk]

⑲ 일, 과업, 과제 ⑧ 과업을 맡기다

My brother was **tasked** with cleaning the entire house.
나의 남동생은 집 전체를 청소하는 임무를 맡게 되었다.

0662 ☐☐☐
counselor
[káunsələr]

⑲ 상담자, 조언자 (⊜ advisor)

Her parents received advice from a marriage **counselor**.
그녀의 부모님은 결혼 생활 상담자로부터 조언을 받았다.

➕ counsel ⑲ 상담, 조언 ⑧ 상담하다, 조언하다

0663 ☐☐☐
theory
[θíːəri]

⑲ 이론, 가설

Einstein's **theory** of relativity is important to all scientists.
아인슈타인의 상대성 이론은 모든 과학자들에게 중요성을 지닌다.

➕ theorize ⑧ 이론[가설]을 세우다

0664 ☐☐☐
scholar
[skálər]

⑲ 학자

Brad is a true **scholar** in the field of sociology.
Brad는 사회학 분야의 진정한 학자이다.

➕ scholarship ⑲ 1. 장학금 2. 학문

0665 ☐☐☐
psychology
[saikálədʒi]

⑲ 심리(학)

To understand human behavior, you must study **psychology**.
인간 행동을 이해하기 위해서 너는 심리학을 공부해야 한다.

➕ psychologist ⑲ 심리학자   psychological ⑲ 1. 정신적인 2. 심리학적인

0666 ☐☐☐
research
[risə́ːrtʃ, ríːsəːrtʃ]

⑲ 연구, 조사 ⑧ 연구하다, 조사하다

This painter is **researching** the effect of politics on art.
이 화가는 정치가 예술에 미치는 영향을 연구하는 중이다.

➕ researcher ⑲ 연구원

0667 ☐☐☐
profession
[prəféʃən]

명 직업, 직종 (⊕ occupation)

Some people feel drawn toward religious **professions**.
어떤 사람들은 종교적인 직업에 마음이 끌린다.

⊕ professional 형 전문의, 직업의 명 1. 전문직 종사자 2. 프로 (선수)

0668 ☐☐☐
specialize
[spéʃəlàiz]

동 ((~ in)) (~을) 전문으로 하다, 전공하다

My aunt **specializes** in abstract art.
우리 이모는 추상 미술을 전공하신다.

⊕ specialist 명 1. 전문가 2. 전문의(醫)

0669 ☐☐☐
philosophy
[filásəfi]

명 철학

Her **philosophy** of life was to never give up.
그녀의 인생철학은 절대 포기하지 않는 것이었다.

0670 ☐☐☐
biology
[baiálədʒi]

명 생물학

My mom bought me a **biology** textbook for my science class.
우리 엄마는 나의 과학 수업을 위해 나에게 생물학 교과서를 사 주셨다.

⊕ biologist 명 생물학자

0671 ☐☐☐
qualify
[kwáləfài]

동 자격[권한]을 주다

The training will **qualify** her to sell medical insurance.
그 훈련은 그녀에게 의료 보험을 판매할 수 있는 자격을 줄 것이다.

0672 ☐☐☐
technician
[tekníʃən]

명 1. 기술자 2. 전문가 (⊕ specialist)

After trade school, I became an automotive **technician**.
직업 학교 졸업 후 나는 자동차 기술자가 되었다.

0673 ☐☐☐
admission
[ədmíʃən]

명 1. 입학, 입장 2. 시인[인정]

The customer was denied **admission** to the theater.
그 고객은 극장으로의 입장을 거절당했다.

0674 ☐☐☐
motivate
[móutəvèit]

동 동기를[자극을] 주다

A personal trainer can **motivate** us to get in shape.
개인 트레이너는 우리가 좋은 몸 상태를 유지하도록 동기를 줄 수 있다.

⊕ motivation 명 동기 (부여)　　　motivated 형 ~할 의욕이 있는

0675 ☐☐☐
physics
[fíziks]

명 물리학

He studies **physics** because he wants to be an astronomer.
그는 천문학자가 되고 싶어서 물리학을 공부한다.

0676 ☐☐☐
career
[kəríər]

명 1. 직업, 진로　2. 경력

Dr. Kim had a long **career** in cancer research.
Kim 박사는 암 연구에 오랜 경력을 가지고 있었다.

0677 ☐☐☐
academic
[ækədémik]

형 1. 학업[학문]의, 대학의　2. 학구적인

Most philosophers prefer to discuss **academic** topics.
대부분의 철학자들은 학문적인 주제에 대해 토론하는 것을 선호한다.

0678 ☐☐☐
geography
[dʒiágrəfi]

명 1. 지리학　2. 지형

Many architects study a land's **geography** before building on
it.　많은 건축가들은 건축하기 전에 땅의 지형을 연구한다.

0679 ☐☐☐
certificate
[sərtífikət]

명 1. 증명서　2. 자격증

He finally received his **certificate** for teaching
Korean.　그는 마침내 한국어 교사 자격증을 받았다.

0680 ☐☐☐
physician
[fizíʃən]

명 내과 의사

My teacher asked for a letter from my **physician**.
나의 선생님은 내과 의사로부터 받은 진단서를 요구하셨다.

0681 ☐☐☐
logic
[ládʒik]

명 논리(학)

City planners must use **logic** to solve traffic problems.
도시 계획자들은 교통 문제를 해결하기 위해 논리를 이용해야 한다.

➕ logical 형 논리적인, 타당한   logically 부 논리적으로

0682 ☐☐☐
lawyer
[lɔ́:jər]

명 변호사, 변호인

A **lawyer** was provided for the defendant in the case.
그 소송에서는 피고인에게 변호사가 제공되었다.

0683 ☐☐☐
graduate
동 [grǽdʒuèit]
명 [grǽdʒuət]

동 졸업하다   명 졸업생

My father is a **graduate** of the same university
as me.   우리 아버지는 나와 같은 대학교 졸업생이다.

➕ graduation 명 졸업

0684 ☐☐☐
occupation
[àkjupéiʃən]

명 1. 직업 (🟰 profession) 2. 사용, 거주 3. 점령 (기간)

The French fought against German **occupation** during World
War II.   프랑스인들은 제2차 세계 대전 동안 독일의 점령에 맞서 싸웠다.

➕ occupy 동 1. 차지하다, 점유하다 2. 점령하다   occupant 명 점유자

0685 ☐☐☐
flourish
[flɔ́:riʃ]

동 1. 번영[번창]하다 2. (동식물이) 잘 자라다

Their business began to **flourish** after the announcement.
그 발표 이후에 그들의 사업은 번창하기 시작했다.

0686 ☐☐☐
chemistry
[kémistri]

명 1. 화학 2. 궁합

We need to study **chemistry** to make environmentally friendly
materials.   우리는 환경친화적인 재료를 만들기 위해서 화학을 공부할 필요가 있다.

➕ chemist 명 화학자   chemical 형 화학적인 명 화학 물질

23

주제별 어휘 • **167**

grade
[greid]

명 1. 등급 2. 학년 3. 성적, 점수   동 등급을 매기다

My little sister is in the sixth **grade**.
내 여동생은 6학년이다.

---

instruct
[instrΛkt]

동 1. 가르치다, 교육하다 2. 지시하다

Dr. Ward **instructed** the students on how to conduct the experiment.   Ward 박사는 학생들에게 실험을 하는 방법을 가르쳤다.

➕ instruction 명 1. 교육 2. 지시   instructor 명 교사, 강사

---

lecture
[léktʃər]

명 1. 강의, 강연 2. 설교, 훈계   동 1. 강의하다 2. 훈계하다

My mother gave us a **lecture** on the importance of honesty.
우리 어머니는 우리에게 정직함의 중요성에 대한 훈계를 하셨다.

➕ lecturer 명 강연자

---

peer
[piər]

명 동료, (나이·신분 등이) 동등한 사람   동 유심히 보다

Most high schoolers like to spend time with their **peers**.
대부분의 고등학생들은 그들의 친구들과 시간을 보내는 것을 좋아한다.

· DAILY TEST ·

영어는 우리말로, 우리말은 영어로 바꾸시오.

1	specialize _____	11	생물학 _____
2	scholar _____	12	자격[권한]을 주다 _____
3	counselor _____	13	물리학 _____
4	philosophy _____	14	증명서; 자격증 _____
5	admission _____	15	지리학; 지형 _____
6	career _____	16	내과 의사 _____
7	chemistry _____	17	논리(학) _____
8	occupation _____	18	연구, 조사; 연구[조사]하다 _____
9	lawyer _____	19	심리(학) _____
10	instruct _____	20	졸업하다; 졸업생 _____

문맥상 빈칸에 들어갈 알맞은 단어를 골라 쓰시오.

motivate	theory	grade	technician	academic

21 My little sister is in the sixth _____.

22 A personal trainer can _____ us to get in shape.

23 Most philosophers prefer to discuss _____ topics.

24 Einstein's _____ of relativity is important to all scientists.

25 After trade school, I became an automotive _____.

Answer　1 전문으로 하다, 전공하다 2 학자 3 상담자, 조언자 4 철학 5 입학, 입장; 시인[인정] 6 직업, 진로; 경력 7 화학; 궁합 8 직업; 사용, 거주; 점령 (기간) 9 변호사, 변호인 10 가르치다, 교육하다; 지시하다 11 biology 12 qualify 13 physics 14 certificate 15 geography 16 physician 17 logic 18 research 19 psychology 20 graduate 21 grade 22 motivate 23 academic 24 theory 25 technician

0691 ☐☐☐
commute
[kəmjúːt]

통 1. 통근[통학]하다 2. 교환하다, 바꾸다 명 통근[통학]

My **commute** to work takes about 90 minutes.
나의 직장으로의 통근은 약 90분이 걸린다.

0692 ☐☐☐
transportation
[trænspərtéiʃən]

명 1. 교통 (수단) 2. 운송

My electric motorbike is more convenient than public
transportation. 내 전기 오토바이는 대중교통보다 더 편리하다.

0693 ☐☐☐
passenger
[pǽsəndʒər]

명 승객, 여객

All of the **passengers** on the bus were German.
버스 안의 모든 승객들은 독일인이었다.

0694 ☐☐☐
analyze
[ǽnəlàiz]

통 분석하다

I used a machine to chemically **analyze**
the organism.
나는 그 유기체를 화학적으로 분석하기 위해 기계를 사용했다.

➕ analysis 명 분석　　　analyst 명 분석가

0695 ☐☐☐
flight
[flait]

명 1. 비행 2. 항공편[항공기] 3. 도피, 탈출

My **flight** from Korea to the US was about 14 hours long.
한국에서 미국까지 나의 비행은 약 14시간이 걸렸다.

0696 ☐☐☐
privacy
[práivəsi]

명 사생활, 프라이버시

Many people are very concerned about internet **privacy**
these days. 요즘 많은 사람들이 인터넷 프라이버시를 매우 걱정하고 있다.
➕ private 형 민간의, 개인의

0697 ☐☐☐
selective
[siléktiv]

[형] 1. 선택적인 2. 선별적인, 까다로운

The university I want to attend is extremely **selective**.
내가 다니고 싶은 대학은 극도로 선별적이다.

➕ selectively [부] 선별적으로

0698 ☐☐☐
virtual
[vɔ́:rtʃuəl]

[형] 1. 가상의 2. 실질적인, 사실상의

Virtual images are becoming popular in art
galleries. 가상 이미지들은 미술 갤러리에서 인기를 얻고 있다.

➕ virtually [부] 1. 사실상 2. 가상으로

0699 ☐☐☐
forecast
[fɔ́:rkæst]

[동] 전망[예상]하다 (➡ predict) [명] 예상, 예보

Experts **forecast** that population growth will decline.
전문가들은 인구 성장이 줄어들 것이라고 예상한다.

0700 ☐☐☐
accident .
[æksidənt]

[명] 1. 사고, 재난 2. 우연한 사건

The car **accident** left my grandfather in a wheelchair.
그 차 사고는 우리 할아버지가 휠체어 신세를 지게 했다.

➕ accidental [형] 우발적인, 우연한　accidentally [부] 우연히, 잘못하여

0701 ☐☐☐
cyber
[sáibər]

[형] 사이버상의, 컴퓨터의

Shoppers are beginning to buy more goods in the **cyber**
marketplace. 구매자들은 사이버 시장에서 더 많은 상품들을 사기 시작하고 있다.

0702 ☐☐☐
anonymous
[ənánəməs]

[형] 익명의, 작자 불명의

The author of this book wanted to remain **anonymous**.
이 책의 작가는 익명으로 남기를 원했다.

➕ anonymously [부] 익명으로

0703 ☐☐☐
fuel
[fjú:əl]

[명] 연료 [동] 연료를 공급하다

Fuel prices have been skyrocketing recently.
최근에 연료 가격이 급등하고 있다.

0704 ☐☐☐
automobile
[ɔ́:təməbí:l]

몡 자동차 (⊕ car)

An **automobile** show is held at this mall annually.
자동차 쇼가 매년 이 쇼핑몰에서 개최된다.

0705 ☐☐☐
security
[sikjúərəti]

몡 1. 안보, 보안, 안전 (⊕ safety) 2. 안도감, 안심 3. 보장

A lot of workers prefer job **security** over a high salary.
많은 노동자들은 높은 급여보다 고용 보장을 선호한다.

⊕ secure 혱 안전한 동 1. 안전하게 하다 2. 확보[입수]하다

0706 ☐☐☐
crash
[kræʃ]

동 1. 충돌하다, 부딪치다 2. 굉음을 내다 몡 1. 충돌 (사고) 2. 굉음

The airplane **crash** was a true tragedy.
그 비행기 충돌은 정말로 비극적인 일이었다.

0707 ☐☐☐
pedestrian
[pədéstriən]

몡 보행자 (⊕ walker) 혱 도보의

Pedestrians crossed the street when the light
turned green. 보행자들은 녹색 불이 되자 길을 건넜다.

0708 ☐☐☐
data
[déitə]

몡 데이터, 자료

A lot of **data** must be collected for this survey on eating habits.
식습관에 관한 이 설문 조사를 위해 많은 데이터가 수집되어야 한다.

0709 ☐☐☐
commercial
[kəmə́:rʃəl]

혱 1. 상업의, 영리적인 2. 민간의 몡 광고 (방송)

Famous actors often appear in big **commercials**.
유명한 배우들은 종종 대형 광고에 등장한다.

⊕ commercially 튀 상업적으로

0710 ☐☐☐
advanced
[ədvǽnst]

혱 1. 발전한, 선진의 2. (지식 등이) 상급인

Korea is very **advanced** when it comes to technology.
한국은 기술적인 면에서 매우 선진적이다.

0711 ☐☐☐
license
[láisəns]

명 1. 허가 (⊕ permission) 2. 면허   동 1. 허락하다 2. 면허를 주다

I'm studying for a test to get my driver's **license**.
나는 운전면허를 취득하기 위해 시험공부를 하고 있다.

0712 ☐☐☐
route
[ruːt]

명 1. 길, 경로 2. 수단, 방법

This bus **route** is faster than that one.
이 버스 노선이 저 버스 노선보다 더 빠르다.

0713 ☐☐☐
envelope
[énvəlòup]

명 봉투

My boss asked me to put the letter in the **envelope**.
나의 상사는 나에게 편지를 봉투에 넣어 달라고 요청했다.

0714 ☐☐☐
aircraft
[érkræft]

명 항공기, 비행기 (⊕ airplane)

As soon as the **aircraft** landed, we took off our seat belts.
항공기가 착륙하자마자, 우리는 안전띠를 풀었다.

0715 ☐☐☐
broadcast
[brɔ́ːdkæst]

동 (broadcast - broadcast) 방송[방영]하다   명 방송

Tornado alerts were **broadcast** across the country.
토네이도 경보가 전국적으로 방송되었다.

0716 ☐☐☐
vehicle
[víːikl]

명 1. 운송 수단, 탈것 2. 수단, 매개체

More and more people are buying electric **vehicles**.
점점 더 많은 사람들이 전기 차를 사고 있다.

0717 ☐☐☐
transport
동 [trænspɔ́ːrt]
명 [trǽnspɔːrt]

동 운송하다, 이동시키다   명 수송, 운송

The airline allows the **transport** of some
pets on planes.
그 항공사는 애완동물의 비행기 운송을 허락한다.

➕ transportation 명 1. 교통 (수단) 2. 운송

0718 ☐☐☐
advertise
[ǽdvərtàiz]

동 광고[홍보]하다

My company has started to **advertise** our new cell phone.　우리 회사는 우리의 신형 휴대폰을 광고하기 시작했다.

● advertisement 명 광고　　advertiser 명 광고주

0719 ☐☐☐
transmit
[trænsmít]

동 1. 전송하다, 보내다　2. (병 등을) 전염시키다

Some diseases can be **transmitted** by blood or saliva.
어떤 질병들은 혈액이나 타액으로 전염될 수 있다.

● transmission 명 1. 전송　2. 전염

0720 ☐☐☐
stamp
[stæmp]

명 1. 우표　2. 도장　동 1. (땅·바닥을) 짓밟다　2. (반란 등을) 진압하다

The **stamp** on the envelope showed the letter was from Peru.
봉투에 있는 우표는 그 편지가 페루에서 왔다는 것을 보여줬다.

· DAILY TEST ·

1-20 영어는 우리말로, 우리말은 영어로 바꾸시오.

1	aircraft	_____	11 방송[방영]하다; 방송	_____
2	automobile	_____	12 연료; 연료를 공급하다	_____
3	forecast	_____	13 승객, 여객	_____
4	advanced	_____	14 교통 (수단); 운송	_____
5	analyze	_____	15 가상의; 실질적인, 사실상의	_____
6	security	_____	16 사생활, 프라이버시	_____
7	pedestrian	_____	17 사이버상의, 컴퓨터의	_____
8	selective	_____	18 데이터, 자료	_____
9	flight	_____	19 봉투	_____
10	route	_____	20 사고, 재난; 우연한 사건	_____

21-25 문맥상 빈칸에 들어갈 알맞은 단어를 골라 쓰시오.

stamp	crash	advertise	commute	anonymous

21 The airplane _____ was a true tragedy.

22 My _____ to work takes about 90 minutes.

23 The author of this book wanted to remain _____.

24 My company has started to _____ our new cell phone.

25 The _____ on the envelope showed the letter was from Peru.

Answer   1 항공기, 비행기 2 자동차 3 전망[예상]하다; 예상, 예보 4 발전한, 선진의; 상급인 5 분석하다 6 안보, 보안, 안전; 안도감, 안심; 보장 7 보행자; 도보의 8 선택적인; 선별적인, 까다로운 9 비행; 항공편[항공기]; 도피, 탈출 10 길, 경로; 수단, 방법 11 broadcast 12 fuel 13 passenger 14 transportation 15 virtual 16 privacy 17 cyber 18 data 19 envelope 20 accident 21 crash 22 commute 23 anonymous 24 advertise 25 stamp

0721 ☐☐☐
colonial
[kəlóuniəl]

형 식민지의, 식민지 시대의   명 식민지 사람

The UK was a **colonial** power that controlled many countries.
영국은 많은 국가들을 통치했던 식민지 강대국이었다.

➕ colony 명 식민지

0722 ☐☐☐
invade
[invéid]

동 1. 침략[침입]하다 2. (권리 등을) 침해하다

Sadly, our garden was **invaded** by bugs.
슬프게도, 우리 정원은 벌레들에게 침입당했다.

➕ invasion 명 1. 침략[침입] 2. 침해, 침범

0723 ☐☐☐
modern
[mádərn]

형 1. 현대[근대]의 2. 최신의 (⊕ up-to-date)

The facilities in this new airport are very **modern**.
이 새로운 공항의 시설은 매우 최신식이다.

0724 ☐☐☐
tropical
[trápikəl]

형 열대의

Jenny wants to move to a **tropical** region when she retires.
Jenny는 은퇴하면 열대 지방으로 이사 가길 원한다.

0725 ☐☐☐
agriculture
[ǽgrəkÀltʃər]

명 1. 농업, 농경 (⊕ farming) 2. 축산

The growth of **agriculture** was important
for human society.   농업의 성장은 인류 사회에 중요했다.

➕ agricultural 형 농업의

0726 ☐☐☐
coast
[koust]

명 해안, 연안

Most surfers like to live by the **coast**.
서핑 하는 사람들 대부분은 해안가에 사는 것을 좋아한다.

➕ coastal 형 해안[연안]의

0727 ☐☐☐
pesticide
[péstisàid]

명 농약, 살충제

Most farmers spray lots of **pesticides** on their crops to protect them. 대부분의 농부들은 농작물을 보호하기 위해 많은 양의 농약을 뿌린다.

0728 ☐☐☐
organic
[ɔːrgǽnik]

형 1. 유기체[생물]의 2. (인체) 장기[기관]의 3. 유기농의

Organic food is considered healthier because it has more nutrients. 유기농 식품은 영양분이 더 많아서 더 건강하다고 여겨진다.

0729 ☐☐☐
weed
[wiːd]

명 잡초 동 잡초를 뽑다

The **weeds** grew all throughout his backyard.
잡초가 그의 뒤뜰 전역에 자랐다.

0730 ☐☐☐
empire
[émpaiər]

명 제국, 왕국

The Roman **Empire** extended from Britain to the Middle East.
로마 제국은 영국에서 중동까지 세력을 넓혔다.

0731 ☐☐☐
pioneer
[pàiəníər]

명 개척자, 선구자 동 개척하다

Steve Jobs was a true **pioneer** of the cell phone.
Steve Jobs는 휴대폰의 진정한 선구자였다.

0732 ☐☐☐
border
[bɔ́ːrdər]

명 국경, 경계(선) 동 (~에) 접하다[접해 있다]

I grew up on the **border** of Montana and Wyoming.
나는 몬태나주와 와이오밍주의 경계에서 자랐다.

0733 ☐☐☐
troop
[truːp]

명 1. 떼, 무리 2. 군대 동 떼를 지어 가다

The president decided to withdraw the **troops**.
그 대통령은 군대를 철수하기로 결정했다.

0734 ☐☐☐
historic
[histɔ́ːrik]

혱 역사상 중요한, 역사적인

The creation of Hangeul has great **historic** significance to Koreans.　한글 창제는 한국인에게 엄청난 역사적 중요성을 지닌다.

0735 ☐☐☐
cultivate
[kʌ́ltəvèit]

통 1. 재배하다, 경작하다　2. (재능 등을) 양성하다, 기르다

After settling, most societies began to **cultivate** land.
정착한 후에, 대부분의 사회는 토지를 경작하기 시작했다.

➕ cultivation 몡 1. 재배, 경작　2. 양성

0736 ☐☐☐
landscape
[lǽndskèip]

몡 1. 경관, 풍경　2. 지형

This artist creates wonderful **landscape** paintings.
이 예술가는 멋진 풍경화를 창작한다.

0737 ☐☐☐
crop
[krɑp]

몡 1. (농)작물　2. 수확[생산]량　통 1. 자르다　2. 경작하다

My potato **crop** is very bountiful this year.
올해 나의 감자 수확량은 매우 풍부하다.

0738 ☐☐☐
ancestor
[ǽnsestər]

몡 조상, 선조

Most of my **ancestors** came to Australia in the 1900s.
나의 조상 대부분은 1900년대에 호주에 왔다.

0739 ☐☐☐
ancient
[éinʃənt]

혱 고대의, 옛날의 (⑪ modern)　몡 ((the ~s)) 고대인

This **ancient** sword has been in my family for ages.
이 옛 검은 오랫동안 우리 집안 대대로 내려왔다.

0740 ☐☐☐
soldier
[sóuldʒər]

몡 군인, 병사

Soldiers receive housing and food from the military.
군인들은 군대로부터 주택과 식량을 제공받는다.

0741 ☐☐☐
combat
동 [kəmbǽt]
명 [kámbæt]

동 싸우다 (⊕ fight)   명 전투, 싸움 (⊕ battle)

Many soldiers never see real **combat** during their career.
많은 군인들이 그들의 복무 기간 동안 실제 전투를 보지 못한다.

0742 ☐☐☐
weapon
[wépən]

명 무기, 총기

Every soldier was supplied with two **weapons**.
모든 군인들은 무기를 두 개씩 공급받았다.

0743 ☐☐☐
memorial
[məmɔ́:riəl]

명 기념물, 기념관   형 기념의, 추도의

Many tourists visit the Vietnam War **Memorial** in Washington,
DC.   많은 여행객들이 워싱턴 DC에 있는 베트남전 기념관에 방문한다.

0744 ☐☐☐
barrier
[bǽriər]

명 1. (통행을 막는) 벽 2. 장벽, 장애 (⊕ obstacle)

Both countries have put up trade **barriers**.
두 나라는 무역 장벽을 세웠다.

0745 ☐☐☐
conquer
[káŋkər]

동 1. 정복하다 2. (장애 등을) 극복하다

Our country was **conquered** by the enemy.
우리나라는 적군에게 정복되었다.

⊕ conqueror 명 정복자, 승리자   conquest 명 정복, 점령

0746 ☐☐☐
grain
[grein]

명 1. 낟알 2. 곡물

Whole **grain** bread is healthier than
white bread.   통곡물 빵은 흰 빵보다 건강에 더 좋다.

0747 ☐☐☐
rain forest
[rein fɔ́:rist]

명 열대 우림

Many commercials tell us to protect the **rain forest**.
많은 광고에서 우리에게 열대 우림을 보호하라고 한다.

25

0748 ☐☐☐
harvest
[háːrvist]

영 수확(기), 추수   동 수확하다

Bee farmers **harvest** the honey of bees.
양봉가들은 벌꿀을 수확한다.

0749 ☐☐☐
cliff
[klif]

영 절벽, 낭떠러지

Some paragliders were scared to jump off the
cliff.   몇몇 패러글라이더들은 절벽에서 뛰어내리는 것을 두려워했다.

0750 ☐☐☐
primitive
[prímətiv]

형 1. 원시(시대)의 2. 미개의, 문명화가 되지 않은

Primitive man once lived in caves.
원시인은 한때 동굴에 살았다.

· DAILY TEST ·

1-20 영어는 우리말로, 우리말은 영어로 바꾸시오.

1	ancient	_____
2	historic	_____
3	invade	_____
4	tropical	_____
5	weed	_____
6	ancestor	_____
7	combat	_____
8	barrier	_____
9	modern	_____
10	crop	_____

11	농업, 농경; 축산	_____
12	국경, 경계(선); 접하다	_____
13	열대 우림	_____
14	원시(시대)의; 미개의	_____
15	정복하다; 극복하다	_____
16	기념물, 기념관; 기념의	_____
17	제국, 왕국	_____
18	군인, 병사	_____
19	농약, 살충제	_____
20	무기, 총기	_____

21-25 문맥상 빈칸에 들어갈 알맞은 단어를 골라 쓰시오.

grain	harvest	pioneer	cliff	landscape

21 Bee farmers _____ the honey of bees.

22 Some paragliders were scared to jump off the _____.

23 Steve Jobs was a true _____ of the cell phone.

24 This artist creates wonderful _____ paintings.

25 Whole _____ bread is healthier than white bread.

0751 ☐☐☐
crawl
[krɔːl]

동 기다, 기어가다

The thief **crawled** through our kitchen window.
그 도둑은 우리 집 부엌 창문을 통해 기어들어 왔다.

0752 ☐☐☐
lean
[liːn]

동 1. 기대다, 의지하다 2. 몸을 구부리다

The security guard told us not to **lean** on the railing.
그 안전 요원은 우리에게 난간에 기대지 말라고 말했다.

0753 ☐☐☐
squeeze
[skwiːz]

동 1. 짜다, 압착하다 2. 꽉 쥐다

I **squeezed** the sponge to get the water out.
나는 물을 빼내기 위해 스펀지를 짰다.

0754 ☐☐☐
snore
[snɔːr]

동 코를 골다 명 코 고는 소리

It's hard to sleep if someone is **snoring** loudly.
누군가가 시끄럽게 코를 골고 있으면 잠을 자기 어렵다.

0755 ☐☐☐
faint
[feint]

동 기절하다, 실신하다 형 희미한, 약한

A patient **fainted** at the sight of her own blood.
한 환자가 자기 피를 보고 기절했다.

0756 ☐☐☐
hiccup
[híkʌp]

명 ((주로 ~s)) 딸꾹질 동 딸꾹질하다

If you eat too fast, you'll get **hiccups**.
너무 빨리 먹으면, 딸꾹질을 하게 될 것이다.

0757 ☐☐☐
sigh
[sai]

명 한숨 동 한숨 쉬다

A **sigh** came out of my mouth when I saw my poor grades.
내 형편없는 성적을 봤을 때 내 입에서 한숨이 흘러나왔다.

0758 ☐☐☐
fold
[fould]

图 1. 접다 2. (팔·다리 등을) 끼다, 포개다

Please **fold** the blanket before you leave.
떠나기 전에 담요를 접어 주세요.

➕ foldable 혱 접을 수 있는

0759 ☐☐☐
stare
[stɛər]

图 ((~ at)) (~을) 응시하다, 쳐다보다

Nobody could stop **staring** at the gorgeous car.
아무도 그 멋진 차를 쳐다보는 것을 멈출 수 없었다.

0760 ☐☐☐
dive
[daiv]

图 1. 잠수하다 2. 다이빙하다, 뛰어들다

The swimmer **dove** into the pool.
그 수영 선수는 수영장으로 뛰어들었다.

0761 ☐☐☐
swallow
[swάlou]

图 1. 삼키다 2. (감정을) 억누르다, 참다 명 1. 삼키기 2. 제비

Instead of spitting it out, he **swallowed** the gum.
그는 껌을 뱉는 대신에 삼켜 버렸다.

0762 ☐☐☐
posture
[pάstʃər]

명 자세, 포즈 图 자세[태도]를 취하다

Denise has great **posture** because she practices yoga.
Denise는 요가를 연습해서 자세가 좋다.

0763 ☐☐☐
scream
[skri:m]

图 비명을 지르다, 소리치다 명 비명, 절규

Screams could be heard in the theme park.
테마파크에서는 비명이 들릴 수 있다.

0764 ☐☐☐
breathe
[bri:ð]

图 숨을 쉬다, 호흡하다

Just relax and **breathe** deeply.
그저 긴장을 풀고 깊게 호흡해라.

➕ breath 명 숨, 호흡

26

0765 ☐☐☐
rub
[rʌb]

⑧ 1. 문지르다, 비비다 2. (크림 등을) 바르다

Rub this lotion on the dry parts of your skin.
이 로션을 너의 피부의 건조한 부분에 발라라.

0766 ☐☐☐
whisper
[wíspər]

⑧ 속삭이다, 귓속말하다 ⑲ 1. 속삭임 2. 소문

Angela **whispered** her secret into my ear.
Angela는 나의 귀에 그녀의 비밀을 속삭였다.

0767 ☐☐☐
slip
[slip]

⑧ 미끄러지다 ⑲ 1. 미끄러짐 2. 실수

The clown **slipped** as soon as he came on stage.
그 광대는 무대에 서자마자 미끄러졌다.

0768 ☐☐☐
stir
[stəːr]

⑧ 1. 휘젓다, 뒤섞다 2. (관심 등을) 불러일으키다 ⑲ 1. 휘젓기 2. 동요, 충격

Next, **stir** the flour and the eggs.
다음으로, 밀가루와 계란을 휘저어라.

0769 ☐☐☐
glance
[glæns]

⑧ 흘끗 보다, 대충 훑어보다 ⑲ 흘끗 보기

My father gave me a quick **glance** as he closed the door.
우리 아버지는 문을 닫으면서 나를 재빨리 흘끗 보셨다.

0770 ☐☐☐
swing
[swiŋ]

⑧ 1. 흔들다[흔들리다] 2. 휘두르다 3. 그네를 타다 ⑲ 1. 흔들림 2. 그네

People usually **swing** their arms when they walk.
사람들은 걸을 때 보통 팔을 흔든다.

0771 ☐☐☐
dig
[dig]

⑧ (dug - dug) 파다, 발굴하다

Tractors are good at **digging** deep holes.
트랙터는 깊은 구멍을 잘 판다.

0772 ☐☐☐
bury
[béri]

⑧ 파묻다, 매장하다

The captain **buried** his treasure on a desert island. 그 선장은 그의 보물을 무인도에 묻었다.
➕ burial ⑲ 매장

0773 □□□
weep
[wiːp]

⑧ (wept – wept) 울다, 눈물을 흘리다

Charles **wept** for the loss of his pet.
Charles는 그의 반려동물을 잃고 울었다.

0774 □□□
bend
[bend]

⑧ (bent – bent) 구부리다[구부러지다]

He **bent** the bars with only the power of his arms.
그는 오직 그의 팔 힘만으로 막대를 구부렸다.

0775 □□□
wipe
[waip]

⑧ 1. 닦다, 문지르다 2. 없애다, 지우다

After crying, I **wiped** the tears from my eyes.
나는 울고 난 후에 눈물을 닦았다.

0776 □□□
sweep
[swiːp]

⑧ (swept – swept) 1. 청소하다, 쓸다 2. 휩쓸다, 휘몰아치다   ⑲ 청소, 쓸기

My uncle **swept** the front porch as I slept.
나의 삼촌은 내가 잘 때 현관을 청소하셨다.

0777 □□□
applaud
[əplɔ́ːd]

⑧ 1. 박수를 보내다 2. 칭찬하다

As the ballet dancer bowed, the audience
applauded.   발레 무용수가 인사하자, 관객들은 박수를 보냈다.

○ applause ⑲ 1. 박수 갈채 2. 칭찬

0778 □□□
stretch
[stretʃ]

⑧ 1. (손발·날개 등을) 뻗다, 늘리다 2. (이불 등을) 깔다, 펼치다

Mary **stretched** the sheet out on her bed.
Mary는 그녀의 침대 위에 시트를 펼쳤다.

0779 □□□
crush
[krʌʃ]

⑧ 부수다, 으깨다, 박살내다   ⑲ 1. 군중 2. 홀딱 반함

The garbage truck quickly **crushed** all of our trash.
그 쓰레기 수거차는 우리의 모든 쓰레기를 빠르게 분쇄했다.

0780 □□□
tap
[tæp]

⑧ 가볍게 두드리다   ⑲ 1. 가볍게 두드리기 2. 수도꼭지

My friend **tapped** on the window to wake me up.
내 친구는 나를 깨우기 위해서 창문을 가볍게 두드렸다.

· DAILY TEST ·

영어는 우리말로, 우리말은 영어로 바꾸시오.

1	sweep _____	11	박수를 보내다; 칭찬하다 _____
2	slip _____	12	숨을 쉬다, 호흡하다 _____
3	stare _____	13	파묻다, 매장하다 _____
4	weep _____	14	기다, 기어가다 _____
5	snore _____	15	파다, 발굴하다 _____
6	wipe _____	16	구부리다[구부러지다] _____
7	stretch _____	17	비명을 지르다, 소리치다; 비명 _____
8	swallow _____	18	문지르다, 비비다; 바르다 _____
9	faint _____	19	짜다, 압착하다; 꽉 쥐다 _____
10	whisper _____	20	딸꾹질; 딸꾹질하다 _____

21-25 문맥상 빈칸에 들어갈 알맞은 단어를 골라 쓰시오.

posture	stir	fold	sigh	lean

21 Please _____ the blanket before you leave.

22 A _____ came out of my mouth when I saw my poor grades.

23 Next, _____ the flour and the eggs.

24 The security guard told us not to _____ on the railing.

25 Denise has great _____ because she practices yoga.

Answer 1 청소하다, 쓸다; 휩쓸다; 청소 2 미끄러지다; 미끄러짐; 실수 3 응시하다, 쳐다보다 4 울다, 눈물을 흘리다 5 코를 골다; 코 고는 소리 6 닦다, 문지르다; 없애다, 지우다 7 뻗다, 늘리다; 깔다, 펼치다 8 삼키다; 억누르다, 참다; 삼키기; 제비 9 기절하다, 실신하다; 희미한, 약한 10 속삭이다, 귓속말하다; 속삭임; 소문 11 applaud 12 breathe 13 bury 14 crawl 15 dig 16 bend 17 scream 18 rub 19 squeeze 20 hiccup 21 fold 22 sigh 23 stir 24 lean 25 posture

DAY 27

0781 ☐☐☐
exotic
[igzátik]

형 1. 이국적인, 색다른 2. 외래(종)의

The food she ate in Africa was very **exotic** to her.
그녀가 아프리카에서 먹은 음식은 그녀에게 매우 색달랐다.

0782 ☐☐☐
humanity
[hju:mǽnəti]

명 1. 인류, 인간 (⊕ mankind) 2. 인간성 3. 인류애

We need a sense of **humanity** to help the homeless.
우리는 노숙자들을 돕기 위해 인류애가 필요하다.

0783 ☐☐☐
liberal
[líbərəl]

형 1. 자유주의의 2. 진보적인 (⊕ progressive)

This political party is very **liberal**.
이 정당은 매우 진보적이다.

➕ liberate 동 해방하다   liberty 명 자유, 해방

0784 ☐☐☐
native
[néitiv]

형 1. 태어난 곳의, 토착의 2. 타고난
명 1. ((~s)) 원주민, 현지인 2. ((~ of)) ~ 태생[출신]인 사람

Karen is a **native** of South Africa.
Karen은 남아프리카 공화국 출신이다.

0785 ☐☐☐
celebrate
[séləbrèit]

동 기념[축하]하다

People in my country **celebrate** Memorial Day.
우리나라 사람들은 현충일을 기념한다.

➕ celebration 명 축하

0786 ☐☐☐
folk
[fouk]

명 1. ((~s)) 사람들 2. 지역 주민   형 민속[민간]의

The **folk** in this small town don't meet many foreigners.
이 작은 마을에 있는 사람들은 많은 외국인들을 만나지 않는다.

0787 ☐☐☐
advocate
⑧ [ǽdvəkèit]
⑲ [ǽdvəkət]

⑧ 옹호하다, 지지하다 ⑲ 옹호자, 지지자

I'm an **advocate** of veganism.
나는 채식주의 옹호자이다.

➕ advocacy ⑲ 옹호, 지지

0788 ☐☐☐
organization
[ɔ̀:rɡənizéiʃən]

⑲ 조직, 기구, 단체

This **organization** hired me yesterday.
이 단체는 어제 나를 고용했다.

➕ organize ⑧ 조직[구성]하다   organizational ⑲ 조직[구조]적인

0789 ☐☐☐
privilege
[prívəlidʒ]

⑲ 특권, 특혜 ⑧ 특권을 주다

Healthcare should be a right, not a **privilege**.
의료 서비스는 특혜가 아닌 권리가 되어야 한다.

➕ privileged ⑲ 특권을 가진

0790 ☐☐☐
moral
[mɔ́:rəl]

⑲ 1. 도덕(상)의, 윤리(상)의 (➌ ethical) 2. 교훈[도덕]적인 ⑲ 교훈

Police officers should be very **moral** people.
경찰관들은 매우 도덕적인 사람들이어야 한다.

➕ morally ⑲ 도덕적으로   morality ⑲ 도덕성

0791 ☐☐☐
stereotype
[stériətàip]

⑲ 고정 관념 ⑧ 고정 관념을 형성하다, 정형화하다

The idea that all Asians are good at math is a **stereotype**.
모든 아시아인이 수학을 잘한다는 생각은 고정 관념이다.

0792 ☐☐☐
association
[əsòusiéiʃən]

⑲ 협회, 단체, 연합

I joined this football **association** last year.
나는 작년에 이 미식축구 협회에 가입했다.

➕ associate ⑧ 관련[연관]시키다

0793 ☐☐☐
priest
[pri:st]

⑲ 성직자

Priests help people with problems in their lives.
성직자들은 인생에 어려움이 있는 사람들을 돕는다.

0794 ☐☐☐
institution
[ìnstitjúːʃən]

명 1. 기관, 협회 2. 사회 제도, 관습

This language **institution** is run by my university.
이 언어 협회는 우리 대학에 의해 운영된다.

➕ institutional 형 1. 협회[기관]의 2. 제도의

0795 ☐☐☐
collective
[kəléktiv]

형 집단적인, 집단의

Many historic events become a part of our **collective** memory.
많은 역사적인 사건들은 우리의 집단 기억의 일부가 된다.

➕ collectively 부 집단적으로

0796 ☐☐☐
norm
[nɔːrm]

명 1. 표준, 일반적인 것 (⊜ average) 2. ((~s)) 규범

Rainy weather is the **norm** in this city.
비 오는 날씨는 이 도시에서 일반적인 일이다.

➕ normal 형 일반적인, 보통의　　normally 부 일반적으로, 보통은

0797 ☐☐☐
conform
[kənfɔ́ːrm]

동 1. (규칙·관습 등에) 따르다, 순응하다 2. 일치시키다[하다]

I had to **conform** to the values of my company.
나는 나의 회사의 가치관에 순응해야 했다.

0798 ☐☐☐
injustice
[indʒʌ́stis]

명 부정, 부당, 불공평 (⊕ justice)

Governments should never inflict **injustice** on their people.
정부는 결코 국민들에게 부당한 일을 저질러서는 안 된다.

0799 ☐☐☐
dominant
[dámənənt]

형 지배적인, 우세한

There is not really a **dominant** culture in some countries.
몇몇 나라에는 그다지 지배적인 문화가 없다.

➕ dominate 동 지배하다, 우위를 차지하다　　dominance 명 지배, 우월

0800 ☐☐☐
civil
[sívəl]

형 1. 시민의 2. 국가의

The **civil** rights movement was important for racial equality.
시민권 운동은 인종적 평등을 위해 중요했다.

➕ civilize 동 문명화하다　　civilization 명 문명

0801 ☐☐☐
sacred
[séikrid]

형 1. 신성한, 거룩한 (❺ holy) 2. 종교적인, 성스러운

Museums are known to display **sacred** artifacts.
박물관은 신성한 유물들을 전시하는 것으로 알려져 있다.

0802 ☐☐☐
worship
[wɔ́:rʃip]

명 예배, 숭배 동 예배하다, 숭배하다

Worship of celebrities is quite common nowadays.
유명인들을 숭배하는 것은 요즘 꽤 흔한 일이다.

➕ worshipper 명 예배자, 숭배자

0803 ☐☐☐
tribe
[traib]

명 부족, 집단

Most modern societies were once smaller
tribes. 대부분의 현대 사회는 한때 더 작은 부족이었다.

➕ tribal 형 부족의, 종족의

0804 ☐☐☐
faith
[feiθ]

명 1. 믿음, 신앙 (❹ distrust) 2. 확신, 신념

Without his **faith**, he wouldn't have survived.
그의 믿음 없이는, 그는 생존할 수 없었을 것이다.

0805 ☐☐☐
survey
명 [sɔ́:rvei]
동 [sərvéi]

명 (설문) 조사 동 조사하다 (❺ examine)

All the students had to take a **survey** and rate their teachers.
모든 학생들은 설문 조사에 참여하여 그들의 선생님들을 평가해야 했다.

0806 ☐☐☐
ritual
[rítʃuəl]

명 의식, 관례 (❺ ceremony) 형 의식적인, 의례적인

My family has a **ritual** whenever we bury someone.
우리 가족은 누군가를 묻을 때마다 의식을 치른다.

0807 ☐☐☐
public
[pʌ́blik]

형 공공의, 대중을 위한 (❹ private) 명 ((the ~)) 대중, 일반인

Public opinion on the president is currently low.
그 대통령에 대한 여론은 현재 저조하다.

0808 ☐☐☐
contemporary
[kəntémpərèri]

형 1. 현대의 (⊜ modern) 2. 동시대의   명 동시대 사람

The drawings are hanging in that **contemporary** gallery.
그 그림들은 저 현대 미술관에 걸려 있다.

0809 ☐☐☐
bias
[báiəs]

명 편견 (⊜ prejudice)

Judges should watch out for any **bias** in a court of law.
판사들은 법정에서 그 어떤 편견도 경계해야 한다.

➕ biased 형 편향된, 치우친

0810 ☐☐☐
racial
[réiʃəl]

형 인종[민족]의 (⊜ ethnic)

Large **racial** riots occurred in Los Angeles in the 1990s.
1990년대에 로스앤젤레스에서 대규모의 인종 폭동이 발생했다.

➕ race 명 1. 인종[민족] 2. 경주   racism 명 인종 차별

· DAILY TEST ·

1-20 영어는 우리말로, 우리말은 영어로 바꾸시오.

1	sacred	_____	11 집단적인, 집단의 _____
2	faith	_____	12 따르다, 순응하다; 일치시키다 _____
3	injustice	_____	13 시민의; 국가의 _____
4	moral	_____	14 지배적인, 우세한 _____
5	bias	_____	15 사람들; 지역 주민; 민속[민간]의 _____
6	organization	_____	16 자유주의의; 진보적인 _____
7	priest	_____	17 부족, 집단 _____
8	stereotype	_____	18 특권, 특혜; 특권을 주다 _____
9	survey	_____	19 인종[민족]의 _____
10	association	_____	20 태어난 곳의; 타고난; 원주민; ~ 태생인 사람 _____

21-25 문맥상 빈칸에 들어갈 알맞은 단어를 골라 쓰시오.

exotic	humanity	celebrate	institution	advocate

21 I'm a(n) _____ of veganism.

22 This language _____ is run by my university.

23 The food she ate in Africa was very _____ to her.

24 We need a sense of _____ to help the homeless.

25 People in my country _____ Memorial Day.

Answer 1 신성한, 거룩한; 종교적인, 성스러운 2 믿음, 신앙; 확신, 신념 3 부정, 부당, 불공평 4 도덕(상)의, 윤리(상)의; 교훈[도덕]적인; 교훈 5 편견 6 조직, 기구, 단체 7 성직자 8 고정 관념; 고정 관념을 형성하다, 정형화하다 9 (설문) 조사; 조사하다 10 협회, 단체, 연합 11 collective 12 conform 13 civil 14 dominant 15 folk 16 liberal 17 tribe 18 privilege 19 racial 20 native 21 advocate 22 institution 23 exotic 24 humanity 25 celebrate

DAY 28
주제별 어휘 예술·문학·건축

0811 ☐☐☐
express
[iksprés]

동 표현하다, 나타내다　형 고속의, 급행의　명 급행

Many poets can **express** themselves in very few words.
많은 시인들은 그들 자신을 단 몇 마디로 표현할 수 있다.

➕ expression 명 표현　　　expressive 형 표현하는, 나타내는

0812 ☐☐☐
masterpiece
[mǽstərpìːs]

명 걸작, 명작

Moby Dick is considered a **masterpiece** work
of literature.　〈모비 딕〉은 문학 작품의 걸작으로 여겨진다.

0813 ☐☐☐
context
[kántekst]

명 문맥, 맥락

Context is very important to understanding a situation.
상황을 이해하는 데 있어 맥락은 매우 중요하다.

➕ contextual 형 문맥상의

0814 ☐☐☐
interior
[intíəriər]

형 내부의, 안쪽의 (반 exterior)　명 1. 내부 2. 인테리어

Her car has a beautiful red leather **interior**.
그녀의 차는 빨간 가죽으로 된 아름다운 내부를 가졌다.

0815 ☐☐☐
perform
[pərfɔ́ːrm]

동 1. 수행하다, 행하다 2. 공연하다, 연기[연주]하다

Dr. Morrison **performed** the routine surgery procedures.
Morrison 박사는 일상적인 수술 절차를 행했다.

➕ performance 명 1. 수행 2. 공연

0816 ☐☐☐
structure
[strʌ́ktʃər]

명 1. 구조 2. 건축물　동 체계화[조직]하다

Biologists try to uncover the **structure** of organisms.
생물학자들은 유기체들의 구조를 밝혀내려 노력한다.

---

tale
[teil]

图 이야기

Many Disney movies are inspired by ancient **tales**.
많은 디즈니 영화들은 고대의 이야기에서 영감을 받는다.

---

exhibit
[igzíbit]

图 전시하다, 보여주다 (ⓦ display) 图 전시품, 전시회

Rochester Gallery is **exhibiting** a collection of oil paintings.
Rochester 미술관은 유화 모음집을 전시하고 있다.

➕ exhibition 图 전시회, 작품

---

metaphor
[métəfɔ:r]

图 은유, 비유

Birds are often used as **metaphors** for freedom.
새는 종종 자유를 비유하는 데 사용된다.

➕ metaphorical 图 은유적인, 비유적인

---

audience
[ɔ́:diəns]

图 관객, 청중

As the **audience** applauded, the singer bowed.
관객들이 박수를 치자 그 가수는 인사를 했다.

---

summary
[sʌ́məri]

图 요약

Instead of reading the whole book, he just read a **summary** of it. 그는 책 전체를 읽는 대신에 그 책의 요약만 읽었다.

➕ summarize 图 요약하다

---

compose
[kəmpóuz]

图 1. 구성하다 2. 작곡하다

This cabin is entirely **composed** of wood.
이 오두막은 전부 목재로 만들어졌다.

➕ composition 图 1. 구성 2. 작곡   composer 图 작곡가

---

carve
[kɑ:rv]

图 조각하다, 새기다

The lovers **carved** their names into the redwood tree.
그 연인은 삼나무에 그들의 이름을 새겼다.

0824 ☐☐☐
linguistic
[liŋɡwístik]

형 언어의, 언어적인

Most children acquire their **linguistic** skills in elementary school.　대부분의 아이들은 초등학생 때 언어 기술을 습득한다.

➕ linguist 명 언어학자

0825 ☐☐☐
portrait
[pɔ́ːrtrit]

명 1. 초상화, 인물 사진　2. 묘사

Many old kings and queens had their **portraits** drawn.
많은 옛날 왕들과 왕비들은 그들의 초상화가 그려지게 했다.

0826 ☐☐☐
literature
[lítərətʃər]

명 문학 (작품)

We should read **literature** to better understand the world.
우리는 세상을 더 잘 이해하기 위해서 문학 작품을 읽어야 한다.

➕ literary 형 문학의, 문학적인

0827 ☐☐☐
theme
[θiːm]

명 주제, 테마

This album focuses on **themes** of money and power.
이 앨범은 돈과 권력이라는 주제에 초점을 맞춘다.

0828 ☐☐☐
author
[ɔ́ːθər]

명 작가, 저자　동 저술하다

My favorite **author** is Ernest Hemingway.
내가 가장 좋아하는 작가는 어니스트 헤밍웨이이다.

0829 ☐☐☐
outline
[áutlàin]

명 윤곽, 개요　동 (~의) 윤곽을 그리다

My teacher gave us an **outline** for the project.
나의 선생님은 우리에게 그 프로젝트에 대한 개요를 주셨다.

0830 ☐☐☐
poet
[póuit]

명 시인

Poets use unique language to describe life.
시인들은 인생을 묘사하기 위해 독특한 언어를 사용한다.

➕ poetic 형 시적인, 시의　　poem 명 (한 편의) 시

28

0831 ☐☐☐
fiction
[fíkʃən]

몡 1. 소설 2. 허구

Fiction can explain a lot of things about reality and our lives.
소설은 현실과 우리의 삶에 대한 많은 것들을 설명할 수 있다.

➕ fictional 휑 허구의

0832 ☐☐☐
myth
[miθ]

몡 1. 신화 2. (근거 없는) 통념

This movie is based on a Greek **myth**.
이 영화는 그리스 신화를 바탕으로 하고 있다.

0833 ☐☐☐
impress
[imprés]

됭 인상[감명]을 주다

The children were **impressed** by the circus performers.
그 아이들은 그 서커스 공연자들에게 감명을 받았다.

➕ impression 몡 인상[감명]   impressive 휑 인상적인

0834 ☐☐☐
construct
[kənstrʌ́kt]

됭 1. 건설하다 2. 조립하다 3. (문장 등을) 구성하다

Our bookcase was **constructed** by hand.
우리의 책장은 손으로 조립됐다.

➕ construction 몡 건설, 공사

0835 ☐☐☐
legend
[lédʒənd]

몡 전설, 신화

The **legend** of Atlantis is fascinating to me.
아틀란티스의 전설은 나에게 흥미롭다.

➕ legendary 휑 전설적인

0836 ☐☐☐
plot
[plɑt]

몡 1. 줄거리 2. 음모, 계략   됭 (몰래) 계획하다

We had to write a summary of the book's **plot**.
우리는 그 책의 줄거리를 요약해야 했다.

0837 ☐☐☐
display
[displéi]

됭 1. (작품을) 전시[진열]하다 2. 드러내다, 보여주다   몡 1. 전시 2. 화면

She **displayed** her dance moves without shame.
그녀는 부끄러워하지 않고 그녀의 춤 동작을 보여줬다.

0838 ☐☐☐
collapse
[kəlǽps]

동 1. 무너지다, 붕괴하다 2. 망하다, 폭락하다
명 1. 붕괴 2. 좌절, 실패 (⊜ success)

Economic **collapse** is very likely if a world war begins.
만약 세계 대전이 시작된다면, 경제적 붕괴가 일어날 가능성이 있다.

0839 ☐☐☐
architecture
[ɑ́ːrkitèktʃər]

명 건축(물), 건축 양식

All of the **architecture** in Paris is superb!
파리에 있는 모든 건축물은 훌륭하다!

⊕ architect 명 건축가   architectural 형 건축학[술]의

0840 ☐☐☐
novel
[nɑ́vəl]

명 소설   형 기발한, 참신한

Not all **novels** are necessarily worth reading.
모든 소설이 반드시 읽을 만한 가치가 있는 것은 아니다.

⊕ novelty 명 새로움, 참신함

· DAILY TEST ·

1-20 영어는 우리말로, 우리말은 영어로 바꾸시오.

1	construct	_____	11 요약	_____
2	perform	_____	12 문맥, 맥락	_____
3	legend	_____	13 시인	_____
4	structure	_____	14 인상[감명]을 주다	_____
5	compose	_____	15 초상화, 인물 사진; 묘사	_____
6	tale	_____	16 문학 (작품)	_____
7	author	_____	17 내부의; 내부; 인테리어	_____
8	novel	_____	18 은유, 비유	_____
9	theme	_____	19 건축(물), 건축 양식	_____
10	collapse	_____	20 조각하다, 새기다	_____

21-25 문맥상 빈칸에 들어갈 알맞은 단어를 골라 쓰시오.

masterpiece	express	audience	plot	linguistic

21 We had to write a summary of the book's _____.

22 As the _____ applauded, the singer bowed.

23 *Moby Dick* is considered a(n) _____ work of literature.

24 Many poets can _____ themselves in very few words.

25 Most children acquire their _____ skills in elementary school.

Answer　1 건설하다; 조립하다; 구성하다 2 수행하다, 행하다; 공연하다, 연기[연주]하다 3 전설, 신화 4 구조; 건축물; 체계화[조직]하다 5 구성하다; 작곡하다 6 이야기 7 작가, 저자; 저술하다 8 소설; 기발한, 참신한 9 주제, 테마 10 무너지다, 붕괴하다; 망하다, 폭락하다; 붕괴; 좌절, 실패 11 summary 12 context 13 poet 14 impress 15 portrait 16 literature 17 interior 18 metaphor 19 architecture 20 carve 21 plot 22 audience 23 masterpiece 24 express 25 linguistic

DAY **29**

주제별 어휘 의학·질병·신체·영양

클래스카드

0841 ☐☐☐
muscle
[mʌ́sl]

명 근육

Building **muscles** can help you burn unhealthy fat.
근육을 기르는 것은 네가 건강에 해로운 지방을 태우도록 도울 수 있다.

➕ muscular 형 근육의

0842 ☐☐☐
cure
[kjuər]

명 치료(법)   동 치료하다

Some diseases cannot be **cured** with current medicines.
몇몇 질병들은 현대 의약품으로 치료될 수 없다.

0843 ☐☐☐
throat
[θrout]

명 목구멍, 목 (❀ neck)

There is a grape stuck in her **throat**!
그녀의 목구멍에 포도알이 걸려 있어!

0844 ☐☐☐
surgery
[sə́:rdʒəri]

명 1. 수술 2. 외과

I had **surgery** on my back to fix my crooked
spine.   나는 굽은 척추를 치료하기 위해 등 수술을 받았다.

➕ surgeon 명 외과 의사

0845 ☐☐☐
medical
[médikəl]

형 1. 의료[의학]의 2. 내과의

Modern hospitals offer a variety of **medical** treatments.
현대 병원들은 다양한 의학적 치료를 제공한다.

0846 ☐☐☐
wound
[wu:nd]

명 상처, 부상 (❀ injury)   동 (~에) 상처를 입히다

The deer was **wounded** by the hunter's arrow.
그 사슴은 사냥꾼의 화살에 의해 상처를 입었다.

0847 ☐☐☐
chest
[tʃest]

명 가슴, 흉부

Lifting weights can strengthen your **chest** muscles.
역기 들기는 네 가슴 근육을 강화할 수 있다.

0846 ☐☐☐
disease
[dizíːz]

명 질환, 병

Big data is useful for studying **diseases**.
빅 데이터는 질병을 연구하는 데 유용하다.

0849 ☐☐☐
poison
[pɔ́izn]

명 독 (🌐 toxin)   동 독을 넣다, 독살하다

The king's enemies tried to put **poison** in his
cup.   그 왕의 적들은 그의 컵에 독을 타려 했다.

➕ poisonous 형 독성의

0850 ☐☐☐
heal
[hiːl]

동 치유되다, 치료하다

Visiting a quiet temple will allow your mind to **heal**.
조용한 절을 방문하는 것은 너의 마음이 치유되게 해 줄 것이다.

0851 ☐☐☐
neuron
[njúərɑn]

명 【생물】 뉴런, 신경 단위

Neurons send messages between your body and your brain.
뉴런은 너의 몸과 뇌 사이에서 메시지를 전달한다.

0852 ☐☐☐
therapy
[θérəpi]

명 치료, 요법

After breaking her arm, Sara needed physical **therapy**.
Sara는 그녀의 팔이 부러진 후에 물리 치료가 필요했다.

➕ therapist 명 치료사

0853 ☐☐☐
immune
[imjúːn]

형 1. 면역의, 면역이 된 2. ((~ to)) (~에) 영향을 받지 않는

People with a poor **immune** system will often get sick.
면역 체계가 약한 사람들은 자주 아플 것이다.

➕ immunity 명 면역

0854 ☐☐☐
organ
[ɔ́ːrɡən]

명 장기, 기관

The liver is an important **organ** in the body.
간은 신체에서 중요한 기관이다.

0855 ☐☐☐
protein
[próutiːn]

명 단백질

Eating plenty of **protein** can build up your muscles.
충분한 양의 단백질을 섭취하는 것은 너의 근육을 강화할 수 있다.

0856 ☐☐☐
patient
[péiʃənt]

명 환자　형 참을성이 있는 (⊕ tolerant)

The ambulance drove away with the **patient**.
그 구급차는 환자를 싣고 떠났다.

0857 ☐☐☐
symptom
[símptəm]

명 증상, 징후

Her **symptoms** indicate that she might have a heart problem.
그녀의 증상들은 그녀의 심장에 문제가 있을지도 모른다는 것을 보여준다.

0858 ☐☐☐
cancer
[kǽnsər]

명 암

The **cancer** spread from her breasts to her lungs.
암이 그녀의 가슴에서 폐까지 퍼졌다.

0859 ☐☐☐
dietary
[dáiətèri]

형 음식의, 식이 요법의

Each person has different **dietary** habits.
각 개인은 다른 식습관을 가지고 있다.

⊕ diet 명 1. 식단, 음식　2. 다이어트

0860 ☐☐☐
prescribe
[priskráib]

동 1. 처방하다　2. 규정하다

Doctors often **prescribe** medicine for illness.
의사들은 흔히 병에 대해 약을 처방한다.

⊕ prescription 명 처방(전), 처방 약

29

infect
[infékt]

동 1. 감염시키다 2. 영향을 주다

If you're sick, you should stay home to avoid **infecting** other people.
만약 네가 아프면, 다른 사람들을 감염시키지 않기 위해 집에 머물러야 한다.

➕ infection 명 감염, 전염　　　infectious 형 전염성의

---

nutrient
[njú:triənt]

명 영양(소)

Many necessary **nutrients** are in the vegetables we eat.
많은 필수적인 영양소들이 우리가 먹는 채소에 들어 있다.

---

digestion
[didʒéstʃən, dai-]

명 1. 소화 2. 이해, 터득

Many nutritionists say that fiber aids **digestion**.
많은 영양사들은 섬유질이 소화를 돕는다고 말한다.

➕ digest 동 1. 소화하다 2. 이해하다　　　digestive 형 소화의

---

diagnose
[dáiəgnòus]

동 진단하다

Thousands of new COVID-19 cases were **diagnosed** last month.　지난달에 수천 명의 사람들이 코로나19 신규 확진자로 진단받았다.

---

sore
[sɔːr]

형 아픈, 따가운　명 상처

Dan's legs were **sore** after the soccer match.
축구 시합 이후에 Dan의 다리가 아팠다.

---

nerve
[nəːrv]

명 1. 신경 2. 긴장 3. 용기

Your fingertips are sensitive because they have many **nerves**.
네 손가락 끝은 신경이 많아서 예민하다.

➕ nervous 형 긴장한

---

treatment
[tríːtmənt]

명 1. 치료(법) 2. 처리 3. 대우, 취급

Claire has been undergoing cancer **treatment**.
Claire는 암 치료를 받아 오고 있다.

0868 ☐☐☐
recover
[rikʌ́vər]

동 회복하다, 되찾다

My dad will be in the hospital until he **recovers**.
우리 아빠는 회복하실 때까지 입원해 계실 것이다.

➕ recovery 명 회복

0869 ☐☐☐
chronic
[kránik]

형 만성의

Since she was born, Alice has suffered from **chronic** pain.
Alice는 태어난 이래, 만성 통증으로 고통을 받아 왔다.

➕ chronically 부 만성적으로

0870 ☐☐☐
pregnant
[prégnənt]

형 임신한

Pregnant women get a special seat on the subway. 임산부는 지하철에서 특별석을 얻는다.

➕ pregnancy 명 임신

· DAILY TEST ·

영어는 우리말로, 우리말은 영어로 바꾸시오.

1	chest	_____	11 증상, 징후	_____
2	infect	_____	12 만성의	_____
3	prescribe	_____	13 진단하다	_____
4	sore	_____	14 음식의, 식이 요법의	_____
5	therapy	_____	15 면역의; 영향을 받지 않는	_____
6	throat	_____	16 환자; 참을성이 있는	_____
7	wound	_____	17 독; 독을 넣다, 독살하다	_____
8	disease	_____	18 단백질	_____
9	recover	_____	19 근육	_____
10	nutrient	_____	20 암	_____

21-25 문맥상 빈칸에 들어갈 알맞은 단어를 골라 쓰시오.

heal	organ	surgery	pregnant	digestion

21 The liver is an important _____ in the body.

22 Visiting a quiet temple will allow your mind to _____ .

23 Many nutritionists say that fiber aids _____ .

24 I had _____ on my back to fix my crooked spine.

25 _____ women get a special seat on the subway.

Answer   1 가슴, 흉부 2 감염시키다; 영향을 주다 3 처방하다; 규정하다 4 아픈, 따가운; 상처 5 치료, 요법 6 목구멍, 목
7 상처, 부상; 상처를 입히다 8 질환, 병 9 회복하다, 되찾다 10 영양(소) 11 symptom 12 chronic
13 diagnose 14 dietary 15 immune 16 patient 17 poison 18 protein 19 muscle 20 cancer
21 organ 22 heal 23 digestion 24 surgery 25 Pregnant

0871 □□□
fluid
[flú:id]

[형] 유동성의 (● solid)　[명] 액체 (● liquid)

In very cold environments, a **fluid** can become a solid.
아주 추운 환경에서 액체는 고체가 될 수 있다.

0872 □□□
electricity
[ilektrísəti]

[명] 전기

It takes a lot of **electricity** to power a factory.
공장을 가동하는 데에는 많은 전기가 필요하다.

➕ electric [형] 전기의

0873 □□□
innovation
[ìnəvéiʃən]

[명] 혁신

Many companies in Silicon Valley are famous for **innovation**.
실리콘 밸리의 많은 회사들은 혁신으로 유명하다.

➕ innovate [동] 혁신하다　　innovative [형] 획기적인, 혁신적인

0874 □□□
cell
[sel]

[명] 1. 세포　2. 감방, 독방

All of the **cells** in our body have a special
function.　우리 신체의 모든 세포는 특별한 기능을 가진다.

➕ cellular [형] 세포의

0875 □□□
steel
[sti:l]

[명] 강철

Steel is one of the most commonly used building materials.
강철은 가장 흔하게 사용되는 건축 재료 중 하나이다.

0876 □□□
automatic
[ɔ:təmǽtik]

[형] 자동의, 자동적인

Our **automatic** heating system keeps the house warm.
우리의 자동 난방 장치는 집을 따뜻하게 유지해 준다.

➕ automatically [부] 자동적으로

0877 □□□
substance
[sʌ́bstəns]

몡 1. 물질, 물체 2. 본질, 실체

There was a sticky **substance** on the floor.
바닥에 끈적거리는 물체가 있었다.

0878 □□□
resource
[ríːsɔ̀ːrs]

몡 ((주로 ~s)) 자원, 자산

Without energy **resources**, a country cannot be independent.
에너지 자원이 없다면 국가는 독립적일 수 없다.

0879 □□□
electronic
[ilektrάnik]

혱 전자의

This book is also available in **electronic** form.
이 책은 전자(책) 형태로도 이용 가능합니다.

0880 □□□
iron
[áiərn]

몡 1. 철 2. 다리미   혱 철(제)의   동 다림질하다

Before steel, many weapons were made of **iron**.
강철이 있기 전에 많은 무기들은 철로 만들어졌다.

0881 □□□
invent
[invént]

동 발명하다, 고안하다

Thomas Edison **invented** the light bulb.
토머스 에디슨은 전구를 발명했다.

⊕ inventor 몡 발명가   invention 몡 발명(품)

0882 □□□
element
[éləmənt]

몡 1. 요소, 성분 2. 【화학】 원소

Freedom of speech is an important **element** of a democracy.
언론의 자유는 민주주의의 중요한 요소이다.

0883 □□□
acid
[ǽsid]

몡 1. 【화학】 산 2. 산성 물질, 신 것   혱 1. 산성의 2. 신맛이 나는 (⊕ sour)

An **acid** like vinegar can be used to clean things.
식초와 같은 산성 물질은 사물을 깨끗이 하는 데 사용될 수 있다.

0884 ☐☐☐
genetic
[ʤənétik]

형 유전의

Features such as hair and eye color are **genetic**.
머리카락이나 눈 색깔과 같은 특징들은 유전적이다.

➕ gene 명 유전자　　genetically 부 유전적으로

0885 ☐☐☐
purify
[pjúərəfài]

동 정화하다, 순화하다

We can **purify** our water with this device.
우리는 이 장치로 물을 정화할 수 있다.

➕ pure 형 순수한, 불순물이 없는　　purely 부 순수하게, 순전히

0886 ☐☐☐
laboratory
[lǽbrətɔ̀ːri]

명 연구실, 실험실

The experiment was conducted in the **laboratory**.
그 실험은 실험실에서 수행되었다.

0887 ☐☐☐
hypothesis
[haipάθəsis]

명 가설, 가정

We should make a **hypothesis** before starting the experiment.
우리는 실험을 시작하기 전에 가설을 세워야 한다.

➕ hypothesize 동 가설을 세우다

0888 ☐☐☐
coal
[koul]

명 석탄

He toasted his marshmallow over the campfire's
coals.　그는 그의 마시멜로를 모닥불의 석탄에 구웠다.

0889 ☐☐☐
metal
[métl]

명 금속

Necklaces made of **metal** bother my skin.
금속으로 만들어진 목걸이는 내 피부에 안 맞는다.

0890 ☐☐☐
atom
[ǽtəm]

명 【물리】 원자

Atoms are made up of electrons, protons, and neutrons.
원자는 전자, 양성자, 중성자로 구성된다.

➕ atomic 형 원자의

30

0891 ☐☐☐
electric
[iléktrik]

형 전기의

It's helpful to use an **electric** blanket in the winter.
겨울에 전기담요를 사용하는 것은 도움이 된다.

⊕ electricity 명 전기

0892 ☐☐☐
scientific
[sàiəntífik]

형 과학적인

Major **scientific** discoveries do not happen every day.
주요한 과학적인 발견은 매일 일어나지 않는다.

0893 ☐☐☐
particle
[pá:rtikl]

명 1. 입자 2. 미량, 극소

Wearing a mask can protect your lungs from dust **particles**.
마스크를 쓰는 것은 먼지 입자로부터 너의 폐를 보호해 줄 수 있다.

0894 ☐☐☐
solid
[sálid]

형 고체의, 단단한 (⊕ hard)   명 고체

After the surgery, you cannot eat **solids** for two weeks.
수술 후 2주 동안 너는 딱딱한 음식을 먹을 수 없다.

0895 ☐☐☐
liquid
[líkwid]

형 액체의, 유동성의 (⊕ fluid)   명 액체

No **liquids** are allowed in the gallery.
액체류는 미술관에 반입 불가하다.

0896 ☐☐☐
mechanical
[məkǽnikəl]

형 기계의, 기계적인

Our plane was delayed due to **mechanical** complications.
우리 비행기는 기계적인 결함 때문에 지연됐다.

⊕ mechanic 명 기계공, 정비공

0897 ☐☐☐
rubber
[rʌ́bər]

명 고무

Car tires are made from **rubber**.
자동차 타이어는 고무로 만들어진다.

0898 ☐☐☐
chemical
[kémikəl]

형 화학적인　명 화학 물질

The ocean has been polluted by many
chemicals.　그 대양은 많은 화학 물질로 오염되었다.

➕ chemist 명 화학자　　　chemistry 명 1. 화학 (반응) 2. 궁합

0899 ☐☐☐
oxygen
[áksidʒən]

명 산소

Twenty-one percent of the earth's atmosphere is **oxygen.**
지구의 대기 중 21퍼센트는 산소이다.

0900 ☐☐☐
carbon
[ká:rbən]

명 탄소

By reducing **carbon** emissions, we can help protect our planet.
탄소 배출을 줄임으로써 우리는 지구를 보호하도록 도울 수 있다.

· DAILY TEST ·

1-20 영어는 우리말로, 우리말은 영어로 바꾸시오.

1	chemical	_____	11	원자	_____
2	electric	_____	12	자동의, 자동적인	_____
3	fluid	_____	13	세포; 감방, 독방	_____
4	carbon	_____	14	석탄	_____
5	innovation	_____	15	연구실, 실험실	_____
6	invent	_____	16	금속	_____
7	liquid	_____	17	과학적인	_____
8	oxygen	_____	18	가설, 가정	_____
9	resource	_____	19	고무	_____
10	iron	_____	20	고체의, 단단한; 고체	_____

21-25 문맥상 빈칸에 들어갈 알맞은 단어를 골라 쓰시오.

acid   genetic   purify   element   electricity

21 We can _____ our water with this device.

22 It takes a lot of _____ to power a factory.

23 Features such as hair and eye color are _____.

24 A(n) _____ like vinegar can be used to clean things.

25 Freedom of speech is an important _____ of a democracy.

Answer   1 화학적인; 화학 물질 2 전기의 3 유동성의; 액체 4 탄소 5 혁신 6 발명하다, 고안하다 7 액체의, 유동성의; 액체 8 산소 9 자원, 자산 10 철; 다리미; 철(제)의; 다림질하다 11 atom 12 automatic 13 cell 14 coal 15 laboratory 16 metal 17 scientific 18 hypothesis 19 rubber 20 solid 21 purify 22 electricity 23 genetic 24 acid 25 element

클래스카드

0901 ☐☐☐
bush
[buʃ]

명 관목, 덤불

I need to trim the **bushes** in my front yard.
나는 내 앞마당에 있는 덤불을 다듬어야 한다.

0902 ☐☐☐
dust
[dʌst]

명 먼지

I haven't cleaned for ages, so there is **dust** on my desk.
내가 오랫동안 청소를 안 해서 책상 위에 먼지가 있다.

➕ dusty 형 먼지투성이의

0903 ☐☐☐
stem
[stem]

명 줄기 동 ((~ from)) (~에서) 생기다, 유래하다

A flower's **stem** transports water and food from the roots.
꽃의 줄기는 뿌리로부터 물과 양분을 이동시킨다.

0904 ☐☐☐
flood
[flʌd]

명 홍수 동 침수되다[시키다], 범람하다[시키다]

The summer rain caused huge **floods** in the
streets. 여름비가 거리에 거대한 홍수를 일으켰다.

0905 ☐☐☐
habitat
[hǽbitæt]

명 서식지

Fish **habitats** are being destroyed by human activity.
어류의 서식지들이 인간 활동에 의해 파괴되고 있다.

0906 ☐☐☐
inhabit
[inhǽbit]

동 거주하다, 서식하다

This area is mostly **inhabited** by Polish immigrants.
이 지역에는 주로 폴란드 이민자들이 거주한다.

➕ inhabitant 명 주민, 거주자

31

0907 ☐☐☐
emission
[imíʃən]

몡 배출, 방출

Factories and cars contribute to the **emission** of greenhouse gases. 공장들과 자동차들은 온실가스 배출의 원인이 된다.

➕ emit 됭 방출하다, 내뿜다

0908 ☐☐☐
sustainable
[səstéinəbl]

혱 지속[유지] 가능한

Wind is used as a source of **sustainable** energy.
바람은 지속 가능한 에너지의 원천으로 사용된다.

➕ sustain 됭 1. 지속하다[시키다] 2. 떠받치다, 견디다

0909 ☐☐☐
planet
[plǽnit]

몡 행성

Some people dream of living on distant **planets**.
어떤 사람들은 멀리 떨어져 있는 행성에서 살기를 꿈꾼다.

0910 ☐☐☐
conserve
[kənsə́:rv]

됭 1. 보존[보호]하다 (⊜ preserve) 2. 절약하다, 아끼다

We must **conserve** our energy before the climb.
우리는 등반 전에 우리의 에너지를 아껴야 한다.

➕ conservation 몡 보존, 보호

0911 ☐☐☐
recycle
[ri:sáikl]

됭 재활용하다

Please make an effort to **recycle** your cans and bottles.
캔과 병을 재활용하기 위해 노력해 주세요.

0912 ☐☐☐
extinct
[ikstíŋkt]

혱 멸종한

Dinosaurs went **extinct** millions of years ago.
공룡들은 수백만 년 전에 멸종했다.

➕ extinction 몡 멸종

0913 ☐☐☐
predator
[prédətər]

뗺 포식자, 약탈자

Lions and tigers are superb **predators**.
사자와 호랑이는 최상위 포식자들이다.

➕ predatory 혱 약탈하는

0914 ☐☐☐
ecosystem
[íkousìstəm]

뗺 생태계

As the digital **ecosystem** grows, so does demand for smartphones.   디지털 생태계가 발전할수록, 스마트폰의 수요도 늘어난다.

0915 ☐☐☐
climate
[kláimit]

뗺 기후

Nevada has a very hot and dry **climate**.
네바다주는 매우 덥고 건조한 기후를 가지고 있다.

0916 ☐☐☐
environment
[inváiərənmənt]

뗺 환경, 상황

I was raised in a very peaceful and healthy **environment**.
나는 매우 평화롭고 건강한 환경에서 자랐다.

➕ environmental 혱 환경의

0917 ☐☐☐
species
[spí:ʃi:z]

뗺 ((pl. species)) (생물의) 종

There are roughly 10,000 **species** of birds.
새의 종은 대략 10,000개가 있다.

0918 ☐☐☐
hatch
[hætʃ]

동 부화하다

All of the eggs **hatched** last week.
그 모든 알이 지난주에 부화했다.

0919 ☐☐☐
temperature
[témpərətʃər]

뗺 1. 온도, 기온 2. 체온

My **temperature** was normal at 37°C.
내 체온은 섭씨 37도로 정상이었다.

0920 ☐☐☐
seed
[siːd]

명 1. 씨, 종자 2. 근원 동 씨를 뿌리다

They decided to **seed** the field with corn.
그들은 들판에 옥수수 씨를 뿌리기로 결정했다.

0921 ☐☐☐
valley
[vǽli]

명 계곡, 골짜기

More people live in **valleys** than in mountains.
산보다 골짜기에 더 많은 사람들이 산다.

0922 ☐☐☐
shore
[ʃɔːr]

명 해안 (🌐 coast)

Dan docked his boat at the **shore**.
Dan은 그의 배를 해안에 정박했다.

0923 ☐☐☐
root
[ruːt]

명 1. 뿌리 2. 근원, 원인

To kill a weed, you must pull out all of its **roots**.
잡초를 제거하기 위해서는 그것의 뿌리를 모조리 뽑아야 한다.

0924 ☐☐☐
litter
[lítər]

명 쓰레기, 잡동사니 (🌐 trash) 동 어지르다, 쓰레기를 버리다

If you **litter**, you will have to pay a fine.
네가 만약 쓰레기를 버리면, 벌금을 내야 할 것이다.

0925 ☐☐☐
stream
[striːm]

명 하천, 시내 동 흐르다, 흘러나오다

Melissa learned how to fish at this **stream**.
Melissa는 이 하천에서 낚시하는 방법을 배웠다.

0926 ☐☐☐
universe
[júːnəvə̀rs]

명 1. 우주 2. 세계

Nobody is certain how many stars are in the **universe**.
아무도 우주에 몇 개의 별이 있는지 확신하지 못한다.

➕ universal 형 보편적인, 전 세계의

0927 ☐☐☐
soil
[sɔil]

명 1. 흙, 토양 2. 땅, 국토

All of the trees were planted in **soil**.
모든 나무들이 토양에 심어졌다.

0928 ☐☐☐
pollute
[pəlúːt]

동 더럽히다, 오염시키다

Beaches in this area were **polluted** by the oil spill.
이 지역에 있는 해변은 기름 유출로 인해 오염되었다.

➕ pollution 명 오염, 공해   pollutant 명 오염 물질

0929 ☐☐☐
earthquake
[ə́ːrθkwèik]

명 지진

Countries with volcanoes frequently experience
earthquakes. 화산이 있는 나라들은 지진을 자주 겪는다.

0930 ☐☐☐
desert
명 [dézərt]
동 [dizə́ːrt]

명 사막   동 버리다 (웹 abandon)

Locating fresh water is hard in the **desert**.
사막에서 담수를 찾는 것은 어렵다.

· DAILY TEST ·

1-20 영어는 우리말로, 우리말은 영어로 바꾸시오.

1	habitat	_____	11	재활용하다	_____
2	conserve	_____	12	홍수; 침수되다, 범람하다	_____
3	environment	_____	13	지속[유지] 가능한	_____
4	stream	_____	14	부화하다	_____
5	valley	_____	15	먼지	_____
6	root	_____	16	생태계	_____
7	species	_____	17	행성	_____
8	litter	_____	18	온도, 기온; 체온	_____
9	stem	_____	19	포식자, 약탈자	_____
10	inhabit	_____	20	더럽히다, 오염시키다	_____

21-25 문맥상 빈칸에 들어갈 알맞은 단어를 골라 쓰시오.

> universe   seed   climate   extinct   emission

21 Factories and cars contribute to the _____ of greenhouse gases.

22 Dinosaurs went _____ millions of years ago.

23 They decided to _____ the field with corn.

24 Nevada has a very hot and dry _____.

25 Nobody is certain how many stars are in the _____.

0931 ☐☐☐
citizen
[sítizən]

명 시민, 국민

A group of Chinese **citizens** visited my town.
한 무리의 중국인들이 우리 마을에 방문했다.

➕ citizenship 명 시민권, 국적

0932 ☐☐☐
political
[pəlítikəl]

형 정치의

Political culture can greatly affect a country's future.
정치적 문화는 한 나라의 미래에 중대한 영향을 미칠 수 있다.

➕ politics 명 정치   politician 명 정치인

0933 ☐☐☐
manufacture
[mænjufǽktʃər]

명 1. 제조(업) 2. 제품   동 만들다, 제작하다

We **manufacture** tables and chairs here.
우리는 여기서 탁자와 의자를 제작한다.

➕ manufacturer 명 제조업체, 생산자

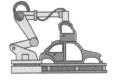

0934 ☐☐☐
fee
[fi:]

명 요금, 금액

The entrance **fee** for the concert is affordable.
그 콘서트의 입장료는 적당하다.

0935 ☐☐☐
hire
[haiər]

동 고용하다 (⊜ employ)

We **hired** a maid to clean the shop every week.
우리는 매주 가게를 청소하기 위해 가정부를 고용했다.

0936 ☐☐☐
employ
[implɔ́i]

동 1. 고용하다 (⊜ hire) 2. 이용하다, 쓰다

This small company only **employs** 13 people.
이 작은 회사는 오직 13명의 사람만 고용한다.

➕ employment 명 고용, 취업   unemployment 명 실업
employer 명 고용주   employee 명 종업원

0937 ☐☐☐
wage
[weidʒ]

몡 임금, 급여 (🌐 salary)

The minimum **wage** was raised last year.
작년에 최저 임금이 올랐다.

0938 ☐☐☐
income
[ínkʌm]

몡 소득, 수입 (🌐 earnings)

Brad decided to get a part-time job to increase his **income**.
Brad는 그의 수입을 늘리기 위해 아르바이트를 구하기로 결정했다.

0939 ☐☐☐
policy
[pάləsi]

몡 정책, 제도

Our **policy** is to give bonuses to diligent employees.
우리의 정책은 근면한 직원들에게 보너스를 주는 것이다.

0940 ☐☐☐
democracy
[dimάkrəsi]

몡 민주주의

The first **democracy** was developed in Athens.
최초의 민주주의는 아테네에서 발전되었다.

➕ democratic 혱 민주주의의, 민주적인

0941 ☐☐☐
protest
몡 [próutest]
동 [prətést]

몡 시위, 항의 동 항의[반대]하다, 이의를 제기하다

Our coach **protested** the referee's bad call.
우리 코치는 심판의 오심에 항의했다.

0942 ☐☐☐
refund
몡 [ríːfʌnd]
동 [rifʌ́nd]

몡 환불(금), 반환 동 환불하다, 반환하다

The customer received a **refund** for the broken clock.
그 고객은 고장 난 시계를 환불받았다.

0943 ☐☐☐
loan
[loun]

몡 대출, 빚 동 빌려주다 (🌐 lend)

Can you **loan** me your car tomorrow?
내일 네 차를 나에게 빌려줄 수 있겠니?

0944 ☐☐☐
jail
[dʒeil]

몡 감옥, 구치소

The drunken man was kept in **jail** overnight.
그 술 취한 남자는 하룻밤 동안 구치소에 수감되었다.

0945 ☐☐☐
expense
[ikspéns]

몡 비용, 지출, 소비 (❸ cost)

Owning a car can result in greater monthly **expenses**.
차를 소유하는 것은 더 큰 월 지출을 초래할 수 있다.

➕ expend 툉 (시간·돈 등을) 들이다, 소비하다

0946 ☐☐☐
crime
[kraim]

몡 범죄, 죄

Violent **crimes** have been increasing lately.
최근에 강력 범죄가 늘고 있다.

➕ criminal 휑 범죄의 몡 범죄자, 범인

0947 ☐☐☐
investigate
[invéstəgèit]

툉 수사하다, 조사[연구]하다 (❸ examine)

Detective Johnson is **investigating** the crime.
Johnson 형사는 범죄를 수사하고 있다.

➕ investigation 몡 수사, 조사[연구]
investigator 몡 수사관, 조사관

0948 ☐☐☐
labor
[léibər]

몡 노동, 근로 툉 일하다

All of your hard **labor** will eventually pay off.
너의 모든 고된 노동은 결국에 보상을 받을 것이다.

➕ laborer 몡 노동자

0949 ☐☐☐
purchase
[pə́:rtʃəs]

툉 구매하다 몡 구매

You can **purchase** a new suit on this site.
당신은 이 사이트에서 새 정장을 구매할 수 있습니다.

0950 □□□
invest
[invést]

동 1. 투자하다 2. (시간·노력 등을) 쓰다, 쏟다

She **invested** some of her savings into stocks.
그녀는 저축한 돈의 일부를 주식에 투자했다.

➕ investment 명 투자　　investor 명 투자자

0951 □□□
guilty
[ɡílti]

형 1. 죄책감이 드는 2. 유죄의 (반 innocent)

The child felt **guilty** after stealing the cookie.
그 아이는 쿠키를 훔친 뒤 죄책감을 느꼈다.

➕ guilt 명 1. 죄책감 2. 유죄

0952 □□□
victim
[víktim]

명 피해자, 희생자

Victims of violence often need therapy.
폭력 피해자들은 종종 치료가 필요하다.

0953 □□□
witness
[wítnis]

동 목격하다　명 목격자

A few **witnesses** were at the scene of the crime.
몇몇의 목격자들이 그 범죄 현장에 있었다.

0954 □□□
financial
[fainǽnʃəl, fi-]

형 금융의, 재정상의

My family drew up a **financial** plan for next year.
우리 가족은 내년을 위한 재정 계획을 작성했다.

➕ finance 명 재정, 금융 동 자금을 대다

0955 □□□
tax
[tæks]

명 세금　동 세금을 부과하다

The government will raise **taxes**.
정부는 세금을 인상할 것이다.

0956 □□□
exchange
[ikstʃéindʒ]

동 1. 교환하다 2. 환전하다　명 1. 교환 2. 환전

I would like to **exchange** these sandals for some boots.　저는 이 샌들을 부츠로 교환하고 싶어요.

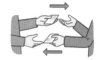

0957 □□□
product
[prádʌkt]

명 생산물, 제품

These **products** will be put in stores around the world.
이 제품들은 전 세계 매장들에 입고될 것이다.

➕ produce 동 생산하다 명 생산물, 농산물
productive 형 생산적인   production 명 생산

0958 □□□
violate
[váiəlèit]

동 위반하다, 침해하다

We shouldn't **violate** the laws of our nation.
우리는 국가의 법을 위반해서는 안 된다.

➕ violation 명 위반, 침해

0959 □□□
discrimination
[diskrìmənéiʃən]

명 1. 차별 2. 식별, 구별

Age **discrimination** is a big problem in companies.
나이 차별은 회사에서 큰 문제이다.

➕ discriminate 동 1. 차별하다 2. 식별[구별]하다

0960 □□□
profit
[práfit]

명 이익, 수익 (⊕ gain)

You'll make a huge **profit** if you sell your business.
너는 너의 사업체를 매각하면 큰 수익을 올릴 것이다.

➕ profitable 형 수익성이 좋은

1-20 영어는 우리말로, 우리말은 영어로 바꾸시오.

1 jail _____

2 fee _____

3 discrimination _____

4 income _____

5 citizen _____

6 expense _____

7 purchase _____

8 exchange _____

9 employ _____

10 investigate _____

11 금융의, 재정상의 _____

12 제조(업); 제품; 만들다 _____

13 정책, 제도 _____

14 민주주의 _____

15 환불(금), 반환; 환불하다 _____

16 범죄, 죄 _____

17 피해자, 희생자 _____

18 정치의 _____

19 세금; 세금을 부과하다 _____

20 목격하다; 목격자 _____

21-25 문맥상 빈칸에 들어갈 알맞은 단어를 골라 쓰시오.

> wage   loan   labor   violate   guilty

21 Can you _____ me your car tomorrow?

22 The minimum _____ was raised last year.

23 All of your hard _____ will eventually pay off.

24 The child felt _____ after stealing the cookie.

25 We shouldn't _____ the laws of our nation.

DAY 33-40

실력을 높이는
반의어/혼동어/다의어

반의어/혼동어/다의어　반의어

0961 ☐☐☐
abstract
형 [ǽbstrækt]
명 [ǽbstrækt]

형 추상적인　명 1. 추상화　2. 개요

Instead of using realism, the painter creates **abstract** images.
현실주의를 사용하는 대신에, 그 화가는 추상적인 이미지를 창조한다.

0962 ☐☐☐
concrete
[kánkriːt]

형 1. 구체적인, 실재적인　2. 콘크리트로 된　명 콘크리트

Without **concrete** evidence, the lawyer was unable to prove
his case.　구체적인 증거 없이 그 변호사는 그의 주장을 증명할 수 없었다.

0963 ☐☐☐
active
[ǽktiv]

형 1. 적극적인, 능동적인　2. 활동적인　3. 진행[운영] 중인

Active participation is required to produce
good results in group projects.　단체 프로젝트에서
좋은 결과를 내기 위해서는 능동적인 참여가 요구된다.
Even though this factory is very old, it's still
active.　이 공장은 매우 오래됐음에도 불구하고 여전히 운영 중이다.

➕ actively 부 적극적으로

0964 ☐☐☐
passive
[pǽsiv]

형 수동적인, 소극적인

If you're overly **passive**, you'll never fix the problems in your
life.　만약 네가 지나치게 수동적이라면, 네 인생의 문제들을 결코 해결할 수 없을 것이다.

➕ passively 부 소극적으로

0965 ☐☐☐
broad
[brɔːd]

형 넓은, 광범위한

The field is **broad** enough to hold a soccer match on.
그 경기장은 축구 경기를 열 만큼 충분히 넓다.

➕ broadly 부 광범위하게　　　broaden 동 넓어지다[넓히다]

0966 ☐☐☐
narrow
[nǽrou]

형 좁은　동 좁아지다[좁히다]

The majority of these streets are too **narrow** to drive a car down.
이 거리들의 대부분은 차를 운전하기에 너무 좁다.

➕ narrowly 분 1. 좁게　2. 간신히, 가까스로

0967 ☐☐☐
conceal
[kənsíːl]

동 숨기다, 감추다 (윤 hide)

In Japanese culture, it's common to **conceal** one's true feelings in most social settings.
일본 문화에서는 대부분의 사회적 환경에서 개인의 진실된 감정을 숨기는 것이 일반적이다.

0968 ☐☐☐
reveal
[rivíːl]

동 드러내다, 밝히다

The CEO of Baily Cookies **revealed** that he'd be stepping down from his position.
Baily Cookies의 최고 경영자는 그가 자리에서 물러날 것이라고 밝혔다.

0969 ☐☐☐
increase
동 [inkríːs]
명 [ínkriːs]

동 증가하다, 늘리다　명 증가

Alex **increased** his savings by spending less.
Alex는 덜 소비함으로써 그의 저축액을 늘렸다.

➕ increasingly 분 점점 더, 더욱더

0970 ☐☐☐
decrease
동 [dikríːs]
명 [díkriːs]

동 감소하다, 줄이다　명 감소 (윤 reduction)

Due to bad economic conditions, sales **decreased** by 15%.
좋지 않은 경제 상황 때문에, 판매량이 15% 줄었다.

➕ decreasingly 분 점점 감소하여

0971 ☐☐☐
superior
[su:píəriər]

휑 1. 위의, 상급의 2. 뛰어난, 우수한   명 윗사람, 상관

This cordless vacuum cleaner is **superior** to the one with the cord.
코드가 없는 이 진공청소기는 코드가 있는 진공청소기보다 뛰어나다.

0972 ☐☐☐
inferior
[infíəriər]

휑 1. 하위의 2. 열등한, (~보다) 못한   명 아랫사람, 하급자

I sometimes feel **inferior** to my brother because he is a pop star.   나의 형은 팝스타이기 때문에 나는 가끔 그에게 열등감을 느낀다.

0973 ☐☐☐
internal
[intɔ́:rnl]

휑 내부의

The **internal** structure of a cell is very complicated.
세포의 내부 구조는 매우 복잡하다.

0974 ☐☐☐
external
[ikstɔ́:rnl]

휑 외부의

A building's **external** features are very important to an architect.   건물의 외부 특징은 건축가에게 매우 중요하다.

0975 ☐☐☐
temporary
[témpərèri]

휑 일시적인, 임시의

Temporary housing is provided to some of the homeless here.
여기의 일부 노숙자들에게 임시 거주지가 제공된다.

⊕ temporarily 휜 일시적으로, 임시로

0976 ☐☐☐
permanent
[pɔ́:rmənənt]

휑 영구적인

Smoking and drinking can cause **permanent** damage to your body.   흡연과 음주는 너의 몸에 영구적인 손상을 야기할 수 있다.

⊕ permanently 휜 영구적으로

0977 ☐☐☐
physical
[fízikəl]

혱 1. 육체[신체]의 2. 물질의, 물리적인

This job requires a lot of **physical** labor.
이 일은 많은 육체 노동이 필요하다.

➕ physically 🖳 1. 육체[신체]적으로 2. 물리적으로

0978 ☐☐☐
mental
[méntl]

혱 마음의, 정신의

Many educational phone games can improve your **mental** ability.　많은 교육적인 휴대폰 게임은 너의 정신적 능력을 향상시킬 수 있다.

➕ mentally 🖳 정신적으로

0979 ☐☐☐
demand
[dimǽnd]

동 요구하다 명 1. 요구 2. 수요

The bus driver **demanded** that the passenger pay the fare.
그 버스 운전기사는 승객에게 요금을 내라고 요구했다.

0980 ☐☐☐
supply
[səplái]

동 공급하다 명 공급

New York will need to increase its electricity **supply**.
뉴욕은 전기 공급을 늘릴 필요가 있을 것이다.

0981 ☐☐☐
former
[fɔ́ːrmər]

혱 1. 이전의, 과거의 2. 전자(前者)의 명 ((the ~)) 전자

This room's **former** tenant owned two cats and a dog.
이 방의 이전 세입자는 고양이 두 마리와 개 한 마리를 소유했다.

0982 ☐☐☐
latter
[lǽtər]

혱 1. 후자(後者)의 2. 후반의, 마지막의 명 ((the ~)) 후자

I like both coffee and tea, but I prefer the **latter**.
나는 커피와 차 둘 다 좋아하지만, 후자를 더 좋아한다.

0983 ☐☐☐
obvious
[ábviəs]

[형] 분명[명백]한 (⊕ clear)

The answer to the question seemed **obvious** to all of the students. 그 질문에 대한 답은 모든 학생들에게 명백해 보였다.

⊕ obviously [부] 분명[명백]하게

0984 ☐☐☐
ambiguous
[æmbígjuəs]

[형] 애매한, 여러 가지로 해석이 가능한

This poem is extremely **ambiguous** and could be interpreted in many ways.
이 시는 매우 모호하며 여러 방식으로 해석될 수 있다.

⊕ ambiguously [부] 애매모호하게
　 ambiguity [명] 애매모호함

0985 ☐☐☐
objective
[əbdʒéktiv]

[형] 객관적인 [명] 목적, 목표 (⊕ goal)

It's important for judges to be **objective** when assessing a case. 판사들은 사건을 판단할 때 객관적인 태도를 유지하는 것이 중요하다.

⊕ objectively [부] 객관적으로

0986 ☐☐☐
subjective
[səbdʒéktiv]

[형] 주관적인

Many movie reviews are purely **subjective**.
많은 영화 리뷰들은 순전히 주관적이다.

⊕ subjectively [부] 주관적으로

0987 ☐☐☐
continue
[kəntínjuː]

[동] 계속하다[되다]

The show will **continue** after a brief message from our sponsors. 쇼는 우리 후원자들의 짧은 메시지 이후에 계속될 것입니다.

⊕ continuous [형] 지속적인　　continuously [부] 계속해서

0988 ☐☐☐
cease
[si:s]

동 중단하다, 그만두다

All of the soldiers **ceased** fire when they heard the beautiful melody.   모든 군인들은 아름다운 선율을 들었을 때 사격을 중단했다.

0989 ☐☐☐
attract
[ətrǽkt]

동 1. 끌다, 끌어당기다 2. 마음을 끌다

Female moths can **attract** a mate by emitting a special scent.
암컷 나방들은 특별한 향기를 발산함으로써 짝을 유혹할 수 있다.

➕ attractive 형 매력적인   attraction 명 1. 매력 2. 명소

0990 ☐☐☐
distract
[distrǽkt]

동 산만하게 하다, 주의를 빼앗다

The magician's quick hand movements allowed her to **distract** her audience.
그 마술사의 재빠른 손동작은 그녀가 관중들의 주의를 빼앗게 해 주었다.

➕ distracted 형 주의가 산만한   distraction 명 주의 산만

· DAILY TEST ·

1-20 영어는 우리말로, 우리말은 영어로 바꾸시오.

1	broad	_____	11	수동적인, 소극적인 _____
2	conceal	_____	12	드러내다, 밝히다 _____
3	superior	_____	13	외부의 _____
4	ambiguous	_____	14	좁은; 좁아지다[좁히다] _____
5	former	_____	15	주관적인 _____
6	mental	_____	16	산만하게 하다, 주의를 빼앗다 _____
7	permanent	_____	17	구체적인; 콘크리트 _____
8	cease	_____	18	하위의; 열등한; 아랫사람 _____
9	obvious	_____	19	일시적인, 임시의 _____
10	internal	_____	20	끌다, 끌어당기다; 마음을 끌다 _____

21-25 괄호 안에서 문맥상 알맞은 단어를 고르시오.

21 (Active / Passive) participation is required to produce good results in group projects.

22 It's important for judges to be (subjective / objective) when assessing a case.

23 The bus driver (demanded / supplied) that the passenger pay the fare.

24 Instead of using realism, the painter creates (abstract / concrete) images.

25 Alex (increased / decreased) his savings by spending less.

Answer 1 넓은, 광범위한 2 숨기다, 감추다 3 위의, 상급의; 뛰어난, 우수한; 윗사람, 상관 4 애매한, 여러 가지로 해석이 가능한 5 이전의, 과거의; 전자의; 전자 6 마음의, 정신의 7 영구적인 8 중단하다, 그만두다 9 분명[명백]한 10 내부의 11 passive 12 reveal 13 external 14 narrow 15 subjective 16 distract 17 concrete 18 inferior 19 temporary 20 attract 21 Active 22 objective 23 demanded 24 abstract 25 increased

DAY 34

0991 ☐☐☐
aboard
[əbɔ́ːrd]

ম전 (배·항공기 등을) 타고

Flight attendants should remain **aboard** the airplane until all of the passengers have left.
승무원은 모든 승객이 떠날 때까지 비행기에 타고 있어야 한다.

0992 ☐☐☐
abroad
[əbrɔ́ːd]

부 해외로, 해외에 (⊜ overseas)

He decided to study **abroad** for the spring semester. 그는 봄 학기 동안 해외에서 공부하기로 결정했다.

0993 ☐☐☐
adapt
[ədǽpt]

동 ((~ to)) (~에) 적응하다[시키다] (⊜ adjust)

Emma **adapted** to her new school after she moved to Chicago. Emma는 시카고로 이사를 간 후에 새로운 학교에 적응했다.

0994 ☐☐☐
adopt
[ədάpt]

동 1. 채택하다 2. 입양하다

It's sometimes beneficial to **adopt** another's point of view.
가끔은 다른 사람의 관점을 받아들이는 것이 유익하다.

0995 ☐☐☐
bald
[bɔːld]

형 대머리의

My dad wears a baseball cap everywhere he goes to cover his **bald** spot. 우리 아빠는 탈모 부위를 가리기 위해 어디를 가든지 야구 모자를 쓰신다.

0996 ☐☐☐
bold
[bould]

형 용감한, 대담한 (⊜ brave)

Cliff diving is a sport that is only for the **bold** and daring.
절벽 다이빙은 오직 용감하고 대담한 사람들을 위한 스포츠이다.

34

0997 ☐☐☐
acquire
[əkwáiər]

동 얻다, 취득[획득]하다

That hockey team recently **acquired** two new players.
그 하키 팀은 최근에 두 명의 새로운 선수들을 받아들였다.

➕ acquirement 명 취득[획득]

0998 ☐☐☐
inquire
[inkwáiər]

동 1. 문의하다, 묻다 (❋ ask) 2. ((~ into)) 조사하다

The hotel receptionist said breakfast was free of charge when I **inquired**.
그 호텔 접수원은 내가 문의했을 때 조식이 무료라고 말했다.

➕ inquiry 명 1. 문의, 질문 2. 조사

0999 ☐☐☐
require
[rikwáiər]

동 1. 필요로 하다 2. 요구[요청]하다 (❋ demand)

Our university **requires** three new librarians and two new groundskeepers.
우리 대학은 세 명의 신임 사서와 두 명의 신임 운동장 관리인을 필요로 한다.

➕ requirement 명 요건

1000 ☐☐☐
arise
[əráiz]

동 (arose – arisen) 발생하다

Problems **arise** between different cultures when they cannot agree.   서로 다른 문화가 합의되지 못할 때 문화 간에 문제가 발생한다.

1001 ☐☐☐
arouse
[əráuz]

동 1. (잠에서) 깨우다 2. (감정·관심 등을) 유발하다, 불러일으키다

Headlines in newspapers are made to **arouse** people's interest.   신문의 헤드라인은 사람들의 관심을 유발하기 위해 만들어진다.

1002 ☐☐☐
astronaut
[ǽstrənɔ̀ːt]

명 우주 비행사

The first female **astronauts** to travel to space were Russian.
우주에 간 첫 번째 여성 우주 비행사들은 러시아인이었다.

1003 □□□
astronomer
[əstrάnəmər]

명 천문학자

New stars are often discovered by **astronomers** that use powerful telescopes.
새로운 별들은 강력한 망원경을 사용하는 천문학자들에 의해 종종 발견된다.

1004 □□□
attitude
[ǽtətùːd]

명 태도, 자세

Having a negative **attitude** all the time is not good for one's health.   항상 부정적인 태도를 취하는 것은 건강에 좋지 않다.

1005 □□□
altitude
[ǽltətùːd]

명 높이, 고도

Temperature drops as **altitude** rises.
고도가 상승할수록 기온은 떨어진다.

1006 □□□
aptitude
[ǽptətùːd]

명 적성, 소질

My sister is good at English, but I have an **aptitude** for science and math.
내 여동생은 영어를 잘하지만, 나는 과학과 수학에 소질이 있다.

1007 □□□
expand
[ikspǽnd]

동 확대하다, 팽창시키다[하다]

Water **expands** when heated and contracts as it cools.
물은 가열되면 팽창하고 차가워지면 수축한다.

➕ expansion 명 확장, 확대

1008 □□□
expend
[ikspénd]

동 소비하다, 쓰다

They **expended** a lot of energy on cleaning their house.
그들은 그들의 집을 청소하는 데에 많은 에너지를 썼다.

➕ expense 명 비용, 지출, 소비

34

1009 □□□
classic
[klǽsik]

형 1. 일류의, 최고 수준의 2. 전형적인   명 고전, 명작

Moby Dick is regarded as a **classic** in American literature.
〈모비 딕〉은 미국 문학에서 명작으로 여겨진다.

1010 □□□
classical
[klǽsikəl]

형 1. 고전주의의 2. 클래식 음악의

I like to listen to **classical** music when I'm studying because it calms me down.
나는 공부할 때 클래식 음악 듣기를 좋아하는데 그것은 나를 진정시켜 주기 때문이다.

1011 □□□
considerable
[kənsídərəbl]

형 1. 상당한, 꽤 많은 2. 중요한, 고려할 만한

Customer service departments typically receive a **considerable** number of complaints.
고객 서비스 부서는 보통 상당수의 불평을 듣는다.

1012 □□□
considerate
[kənsídərət]

형 사려 깊은, 배려하는

It was **considerate** of Jason to turn down his music so his grandmother could sleep.
할머니가 주무실 수 있도록 음악 소리를 낮추다니 Jason은 사려 깊었다.

1013 □□□
complement
동 [kámpləmènt]
명 [kámpləmənt]

동 보완[보충]하다   명 보완(물)

Hash browns and scrambled eggs **complement** each other well.   해시 브라운과 스크램블드에그는 서로 잘 보완한다.

➕ complementary 형 보완[보충]하는

1014 □□□
compliment
명 [kámpləmənt]
동 [kámpləmènt]

명 칭찬, 찬사   동 칭찬하다

Children like to receive **compliments** when they get good grades.
아이들은 좋은 성적을 받았을 때 칭찬받는 것을 좋아한다.

➕ complimentary 형 1. 칭찬하는 2. 무료의

1015 ☐☐☐
appreciate
[əprí:ʃièit]

图 1. 감상하다, 진가를 알다 2. 감사하다 3. 이해하다

The park rangers **appreciate** visitors who clean up their camp before they leave.
그 공원 관리인들은 떠나기 전에 야영장을 청소하는 방문객들에게 고마워한다.

➕ appreciation 图 1. 감상, 감탄 2. 감사 3. 평가

1016 ☐☐☐
appropriate
[əpróupriət]

혱 적절한, 적합한 (圓 suitable ⬤ inappropriate)

Your clothes aren't **appropriate** for this kind of professional setting. 네 옷차림은 이런 전문적인 환경에 적절하지 않다.

1017 ☐☐☐
clarify
[klǽrəfài]

图 명백히 하다

The judge asked the prosecutor to **clarify** his previous remarks. 그 판사는 검사에게 그의 이전 발언을 명확히 해 달라고 요청했다.

➕ clarification 图 설명, 해명

1018 ☐☐☐
classify
[klǽsəfài]

图 분류[구분]하다 (圓 categorize)

The most damaging earthquakes are **classified** as magnitude eight or greater. 가장 피해가 큰 지진은 규모 8 이상으로 분류된다.

➕ classified 혱 1. 분류된 2. 기밀의   classification 图 분류, 등급

1019 ☐☐☐
extend
[iksténd]

图 1. 늘이다[늘어나다] 2. (기간을) 연장하다 3. (범위·세력 등을) 확장하다

City officials will vote on whether to **extend** the city's railway tracks. 시 공무원들은 도시의 철도 선로를 연장할지에 대해 투표할 것이다.

➕ extension 图 확장, 연장

1020 ☐☐☐
extent
[ikstént]

图 정도, 범위

The hospital is trying to figure out the full **extent** of her injuries. 그 병원은 그녀의 전체적인 부상 정도를 파악하려 하고 있다.

1-20 영어는 우리말로, 우리말은 영어로 바꾸시오.

1	inquire	_____	11	해외로, 해외에
2	require	_____	12	채택하다; 입양하다
3	adapt	_____	13	적성, 소질
4	arise	_____	14	우주 비행사
5	clarify	_____	15	천문학자
6	appropriate	_____	16	대머리의
7	compliment	_____	17	분류[구분]하다
8	expend	_____	18	보완[보충]하다; 보완(물)
9	considerable	_____	19	태도, 자세
10	extent	_____	20	감상하다; 감사하다; 이해하다

21-25 괄호 안에서 문맥상 알맞은 단어를 고르시오.

21 That hockey team recently (inquired / acquired) two new players.

22 Temperature drops as (altitude / attitude) rises.

23 Headlines in newspapers are made to (arise / arouse) people's interest.

24 Water (expends / expands) when heated and contracts as it cools.

25 Cliff diving is a sport that is only for the (bald / bold) and daring.

Answer 1 문의하다, 묻다; 조사하다 2 필요로 하다; 요구[요청]하다 3 적응하다[시키다] 4 발생하다 5 명백히 하다 6 적절한, 적합한 7 칭찬, 찬사; 칭찬하다 8 소비하다, 쓰다 9 상당한, 꽤 많은; 중요한, 고려할 만한 10 정도, 범위 11 abroad 12 adopt 13 aptitude 14 astronaut 15 astronomer 16 bald 17 classify 18 complement 19 attitude 20 appreciate 21 acquired 22 altitude 23 arouse 24 expands 25 bold

DAY 35

1021 ☐☐☐
defend
[difénd]

통 1. 방어하다, 지키다 (⊜ protect) 2. 옹호하다, 지지하다

The English had to **defend** their country when the Nazis attacked.   나치가 공격했을 때 영국인들은 그들의 나라를 방어해야 했다.

1022 ☐☐☐
depend
[dipénd]

통 1. 《~ on/upon》 (~에) 의존[의지]하다 (⊜ rely) 2. (~에) 달려 있다

From this graph, you can see that the value of Z **depends** on Y.   이 그래프에서 너는 Z값이 Y값에 달려 있는 것을 알 수 있다.

➕ dependent 형 의존[의지]하는   dependable 형 신뢰할 수 있는

1023 ☐☐☐
destination
[dèstənéiʃən]

명 목적지, (물품의) 도착지

The package arrived at its **destination** three days later.
그 소포는 3일 후에 그것의 도착지에 배달됐다.

1024 ☐☐☐
destiny
[déstəni]

명 운명 (⊜ fate)

For me, meeting my wife in Cambodia felt like **destiny**.
나에게, 캄보디아에서 내 아내를 만난 것은 운명처럼 느껴졌다.

1025 ☐☐☐
crucial
[krúːʃəl]

형 중요한, 결정적인

Even if people are embarrassed to discuss politics, it's **crucial** that people talk about it.
비록 사람들은 정치를 논하는 것을 난처해하지만, 사람들이 그것에 대해 이야기하는 것은 중요하다.

1026 ☐☐☐
cruel
[krúːəl]

형 잔인한

While nature can be beautiful, it can also be very **cruel**.
자연은 아름다울 수 있지만, 매우 잔인할 수도 있다.

➕ cruelty 명 잔인함

1027 ☐☐☐
emergence
[imə́:rdʒəns]

圐 출현, 발생

The **emergence** of the metaverse has excited many technologists. 메타버스의 출현은 많은 과학 기술자들을 흥분시켰다.

⊕ emerge 圐 1. 나타나다 2. 드러나다, 알려지다

1028 ☐☐☐
emergency
[imə́:rdʒənsi]

圐 응급, 비상사태

Firefighters are trained to respond to all sorts of **emergencies**. 소방관들은 모든 종류의 비상사태에 대응하도록 훈련받는다.

1029 ☐☐☐
contribute
[kəntríbjuːt]

圐 1. ((~ to)) (~에) 기여[공헌]하다 2. ((~ to)) (~의) 원인이 되다

Consumerism has **contributed** to the high amount of pollution in the world. 소비 지상주의는 세계의 많은 오염의 원인이 되어 왔다.

⊕ contribution 圐 기여, 공헌

1030 ☐☐☐
attribute
圐 [ətríbjuːt]
圐 [ǽtrəbjùːt]

圐 ~의 탓으로[결과로] 여기다 圐 특성, 속성

Integrity and diligence are two **attributes** every leader must possess. 청렴함과 근면은 모든 리더가 지녀야 할 두 가지 특성이다.

1031 ☐☐☐
distribute
[distríbjuːt]

圐 분배하다, 나눠 주다

Mr. Fletcher **distributed** the worksheets to all of the students.
Fletcher 선생님은 모든 학생들에게 연습 문제지를 나눠 주었다.

⊕ distribution 圐 분배, 분포

1032 ☐☐☐
flame
[fleim]

圐 화염, 불꽃 圐 활활 타오르다

The forest fire **flamed** across many acres of land in California.
산불이 캘리포니아의 수 에이커의 땅을 가로질러 타올랐다.

1033 ☐☐☐
frame
[freim]

圐 1. 뼈대, 체격 2. 액자, 틀

Because I dropped my glasses, I had to get new **frames** for them. 나는 안경을 떨어뜨려서 새 안경테를 사야 했다.

1034 ☐☐☐
general
[dʒénərəl]

[형] 1. 일반[보편]적인 2. 대체적인, 대강의   [명] 장군

The **general** feeling among my team members was that Mia was neglecting her work.
우리 팀 구성원 사이에서의 전반적인 생각은 Mia가 그녀의 일을 소홀히 한다는 것이었다.

➕ generally [부] 일반적으로, 대개

1035 ☐☐☐
generous
[dʒénərəs]

[형] 관대한, 너그러운

Those who are **generous** toward the poor will also receive blessings in their own life.
가난한 사람들에게 관대한 사람들은 그들 자신의 인생에서도 축복을 받을 것이다.

➕ generously [부] 관대하게   generosity [명] 관대함

1036 ☐☐☐
hospitality
[hàspətǽləti]

[명] 환대, 대접

I was tired after the long journey, but I was happy with the warm **hospitality** of the hotel staff.
나는 긴 여행 이후에 피곤했지만, 호텔 직원의 따뜻한 환대에 만족스러웠다.

1037 ☐☐☐
hostility
[hɑstíləti]

[명] 적대감, 적의

When foreigners travel abroad, they sometimes experience **hostility** from local people.
외국인들이 해외여행을 할 때, 그들은 가끔 현지인들로부터 적대감을 경험한다.

1038 ☐☐☐
imitate
[ímətèit]

[동] 모방하다, 흉내내다

Her style of filming was **imitated** by many other famous directors.   그녀의 촬영 스타일은 다른 많은 유명한 감독들에 의해 모방되었다.

➕ imitation [명] 모방, 모조품

1039 ☐☐☐
initiate
[iníʃièit]

[동] 시작[개시]하다 (= start)

The engineer **initiated** a series of tests to solve the problem.
그 엔지니어는 문제를 해결하기 위해 일련의 테스트를 시작했다.

➕ initiative [명] 1. 계획, 개시 2. 주도권   initial [형] 초기의, 처음의

DAY 35

35

반의어/혼동어/다의어 • **239**

1040 ☐☐☐
evolve
[iválv]

동 진화하다, 발전하다[시키다] (⊕ develop)

Many sea creatures have **evolved** amazing mechanisms of self-defense. 많은 해양 생물들은 놀라운 자기방어 기제를 발전시켜 왔다.

1041 ☐☐☐
involve
[inválv]

동 1. 포함하다 2. 관련[연루]시키다 3. 참여시키다

The police have arrested everyone that was **involved** in the crime. 경찰은 범죄에 연루된 모든 사람을 체포했다.

⊕ involved 형 1. 관련된 2. 몰두한　　involvement 명 관련[연루], 개입

1042 ☐☐☐
leap
[liːp]

동 1. 도약하다, 뛰다[뛰어오르다] 2. 상승[급등]하다
명 1. 뛰기, 도약 2. 상승[급등]

A number of exercises involve **leaping** high into the air.
많은 운동들이 공중으로 높이 뛰어오르기를 포함한다.

1043 ☐☐☐
reap
[riːp]

동 수확하다, 거두다

You will **reap** the benefits of your efforts if you don't give up too soon. 네가 너무 빨리 포기하지 않으면 네 노력에 대한 이익을 거둘 것이다.

1044 ☐☐☐
loyal
[lɔ́iəl]

형 충성스러운, 충실한

Sam had a bad reputation for not being **loyal** to his friends.
Sam은 그의 친구들에게 충실하지 않아서 평판이 나빴다.

⊕ loyalty 명 충성, 성실

1045 ☐☐☐
royal
[rɔ́iəl]

형 국왕[여왕]의, 왕실의

Thousands of people came to the festival to see the **royal** family. 수천 명의 사람들이 왕실 가족을 보기 위해 축제에 왔다.

⊕ royalty 명 1. 왕정[왕족] 2. 사용료, 로열티

1046 ☐☐☐
mass
[mæs]

圀 1. 덩어리 2. ((~ of)) 다수 3. 무리, 집단 4. 부피, 질량 圀 대량의, 대중의

A **mass** of people gathered outside of the embassy.
다수의 사람들이 대사관 밖에 모였다.

1047 ☐☐☐
mess
[mes]

圀 엉망, 혼란 圀 더럽히다

Can you brush my hair? It's a complete **mess**!
내 머리카락 좀 빗어 주겠니? 완전히 엉망이야!

1048 ☐☐☐
saw
[sɔ:]

圀 톱 圀 톱질하다

Tim used a **saw** to cut the legs off the wooden chair.
Tim은 나무 의자의 다리를 잘라 내기 위해서 톱을 사용했다.

1049 ☐☐☐
sew
[sou]

圀 꿰매다

Mom, can you **sew** this button back on my shirt?
엄마, 내 셔츠에 이 단추 좀 다시 꿰매줄 수 있어요?

1050 ☐☐☐
sow
[sou]

圀 (씨를) 뿌리다[심다]

Don **sowed** his fields with wheat and corn.
Don은 그의 밭에 밀과 옥수수를 심었다.

· DAILY TEST ·

1-20   영어는 우리말로, 우리말은 영어로 바꾸시오.

1 evolve	_____	11 목적지, (물품의) 도착지	_____
2 crucial	_____	12 의존[의지]하다; 달려 있다	_____
3 hostility	_____	13 잔인한	_____
4 initiate	_____	14 응급, 비상사태	_____
5 destiny	_____	15 환대, 대접	_____
6 involve	_____	16 화염, 불꽃; 활활 타오르다	_____
7 royal	_____	17 일반적인; 대체적인; 장군	_____
8 sow	_____	18 분배하다, 나눠 주다	_____
9 attribute	_____	19 모방하다, 흉내내다	_____
10 contribute	_____	20 관대한, 너그러운	_____

21-25   괄호 안에서 문맥상 알맞은 단어를 고르시오.

21 Tim used a (saw / sew) to cut the legs off the wooden chair.

22 A (mess / mass) of people gathered outside of the embassy.

23 From this graph, you can see that the value of Z (depends / defends) on Y.

24 The (emergence / emergency) of the metaverse has excited many technologists.

25 You will (reap / leap) the benefits of your efforts if you don't give up too soon.

Answer   1 진화하다, 발전하다[시키다] 2 중요한, 결정적인 3 적대감, 적의 4 시작[개시]하다 5 운명 6 포함하다; 관련[연루]시키다; 참여시키다 7 국왕[여왕]의, 왕실의 8 (씨를) 뿌리다[심다] 9 ~의 탓으로[결과로] 여기다; 특성, 속성 10 기여[공헌]하다; 원인이 되다 11 destination 12 depend 13 cruel 14 emergency 15 hospitality 16 flame 17 general 18 distribute 19 imitate 20 generous 21 saw 22 mass 23 depends 24 emergence 25 reap

1051 □□□
personal
[pə́rsənl]

형 개인의, 사적인 (⊕ private)

In my **personal** opinion, students should be able to choose what they wear to school.
내 개인적인 의견으로, 학생들은 그들이 학교에 무엇을 입고 갈지 선택할 수 있어야 한다.

1052 □□□
personnel
[pə̀:rsənél]

명 1. (전) 직원 (⊕ staff) 2. 인사부

White House **personnel** are required to receive a special security clearance. 백악관의 전 직원들은 특수한 보안 허가를 받도록 요구된다.

1053 □□□
phase
[feiz]

명 1. 단계, 국면 (⊕ stage) 2. 양상[모습]

The project was split into three **phases**.
그 프로젝트는 세 단계로 나뉘었다.

1054 □□□
phrase
[freiz]

명 1. 【문법】 구(句) 2. 구절, 문구, 말 동 말하다, 표현하다

Many **phrases** in the politician's announcement were taken from his previous speech.
그 정치인의 발표 중 많은 구절은 그의 이전 연설에서 가져온 것이었다.

● phrasal 형 구(句)의, 구(句)로 된

1055 □□□
pole
[poul]

명 막대기, 기둥 (⊕ bar)

Henry stuck **poles** in the ground to mark where the fence would be built.
Henry는 울타리가 설치될 곳을 표시하기 위해 땅에 기둥들을 박았다.

1056 □□□
poll
[poul]

명 1. 여론 조사 (⊕ survey) 2. 투표, 선거

A **poll** was conducted to find out how many Europeans think attending university is wise.
얼마나 많은 유럽인들이 대학교에 진학하는 게 현명하다고 생각하는지 알아내기 위해 여론 조사가 실시되었다.

1057 □□□
popularity
[pὰpjulǽrəti]

명 1. 인기, 평판 2. 대중성

The **popularity** of a comic book is mostly determined by the artwork and the dialogue.
만화책의 인기는 주로 삽화와 대화에 의해 결정된다.

⊕ popular 형 1. 인기 있는 2. 대중의

1058 □□□
population
[pὰpjuléiʃən]

명 인구

The rural **population** of most countries is gradually shrinking as more and more people move to urban centers.
점점 더 많은 사람들이 도심지로 이동하면서 대부분 국가의 시골 인구는 점진적으로 줄어들고 있다.

⊕ populate 동 살다, 거주하다

1059 □□□
pray
[prei]

동 기도하다, 빌다

My family is **praying** for the health of my uncle who is in the hospital.
우리 가족은 입원 중인 삼촌의 건강을 위해 기도하고 있다.

1060 □□□
prey
[prei]

명 먹이 동 ((~ on)) (~을) 잡아먹다

Tired mice are easy **prey** for hungry cats.
지친 쥐들은 굶주린 고양이들에게 손쉬운 먹잇감이다.

1061 □□□
principal
[prínsəpəl]

형 주요한, 주된 명 교장

The **principal** ingredients in this dish are chicken and onion.
이 음식의 주재료는 닭고기와 양파이다.

1062 □□□
principle
[prínsəpl]

명 원리, 원칙

The basic **principles** of gravity were introduced by Isaac Newton. 중력의 기본 원리들은 아이작 뉴턴에 의해 소개되었다.

1063 ☐☐☐
quality
[kwάləti]

뗑 1. 품질 2. 특성, 속성

These guitars are handmade, and they are known for their high **quality**.　이 기타들은 수제이며, 고품질로 알려져 있다.

1064 ☐☐☐
quantity
[kwάntəti]

뗑 양

The high **quantity** of fossils in this area suggests that it was once a densely populated jungle.
이 지역의 상당한 양의 화석들은 이곳이 한때 생명체가 밀집한 정글이었음을 암시한다.

1065 ☐☐☐
relative
[rélətiv]

혱 상대적인 뗑 친척

They discussed the **relative** benefits of electric vehicles compared to gas-powered ones.
그들은 가스로 작동하는 차와 비교했을 때 전기 차의 상대적인 이점에 대해 토론했다.

➕ relatively 뛴 상대적으로

1066 ☐☐☐
relevant
[rélәvәnt]

혱 1. 관련 있는 (⊖ irrelevant) 2. 의의가 있는, 유의미한

The majority of ideas expressed in classical literature are still **relevant** to this day.
고전 문학에 나타난 사상 대부분은 오늘날까지도 여전히 유의미하다.

➕ relevance 뗑 관련(성)

1067 ☐☐☐
region
[ríːʤən]

뗑 지역, 지방

Most of the insurance salespersons on my team cover the Southeast **region** of the state.
우리 팀의 보험 판매원 대부분은 주의 남동쪽 지역을 담당한다.

➕ regional 혱 지역의, 지방의

1068 ☐☐☐
religion
[rilíʤən]

뗑 종교

Some of the most popular **religions** include Islam, Buddhism, and Christianity.
가장 대중적인 종교 중 일부에는 이슬람교, 불교, 그리고 기독교가 포함된다.

➕ religious 혱 종교의, 신앙심 깊은

1069 □□□
recent
[ríːsnt]

형 최근의

In the most **recent** episode of that drama, the main character finds out who his mother is.
그 드라마의 가장 최근 에피소드에서 주인공은 그의 엄마가 누구인지 알게 된다.

⊕ recently 뷔 최근에

1070 □□□
resent
[rizént]

동 분개하다, 화내다

She **resented** her friend for lying to her.
그녀는 친구가 그녀에게 거짓말을 해서 분개했다.

⊕ resentful 형 분개한

1071 □□□
respectable
[rispéktəbl]

형 존경할 만한, 훌륭한

No **respectable** barista would serve coffee in such a dirty mug. 훌륭한 바리스타라면 그렇게 더러운 머그잔에 커피를 제공하지 않을 것이다.

⊕ respect 동 존경[존중]하다

1072 □□□
respective
[rispéktiv]

형 각자의

A few billionaires have started taking trips into space aboard their own **respective** spacecrafts.
몇몇 억만장자들은 그들 각자의 우주선을 타고 우주로 여행하기 시작했다.

⊕ respectively 뷔 각자

1073 □□□
sensible
[sénsəbl]

형 분별 있는, 현명한

Kayla is **sensible** enough not to drink too much coffee before bed. Kayla는 현명해서 잠들기 전에 너무 많은 양의 커피를 마시지 않는다.

1074 □□□
sensitive
[sénsətiv]

형 민감한, 예민한

Nancy's leg has been **sensitive** ever since she fell down the stairs. Nancy의 다리는 그녀가 계단에서 넘어진 이후로 줄곧 민감해졌다.

⊕ sensitively 뷔 민감하게

1075 ☐☐☐
natural
[nǽtʃərəl]

형 1. 자연의 (● artificial) 2. 자연스러운 3. 타고난

It is **natural** for dogs to be protective of their owners.
개들이 그들의 주인을 보호하는 것은 자연스러운 일이다.

● naturally 부 자연스럽게, 당연히

1076 ☐☐☐
neutral
[njúːtrəl]

형 중립의

Journalists should be objective and **neutral** in their
reporting. 기자들은 보도할 때 객관적이고 중립적이어야 한다.

1077 ☐☐☐
simultaneously
[sàiməltéiniəsli]

부 동시에

The students laughed **simultaneously** when the little dog
growled at them.
그 학생들은 작은 개가 그들에게 으르렁거릴 때 동시에 웃었다.

● simultaneous 형 동시의

1078 ☐☐☐
spontaneously
[spantéiniəsli]

부 1. 자발적으로 2. 자연스럽게

This island's volcano is known for erupting **spontaneously**.
이 섬의 화산은 자연적으로 분출한다고 알려져 있다.

● spontaneous 형 1. 자발적인 2. 자연스러운

1079 ☐☐☐
statue
[stǽtʃuː]

명 조각상

That expensive **statue** over there will be
placed in an airport in Dubai.
저기 있는 저 비싼 조각상은 두바이의 어느 공항에 놓일 것이다.

1080 ☐☐☐
status
[stéitəs]

명 1. 상태 2. 지위, 신분

In order to improve my **status** within the company, I will
obtain a master's degree.
회사 내에서의 지위를 향상시키기 위해, 나는 석사 학위를 취득할 것이다.

1-20 영어는 우리말로, 우리말은 영어로 바꾸시오.

1 personal	_____	11 구(句); 구절; 표현하다	_____
2 natural	_____	12 인기, 평판; 대중성	_____
3 quantity	_____	13 상대적인; 친척	_____
4 relevant	_____	14 기도하다, 빌다	_____
5 resent	_____	15 민감한, 예민한	_____
6 sensible	_____	16 중립의	_____
7 respective	_____	17 단계, 국면; 양상[모습]	_____
8 principle	_____	18 막대기, 기둥	_____
9 region	_____	19 존경할 만한, 훌륭한	_____
10 simultaneously	_____	20 인구	_____

21-25 괄호 안에서 문맥상 알맞은 단어를 고르시오.

21 Tired mice are easy (pray / prey) for hungry cats.

22 That expensive (statue / status) over there will be placed in an airport in Dubai.

23 White House (personal / personnel) are required to receive a special security clearance.

24 The (principal / principle) ingredients in this dish are chicken and onion.

25 A (poll / pole) was conducted to find out how many Europeans think attending university is wise.

Answer   1 개인의, 사적인 2 자연의; 자연스러운; 타고난 3 양 4 관련 있는; 의의가 있는, 유의미한 5 분개하다, 화내다 6 분별 있는, 현명한 7 각자의 8 원리, 원칙 9 지역, 지방 10 동시에 11 phrase 12 popularity 13 relative 14 pray 15 sensitive 16 neutral 17 phase 18 pole 19 respectable 20 population 21 prey 22 statue 23 personnel 24 principal 25 poll

클래스카드

DAY 37

1081 ☐☐☐
stiff
[stif]

형 뻣뻣한

Stretching is a good way to relieve **stiff** muscles.
스트레칭은 뻣뻣한 근육을 완화할 좋은 방법이다.

1082 ☐☐☐
stuff
[stʌf]

명 1. 물건, 것 2. 재료, 원료 동 채우다

Robert sold all of his **stuff** before he moved.
Robert는 이사 가기 전에 그의 물건 전부를 팔았다.

1083 ☐☐☐
cite
[sait]

동 1. 인용하다 (⊕ quote) 2. 예로 들다, 언급하다

This essay **cites** several talented artists who are relatively unknown.
이 에세이는 상대적으로 잘 알려지지 않은 여러 재능 있는 예술가들을 인용한다.

➕ citation 명 인용구[문]

1084 ☐☐☐
site
[sait]

명 1. 장소, 현장 2. (인터넷) 사이트

The **site** of the Battle of Gettysburg is a popular tourist attraction in Pennsylvania.
게티즈버그 전투의 장소는 펜실베이니아주에서 인기 있는 관광 명소이다.

1085 ☐☐☐
successful
[səksésfəl]

형 성공한, 성공적인

You can find many books on how to be **successful**.
너는 성공하는 방법에 관한 많은 책들을 찾아볼 수 있다.

➕ successfully 부 성공적으로

1086 ☐☐☐
successive
[səksésiv]

형 연속적인

Our volleyball team won the championship for three **successive** seasons. 우리 배구 팀은 세 시즌 연속으로 우승했다.

➕ successively 부 연속적으로

37

1087 □□□
terrible
[térəbl]

형 1. 끔찍한, 무서운 2. 심한, 지독한

My **terrible** cough kept me up nearly all night long. 지독한 기침이 나를 거의 밤새도록 깨어 있게 했다.

1088 □□□
terrific
[tərífik]

형 1. 아주 좋은, 훌륭한 2. (양·정도 등이) 엄청난

The food they served at the wedding was **terrific**.
그들이 결혼식에서 대접한 음식은 훌륭했다.

1089 □□□
vacation
[veikéiʃən]

명 휴가, 방학

Where will you go on **vacation** this summer?
너는 이번 여름에 어디로 휴가를 갈 거니?

1090 □□□
vocation
[voukéiʃən]

명 1. 직업, 천직 2. 사명감

As you probably know, a **vocation** is much more than just a job. 아마 네가 알다시피, 천직은 단지 일 그 이상의 것이다.

➕ vocational 형 직업의, 직업과 관련된

1091 □□□
variable
[vɛ́əriəbl]

형 변화하기 쉬운, 변덕스러운 (❂ unstable ❷ constant) 명 변수

The quality of clothing you can find here is highly **variable**.
네가 여기서 찾을 수 있는 옷들의 품질은 매우 변동이 심하다.

In consideration of all the **variables**, this is the best course of action. 모든 변수들을 고려할 때, 이것이 최상의 행동 방침이다.

➕ vary 동 1. 다르다 2. 바꾸다[변형하다]

1092 □□□
various
[vɛ́əriəs]

형 다양한, 가지각색의

That amusement park has **various** rides and games.
저 놀이공원에는 다양한 놀이기구와 게임이 있다.

1093 ☐☐☐
wander
[wάndər]

동 돌아다니다, 배회하다   명 산책

My cat often **wanders** around when
I'm not home.
나의 고양이는 내가 집에 없을 때 종종 어슬렁거리며 돌아다닌다.

1094 ☐☐☐
wonder
[wʌ́ndər]

동 1. 궁금해하다[궁금하다] 2. ~일까 생각하다 3. ~에 놀라다
명 1. 경의로운 일 2. 놀라움

People often **wonder** if they're doing the right thing.
사람들은 종종 자신이 옳은 일을 하고 있는 걸까 생각한다.

The Great Wall of China is one of the **wonders** of the world.
만리장성은 세계의 불가사의 중 하나이다.

➕ wonderful 형 멋진, 놀라운

1095 ☐☐☐
spirit
[spírit]

명 1. 정신, 영혼 2. ((~s)) 기분, 마음 (❸ mood)

That house is said to be haunted by evil **spirits**.
저 집은 사악한 영혼이 출몰한다고 전해진다.

➕ spiritual 형 1. 정신의 2. 종교의

1096 ☐☐☐
split
[split]

동 쪼개다, 분할하다   명 분리, 균열

They decided to **split** the prize money between the four of
them.   그들은 네 사람끼리 상금을 나누기로 결정했다.

1097 ☐☐☐
shot
[ʃat]

명 1. 발사, 총성 2. 던지기, 슛 3. 촬영, 사진

Loud **shots** can be heard from the shooting range nearby.
근처의 사격장에서 큰 총성이 들릴 수 있다.

Instead of passing the basketball, Jack decided to take the
shot himself.   농구공을 패스하는 대신에 Jack은 스스로 슛을 하기로 결심했다.

1098 ☐☐☐
shut
[ʃʌt]

동 (shut-shut) 닫다, 폐쇄하다 (❸ close)   형 닫힌, 잠긴

Shut the door on your way out!   나갈 때 문 좀 닫아!
The neighbor always keeps his curtains **shut**.
그 이웃은 항상 커튼을 닫아 놓는다.

1099 ☐☐☐
section
[sékʃən]

명 1. 부분, 구획 2. (도시의) 구역   동 분할[구분]하다 (❸ separate)

This **section** of the library is for children's books.
도서관의 이 구획은 어린이 도서를 위한 곳이다.

1100 ☐☐☐
session
[séʃən]

명 1. (어떤 활동을 위한) 기간 2. 회의

Our training **session** is scheduled for next Tuesday.
우리의 훈련 기간은 다음 주 화요일로 예정되어 있다.

1101 ☐☐☐
property
[prápərti]

명 1. 재산, 소유물 2. 땅, 부동산 3. 특성, 속성

Keep your personal **property** in your locker.
개인 소유물을 사물함 안에 보관하세요.

Geologists study the **properties** of rocks.
지질학자들은 암석의 특성을 연구한다.

1102 ☐☐☐
poverty
[pávərti]

명 빈곤, 가난

Though they work hard, they still live in **poverty**.
그들은 열심히 일하는데도 여전히 가난하게 산다.

1103 ☐☐☐
ethical
[éθikəl]

형 윤리[도덕]적인 (❸ moral)

There are **ethical** concerns about animal testing.
동물 실험에 관한 윤리적인 우려들이 존재한다.

He is an **ethical** man who always tries to do what's right.
그는 항상 옳은 일을 하려고 노력하는 도덕적인 사람이다.

➕ ethic 명 윤리[도덕]   ethically 부 윤리적으로

1104 ☐☐☐
ethnic
[éθnik]

형 민족[종족]의

The Ainu are an **ethnic** group that is indigenous to Japan.
아이누족은 일본의 토착 민족이다.

➕ ethnicity 명 민족성

1105 ☐☐☐
circulate
[sə́:rkjulèit]

동 1. 순환하다[시키다], 돌다 2. 퍼지다, 유포되다[하다] (⊜ spread)

Red blood cells **circulate** through your body to give it oxygen. 적혈구는 몸에 산소를 공급하기 위해 온몸을 순환한다.

Rumors about the new transfer student **circulated** throughout the school. 새 전학생에 관한 소문이 학교에 퍼졌다.

➕ circulation 명 1. 순환 2. 유통   circular 형 원형의, 순환하는

1106 ☐☐☐
calculate
[kǽlkjulèit]

동 1. 계산하다 2. 추정[추산]하다 (⊜ estimate)

Many people hire professionals to **calculate** their yearly taxes.
많은 사람들이 그들의 연간 세금을 계산하기 위해 전문가를 고용한다.

➕ calculation 명 계산   calculator 명 계산기

1107 ☐☐☐
chef
[ʃef]

명 요리사, 주방장

She's a **chef** at the Vietnamese restaurant.
그녀는 베트남 식당의 주방장이다.

1108 ☐☐☐
chief
[tʃi:f]

형 최고의, 주요한 (⊜ main) 명 우두머리, 장(長)

Our **chief** focus is to reduce plastic pollution in our oceans.
우리의 주된 관심사는 바다의 플라스틱 오염을 줄이는 것이다.

My uncle was recently promoted to **chief** of police.
나의 삼촌은 최근에 경찰서장으로 승진하셨다.

1109 ☐☐☐
aspire
[əspáiər]

동 갈망[열망]하다

He **aspires** to be a veterinarian.
그는 수의사가 되기를 열망한다.

➕ aspiration 명 열망, 포부

1110 ☐☐☐
inspire
[inspáiər]

동 1. 고무[격려]하다 2. 영감을 주다

Many works of art have been **inspired** by the Bible.
많은 예술 작품들은 성경에서 영감을 받았다.

➕ inspiration 명 영감, 자극

· DAILY TEST ·

영어는 우리말로, 우리말은 영어로 바꾸시오.

1	stuff	11	계산하다; 추정[추산]하다
2	terrific	12	인용하다; 예로 들다, 언급하다
3	aspire	13	성공한, 성공적인
4	chief	14	직업, 천직; 사명감
5	successive	15	빈곤, 가난
6	wonder	16	민족[종족]의
7	chef	17	부분, 구획; 구역; 분할[구분]하다
8	inspire	18	정신, 영혼; 기분, 마음
9	session	19	변화하기 쉬운, 변덕스러운; 변수
10	site	20	뻣뻣한

21-25 괄호 안에서 문맥상 알맞은 단어를 고르시오.

21 Keep your personal (poverty / property) in your locker.

22 Where will you go on (vocation / vacation) this summer?

23 Red blood cells (calculate / circulate) through your body to give it oxygen.

24 My cat often (wonders / wanders) around when I'm not home.

25 The neighbor always keeps his curtains (shut / shot).

Answer 1 물건, 것; 재료, 원료; 채우다 2 아주 좋은, 훌륭한; 엄청난 3 갈망[열망]하다 4 최고의, 주요한; 우두머리, 장
5 연속적인 6 궁금해하다[궁금하다]; ~일까 생각하다; ~에 놀라다; 경이로운 일; 놀라움 7 요리사, 주방장
8 고무[격려]하다; 영감을 주다 9 기간; 회의 10 장소, 현장; 사이트 11 calculate 12 cite 13 successful
14 vocation 15 poverty 16 ethnic 17 section 18 spirit 19 variable 20 stiff 21 property
22 vacation 23 circulate 24 wanders 25 shut

1111 ☐☐☐
account
[əkáunt]

圐 계좌, 예금(액)

I need to go to the bank to put money into my **account**.
나는 내 계좌에 돈을 넣기 위해 은행에 가야 한다.

圐 (사건 등에 대한) 서술[기술], 설명

You can find various **accounts** of the incident online.
당신은 그 사건에 관한 다양한 설명을 온라인에서 찾을 수 있습니다.

图 ((~ for)) (~을) 설명하다

The features of the TV **account** for its high price.
그 TV의 기능들이 그것의 높은 가격을 설명해 준다.

图 ((~ for)) (부분·비율을) 차지하다

English speakers **account** for 13 percent of the world's
population. 영어 화자들은 세계 인구의 13%를 차지한다.

1112 ☐☐☐
lay
[lei]

图 (laid – laid) 눕히다, 놓다

Lay the baby on his bed gently so that you don't wake him up.
아기를 깨우지 않도록 침대에 살며시 눕혀라.

图 (laid – laid) 알을 낳다

Most chickens **lay** one egg per day.
대부분의 닭은 알을 하루에 하나씩 낳는다.

1113 ☐☐☐
row
[rou]

圐 열, 줄 (유 line)

This street has a **row** of cherry blossom trees.
이 거리에는 벚나무들이 한 줄로 늘어서 있다.

图 노를 젓다

It is easy to learn how to **row** a boat.
배의 노를 젓는 방법을 배우는 것은 쉽다.

---

object
명 [ábdʒikt]
동 [əbdʒékt]

명 물건, 물체 (⊕ thing)

What's that shiny **object** on your desk?
네 책상 위에 저 빛나는 물건은 무엇이니?

명 (연구·관심 등의) 대상

Sarah is the **object** of my affection.
Sarah는 내 애정의 대상이다.

명 목적, 목표 (⊕ purpose)

The **object** of this study is to learn about the effects of extreme dieting.
이 연구의 목적은 극단적인 다이어트의 영향에 대해 알아내는 것이다.

동 ((~ to)) (~에) 반대하다

The bride's friend **objected** to the marriage.
신부의 친구는 그 결혼에 반대했다.

---

bow
동명 [bau]
명 [bou]

동 고개를 숙이다, 절하다   명 절, 경례

The performers took a **bow** before leaving the stage.   연주자들은 무대를 떠나기 전에 인사를 했다.

명 활

In archery, you use a **bow** and arrows.
궁도에서 너는 활과 화살을 사용한다.

명 나비매듭

There's a red **bow** on your present.
네 선물에는 빨간 나비매듭이 있다.

---

company
[kʌ́mpəni]

명 회사 (⊕ business)

Apple Inc. is one of the largest **companies** in the world.
애플사는 세계에서 가장 큰 회사 중 하나이다.

명 함께 있음

On the weekend, she enjoys the **company** of her family.
주말에 그녀는 가족과 함께 있는 것을 즐긴다.

1117 ☐☐☐
certain
[sə́:rtn]

혱 (사람이 ~을) 확신하는 (윤 sure)

Are you **certain** about your answer?
너는 네 대답에 확신이 있니?

혱 확실한, 틀림없는

It's **certain** to rain tomorrow.
내일 비가 올 것이 확실하다.

혱 정해진, 특정한

She only eats a **certain** brand of cookies.
그녀는 오직 특정한 브랜드의 쿠키만 먹는다.

➕ certainly 悍 분명히, 확실히

1118 ☐☐☐
reflect
[riflékt]

동 (빛·열 등을) 반사하다

Light **reflects** off of shiny surfaces and objects.
빛은 반짝이는 표면과 물체에서 반사된다.

동 반영[재현]하다

People argue about whether movies should **reflect** reality.
사람들은 영화가 현실을 반영해야 하는지에 대해 논쟁한다.

동 《~ on/upon》 심사숙고[회고]하다

Try to **reflect** on your actions at the end of each day.
하루의 끝 무렵에 네 행동을 회고해 보도록 노력해라.

1119 ☐☐☐
stock
[stɑk]

몡 비축(물), 저장(품), 재고

We have a fresh **stock** of vegetables over there.
저쪽에 신선한 채소 재고가 있습니다.

몡 《주로 ~s》 주식

Nowadays, more and more people are investing in **stocks**.
요즘에 점점 더 많은 사람들이 주식에 투자하고 있다.

동 (상품을) 갖추다, 들여놓다, 사재다

This is the only store in town that **stocks** products from
Mexico.   여기가 마을에서 유일하게 멕시코의 상품을 들여놓는 가게이다.

trial
[tráiəl]

명 재판

Mr. Evans is on **trial** for attempted robbery.
Evans 씨는 강도 미수로 재판 중에 있다.

명 시험[실험] (⊜ test)

Medicines must be tested in clinical **trials** first.
약은 우선 임상 실험에서 테스트를 받아야 한다.

명 시련, 고난

This is just one of the **trials** of being a parent.
이것은 부모가 되는 것 중 그저 한 가지 시련일 뿐이다.

---

capital
[kǽpitl]

명 수도, 중심지

New Delhi is the **capital** of India.
뉴델리는 인도의 수도이다.

명 대문자   형 대문자의

Names should always start with a **capital**.
이름은 항상 대문자로 시작해야 한다.

명 자본(금)   형 자본의

Should I invest my **capital** into starting a business?
사업을 시작하는 데 제 자본금을 투자해야 할까요?

⊕ capitalize 동 1. 대문자로 쓰다 2. 자본화하다, 투자하다
   capitalism 명 자본주의

---

draw
[drɔ:]

동 그리다[스케치하다] (⊜ sketch)

Take out your pencils and **draw** your family.
연필을 꺼내서 네 가족을 그려라.

동 끌다, 끌어당기다 (⊜ attract)

The smell of freshly baked bread **drew** people to the bakery.
갓 구운 빵 냄새가 사람들을 빵집으로 끌어들였다.

명 무승부, 동점

The boxing match ended in a **draw**.
그 권투 경기는 무승부로 끝났다.

명 추첨, 제비뽑기   동 추첨하다

The store is having a **draw** for a cruise trip.
그 가게는 크루즈 여행을 위한 추첨을 하고 있다.

1123 ☐☐☐
custom
[kʌ́stəm]

명 관습, 풍습

In Italy, the **custom** is for friends and family to kiss each other on the cheek.
이탈리아에서는 친구들과 가족들이 서로의 뺨에 입맞춤하는 것이 풍습이다.

명 습관 (❸ habit)

It's his **custom** to begin the day with a hot coffee.
뜨거운 커피로 하루를 시작하는 것은 그의 습관이다.

명 ((~s)) 관세, 세관

You have to pay **customs** on electronics from other countries.
당신은 수입 전자 기기에 대해 관세를 지불해야 합니다.

형 맞춘, 주문 제작한

Many brides choose to order a **custom** wedding dress.
많은 신부들이 맞춤 제작한 웨딩드레스를 주문하기로 선택한다.

1124 ☐☐☐
figure
[fígjər]

명 숫자, 수치

Our predictions don't match the **figures** from the survey.
우리의 예상은 설문의 수치와 일치하지 않는다.

명 인물

Charles Darwin is a great **figure** in evolutionary biology.
찰스 다윈은 진화 생물학의 위대한 인물이다.

명 모습, 체격

Tim said he saw the **figure** of a woman in the mirror.
Tim은 거울 속에서 한 여성의 모습을 보았다고 말했다.

동 ((~ that)) (~라고) 생각[판단]하다

After the fight, I **figured** that you hated me.
다툼 뒤에 나는 네가 나를 싫어한다고 생각했다.

1125 □□□
rate
[reit]

명 비율

That course is unpopular due to its high **rate** of failure.
그 강의는 높은 낙제율 때문에 인기가 없다.

명 요금, 가격 (● cost)

I need to know their **rates** before I hire them.
나는 그들을 고용하기 전에 그들의 급료를 알 필요가 있다.

동 평가하다

The new superhero movie has been **rated** a success.
그 신작 슈퍼히어로 영화는 성공인 것으로 평가되었다.

● rating 명 등급, 평가, 평점

1126 □□□
order
[ɔ́ːrdər]

명 순서, 차례

The teacher told the students to line up in alphabetical **order**.
그 선생님은 학생들에게 알파벳 순서대로 줄을 서라고 말했다.

명 명령   동 명령하다

She **ordered** her son to clean his room.
그녀는 그녀의 아들에게 방을 치우라고 명령했다.

명 주문   동 주문하다

We placed an **order** weeks ago!
저희는 몇 주 전에 주문을 넣었어요!

명 정돈(된 상태), 질서

Rules are used to keep **order** in society.
규칙은 사회의 질서를 유지하기 위해 사용된다.

1127 □□□
deal
[diːl]

명 거래, 계약, 합의

They made a **deal** to never fight again.
그들은 다시는 싸우지 않기로 합의했다.

동 ((~ with)) (~을) 다루다, 취급하다

They need an advisor who **deals** with international trade.
그들은 국제 무역을 다루는 조언자가 필요하다.

1128 ☐☐☐
solution
[səlúːʃən]

명 해결책, 해답 (⊕ answer)

Let's find a **solution** to this problem.
이 문제의 해결책을 찾아보자.

명 용액, 용해

In chemistry class, the students experimented with various **solutions**.   화학 수업 시간에 학생들은 다양한 용액으로 실험을 했다.

1129 ☐☐☐
reason
[ríːzn]

명 이유, 원인

Scientists don't exactly know the **reason** why we dream.
과학자들은 우리가 꿈을 꾸는 이유를 정확히 알지 못한다.

명 이성(理性)

Decisions should be made based on **reason**.
결정은 이성에 근거하여 내려져야 한다.

동 (근거에 따라) 추론하다, 판단하다

Copernicus **reasoned** that the planets must be orbiting the sun.   코페르니쿠스는 행성들이 태양의 궤도를 돌고 있음이 틀림없다고 추론했다.

➕ reasoning 명 추론   reasonable 형 합리적인, 합당한

1130 ☐☐☐
burst
[bəːrst]

동 터지다, 폭발하다   명 파열, 폭발

A potato can **burst** in the microwave.
감자는 전자레인지에서 폭발할 수 있다.

동 ((~ with)) (~으로) 가득 차 있다, 터질 듯하다

She was **bursting** with joy due to the good news.
그녀는 그 좋은 소식으로 인해 기쁨으로 가득 차 있었다.

동 ((~ out)) 갑자기 ~하다   명 (갑자기) ~을 함[터트림]

A **burst** of laughter followed the comedian's joke.
그 코미디언의 농담에 폭소가 이어졌다.

1131 ☐☐☐
demonstrate
[démənstrèit]

동 입증하다

The study **demonstrates** the importance of early education.
그 연구는 조기 교육의 중요성을 입증한다.

동 (사용법·작동법 등을) 보여주다, 설명하다 (⊕ show)

The chef **demonstrated** how to grill a fish.
그 요리사는 생선 굽는 법을 보여주었다.

동 시위하다 (⊕ protest)

We are going to **demonstrate** against racism on Saturday.
우리는 토요일에 인종 차별에 대항하여 시위를 할 것이다.

➕ demonstration 명 1. 입증 2. 설명 3. 시위

1132 ☐☐☐
degree
[digrí:]

명 (강도·양 등의) 정도, 단계 (⊕ level)

You need a high **degree** of skill to pass this test.
너는 이 테스트를 통과하기 위해서 고도의 기술이 필요하다.

명 (온도·각도 등의 단위) 도

It's only five **degrees** Celsius outside right now.
지금 바깥은 겨우 섭씨 5도이다.

명 학위

It usually takes four years to earn a bachelor's **degree**.
학사 학위를 따는 데에는 보통 4년이 걸린다.

1133 ☐☐☐
condition
[kəndíʃən]

명 상태 (⊕ state)

The car was in horrible **condition** after the crash.
그 차는 충돌 이후에 상태가 끔찍했다.

명 ((~s)) 상황, 환경

Many people quit due to the poor working **conditions**.
많은 사람들이 열악한 노동 환경 때문에 그만두었다.

명 조건

Certain **conditions** must be met before you can adopt a
child. 당신이 아이를 입양할 수 있기 전에 특정 조건들이 충족되어야 합니다.

➕ conditional 형 조건부의

1134 ☐☐☐
stick
[stik]

몡 막대기, 나뭇가지

You can find **sticks** in the woods.
너는 숲에서 나뭇가지를 찾을 수 있다.

몡 채, 스틱

The boy got a hockey **stick** for Christmas.
그 소년은 크리스마스 선물로 하키 채를 받았다.

통 (stuck – stuck) 찌르다

Stick a pin through this poster to hang it on the wall.
벽에 걸기 위해서 이 포스터를 핀으로 찔러라.

통 (stuck – stuck) 붙이다[붙다]

I **stuck** the magnet on my kitchen fridge.
나는 그 자석을 부엌 냉장고에 붙였다.

➕ sticky 혱 끈적거리는, 달라붙는　　　 sticker 몡 스티커, 접착제

1135 ☐☐☐
current
[kə́:rənt]

혱 현재의, 지금의 (⊕ present)

People like the **current** prime minister more than the last one.
사람들은 지난번 총리보다 현재의 총리를 더 좋아한다.

몡 (물·공기·전기 등의) 흐름

You can easily get swept away by the **current** of the river.
너는 그 강의 물살에 쉽게 휩쓸려 갈 수 있다.

➕ currently 뿐 현재, 지금

1136 ☐☐☐
identify
[aidéntəfài]

통 (신원 등을) 확인하다, 식별하다

Sometimes it is difficult to **identify** the root of the problem.
때로는 문제의 근원을 파악하기가 어렵다.

통 《~ with》 (~와) 동일시하다, 동질감을 갖다

This book is popular because many readers **identify** with its main character.
이 책은 많은 독자들이 주인공과 동질감을 가져서 인기 있다.

➕ identity 몡 신원, 정체　　　 identical 혱 동일한

issue
[íʃuː]

명 쟁점, 문제(점)

Many documentaries are made on environment **issues**.
많은 다큐멘터리가 환경 문제에 관해 제작된다.

명 (출판물의) ~호, 발행물   동 발행하다

My favorite actor will be on the front page of the next **issue**.
내가 가장 좋아하는 배우가 다음 호의 제1면에 실릴 것이다.

---

grave
[greiv]

명 무덤, 묘 (● tomb)

Mia visits her grandpa's **grave** once a year.
Mia는 일 년에 한 번 할아버지의 묘지를 방문한다.

형 (상황·문제 등이) 중대한, 심각한 (● trivial)

Global warming is a **grave** danger to wildlife.
지구 온난화는 야생 동물들에게 심각한 위험이다.

---

asset
[ǽset]

명 재산, 자산 (● fortune)

Many of his **assets** were lost in the house fire.
그의 재산 중 많은 것들이 집에서 난 화재로 소실되었다.

명 강점, 이점

If he leaves, we will lose our greatest **asset**.
그가 떠난다면 우리는 우리의 가장 큰 강점을 잃게 될 것이다.

---

radical
[rǽdikəl]

형 근본적인

The company implemented a **radical** change to its business model.   그 회사는 사업 모델에 근본적인 변화를 단행했다.

형 급진적인 (● conservative)   명 급진주의자

Many people dismissed his arguments as too **radical**.
많은 사람들이 그의 주장이 너무 급진적이라고 일축했다.

⊕ radically 부 근본적으로

· DAILY TEST ·

1-20 영어는 우리말로, 우리말은 영어로 바꾸시오.

1 object _____   11 숫자; 인물; 모습; 생각하다 _____

2 reflect _____   12 비축(물), 재고; 주식; 갖추다 _____

3 trial _____   13 관습; 습관; 관세; 주문 제작한 _____

4 row _____   14 이유, 원인; 이성; 추론하다 _____

5 identify _____   15 순서; 명령(하다); 주문(하다) _____

6 rate _____   16 근본적인; 급진적인 _____

7 asset _____   17 해결책, 해답; 용액, 용해 _____

8 demonstrate _____   18 무덤, 묘; 중대한, 심각한 _____

9 degree _____   19 쟁점, 문제(점); ~호, 발행물 _____

10 current _____   20 상태; 상황, 환경; 조건 _____

21-24 빈칸에 공통으로 들어갈 단어를 골라 쓰시오.

bow	account	capital	certain

21 • I need to go to the bank to put money into my _____.

   • English speakers _____ for 13 percent of the world's population.

22 • The performers took a(n) _____ before leaving the stage.

   • In archery, you use a(n) _____ and arrows.

23 • Are you _____ about your answer?

   • She only eats a(n) _____ brand of cookies.

24 • New Delhi is the _____ of India.

   • Names should always start with a(n) _____.

Answer 1 물건, 물체; 대상; 목적, 목표; 반대하다 2 반사하다; 반영[재현]하다; 심사숙고[회고]하다 3 재판; 시험[실험]; 시련, 고난 4 열, 줄; 노를 젓다 5 확인하다, 식별하다; 동일시하다, 동질감을 갖다 6 비율; 요금, 가격; 평가하다 7 재산, 자산; 강점, 이점 8 입증하다; 보여주다, 설명하다; 시위하다 9 정도, 단계; 도; 학위 10 현재의, 지금의; 흐름 11 figure 12 stock 13 custom 14 reason 15 order 16 radical 17 solution 18 grave 19 issue 20 condition 21 account 22 bow 23 certain 24 capital

반의어/혼동어/다의어   다의어

1141 ☐☐☐
submit
[səbmít]

⑧ 제출하다

Please **submit** your essays before 7:00 p.m. tonight.
에세이를 오늘 저녁 7시 전까지 제출하세요.

⑧ ((~ to)) (~에) 복종[굴복]하다

Either **submit** to the rules or leave.
규칙에 복종하든지 아니면 떠나라.

➕ submission ⑲ 1. 제출 2. 복종[굴복]

1142 ☐☐☐
state
[steit]

⑲ 상태 (⊕ condition)

The man was in a **state** of shock after seeing the murder.
그 남자는 살인을 목격한 후에 충격의 상태에 빠져 있었다.

⑲ 국가, 정부   ⑱ 국가의, 정부의

The **state** gives some money to small businesses.
정부는 소기업에게 약간의 돈을 지급한다.

⑲ (미국·호주 등의) 주(州)   ⑱ 주립의

Los Angeles is in the **state** of California.
로스앤젤레스는 캘리포니아주에 있다.

⑧ 진술하다, 명시하다

Your website does not **state** where your clothes are made.
네 웹 사이트는 네 옷들이 어디에서 만들어지는지 명시하지 않는다.

➕ statement ⑲ 발표, 진술   statesman ⑲ 정치인

1143 ☐☐☐
pupil
[pjúːpl]

⑲ 학생, 문하생

Your class will have 15 **pupils**.
너희 반은 학생이 15명일 것이다.

⑲ 동공, 눈동자

Your **pupils** get smaller in bright light.
밝은 빛에서 동공은 작아진다.

1144 ☐☐☐
plain
[plein]

형 분명한, 명백한

It's **plain** to see that she has no experience in doing this.
그녀가 이 일을 하는 데 경험이 없다는 것은 보기에도 분명하다.

형 무늬가 없는, 단순한 (⊕ fancy)

He has a **plain** room, with only a bed, desk, and chair.
그는 침대, 책상, 의자만 있는 단순한 방을 가지고 있다.

명 평원, 평야 (⊕ field)

Deer and coyotes live on those **plains**.
사슴과 코요테가 저 평원들에 산다.

1145 ☐☐☐
refer
[rifə́:r]

동 ((~ to)) 언급하다, 인용하다

This sentence **refers** to a famous song.
이 문장은 유명한 노래를 인용한다.

동 ((~ to)) 나타내다, 가리키다

The word *cardiologist* **refers** to a heart specialist.
'cardiologist'라는 단어는 심장병 전문의를 가리킨다.

동 ((~ to)) 참조하다

You may **refer** to your notes during the exam.
너는 시험 동안 노트를 참고해도 된다.

➕ reference 명 1. 언급 2. 참고 (문헌), 참조 (사항)

1146 ☐☐☐
flat
[flæt]

형 평평한

It's easier to run on **flat** surfaces.
평평한 지면에서 뛰는 것이 더 쉽다.

명 ((英)) 아파트, 플랫

I move into my new **flat** next weekend.
나는 다음 주말에 새 아파트로 이사 간다.

부 평평하게, 수평하게

The nurses placed the patient **flat** on his back.
그 간호사들은 환자를 그의 등쪽으로 평평하게 눕혔다.

DAY 39

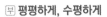

1147 □□□
humble
[hʌ́mbl]

형 겸손한 (⊕ modest ⊜ arrogant)   동 겸손하게 하다

It's important to be **humble** about your achievements.
네 성취에 대해 겸손해하는 것이 중요하다.

형 (지위·신분이) 보잘것없는, 미천한

The CEO comes from a **humble** background.
그 최고 경영자는 미천한 배경 출신이다.

1148 □□□
swear
[swɛ́ər]

동 맹세하다, 선언하다

You must **swear** to tell the truth.
너는 진실을 말한다고 맹세해야 한다.

동 욕하다, 악담하다

Students should not **swear** at school.
학생들은 학교에서 욕을 하면 안 된다.

1149 □□□
facility
[fəsíləti]

명 ((주로 ~ies)) 시설, 설비

There are medical **facilities** all over town.
온 시내에 의료 시설들이 있다.

명 재능, 솜씨

She has a **facility** for writing.
그녀는 글쓰기에 재능이 있다.

1150 □□□
release
[rilíːs]

동 석방[해방]하다 (⊕ free ⊜ confine)   명 석방[해방]

After 15 years, the man was **released** from prison.
15년 후에 그 남자는 감옥에서 석방되었다.

동 방출하다   명 방출

Factories have been seen **releasing** toxic waste into lakes.
공장들이 호수로 독성 폐기물을 방출하는 것이 목격되어 왔다.

동 (영화·음반 등을) 개봉하다, 발매하다   명 개봉, 발매

They're **releasing** the movie into theaters next week.
그들은 다음 주에 그 영화를 극장에서 개봉할 것이다.

1151 □□□

arrange
[əréindʒ]

동 결정하다, 정하다

We **arranged** to meet at the beach on Friday.
우리는 금요일에 해변에서 만나기로 정했다.

동 배열하다, 정돈하다

The housekeeper neatly **arranged** the books on the shelf.
그 가정부는 선반 위에 있는 책들을 깔끔하게 정돈했다.

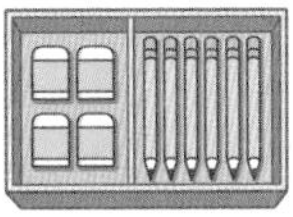

⊕ arrangement 명 1. 배열, 정리 2. 협정 3. 준비

DAY 39

1152 □□□

character
[kǽriktər]

명 (사람의) 성격 (유 personality)

It's not in her **character** to be this rude.
이렇게 무례한 것은 그녀의 성격답지 않다.

명 특징, 특성

He has the **character** of a retired old man.
그에게는 은퇴한 노인의 특징이 있다.

명 등장인물, 주인공

He's my favorite **character** in the book series.
그는 그 책 시리즈에서 내가 가장 좋아하는 등장인물이다.

명 문자, 부호

Traditional Chinese **characters** are hard to write properly.
전통적인 한자는 제대로 쓰기 어렵다.

⊕ characteristic 명 특징 형 특유의, 특징적인

1153 □□□

article
[ɑ́ːrtikl]

명 기사, 논문

There's an **article** online about a nearby hurricane.
인근의 허리케인에 대한 온라인 기사가 있다.

명 (계약·법률 등의) 조항, 항목

Look at this **article** of the constitution for further information.
더 많은 정보가 필요하시면 규약의 이 항목을 보세요.

1154 □□□
fair
[fɛər]

형 공평한, 정당한 (반 unfair)

She tried to be **fair** to all her children.
그녀는 그녀의 모든 아이들에게 공평하려고 애썼다.

형 상당한

A **fair** number of people go to the park in the morning.
상당수의 사람들이 아침에 공원에 간다.

명 박람회

There is a **fair** being held near our school.
우리 학교 근처에서 열리고 있는 박람회가 있다.

➕ fairly 부 1. 꽤 2. 공정하게

1155 □□□
observe
[əbzə́:rv]

동 관찰하다

Scientists **observed** the crow as it finished the puzzle.
과학자들은 그 까마귀가 퍼즐을 끝마치는 동안 그것을 관찰했다.

동 보다, 목격하다 (유 watch)

Witnesses **observed** the robber as he ran out of the store.
목격자들은 그 도둑이 가게에서 도망칠 때 그를 목격했다.

동 준수하다, 지키다

My family still **observes** the traditions of our ancestors.
우리 가족은 여전히 우리 조상들의 전통을 지킨다.

➕ observation 명 관찰, 관측   observer 명 관측자
observance 명 지킴, 준수

1156 □□□
bill
[bil]

명 계산서, 청구서

May we have the **bill** now?
계산서를 지금 받을 수 있을까요?

명 지폐 (유 banknote)

Paper **bills** are easily ripped and destroyed.
종이 지폐는 쉽게 찢기고 파손된다.

명 법안

Politicians spent months debating the **bill**.
정치인들은 그 법안을 논의하는 데 몇 달을 보냈다.

1157 ☐☐☐
operation
[àpəréiʃən]

명 작동, 운용

Our factory currently has ten large mixers in **operation**.
우리 공장에는 현재 가동 중인 10개의 대형 혼합기가 있다.

명 수술 (☝ surgery)

Dr. Parker will perform the **operation** on your heart.
Parker 박사가 네 심장 수술을 집도할 것이다.

➕ operate 통 1. 작동하다 2. 조종하다 3. 수술하다
  operational 형 가동[운용]상의

1158 ☐☐☐
grant
[grænt]

명 보조금

Selected students will receive a **grant**.
선발된 학생들은 보조금을 받을 것이다.

동 수여[교부]하다

Only the top ten percent of all students will be **granted** this
opportunity. 모든 학생 중 오직 상위 10%만이 이 기회를 부여받을 것이다.

동 인정하다

I **grant** that she's a bit bossy, but she's not a bad person.
나는 그녀가 약간 권위적이라는 건 인정하지만, 그녀는 나쁜 사람은 아니다.

1159 ☐☐☐
charge
[tʃɑːrdʒ]

동 (요금 등을) 청구하다, 부과하다   명 요금

The theater **charges** too much for food and drinks.
그 영화관은 음식과 음료에 요금을 너무 많이 매긴다.

동 고소[기소]하다   명 고소[기소]

The man was **charged** with kidnapping a child.
그 남자는 아이를 유괴한 죄로 기소되었다.

동 충전하다

I need to **charge** my phone before it dies.
나는 휴대폰이 꺼지기 전에 충전해야 한다.

명 책임, 담당

Can you take **charge** of changing Billy's diapers?
Billy의 기저귀 가는 일을 맡아줄 수 있겠니?

1160 ☐☐☐
press
[pres]

동 누르다, 밀다 (🌐 push)

Press the button to open the door.
문을 열려면 버튼을 누르세요.

명 언론, 보도 기관

Celebrities often avoid speaking to the **press**.
유명인들은 보통 언론에 이야기하는 것을 피한다.

➕ pressure 명 압력, 압박

1161 ☐☐☐
dismiss
[dismís]

동 묵살[일축]하다

Children's ideas are often **dismissed** by adults.
아이들의 의견은 종종 어른들에게 묵살당한다.

동 해고[해임]하다 (🌐 fire)

I **dismissed** him from his position.
나는 그를 직위에서 해임했다.

동 해산시키다

The teacher decided to **dismiss** the class early.
그 선생님은 학급을 일찍 해산시키기로 결정했다.

1162 ☐☐☐
bear
[bɛər]

동 참다, 견디다 (🌐 stand)

I can't **bear** to leave him alone.
나는 차마 그를 혼자 내버려 둘 수 없다.

동 (무게를) 견디다, 지탱하다 (🌐 support)

The shelf cannot **bear** much weight.
그 선반은 많은 무게를 견딜 수 없다.

동 낳다, 출산하다

She **bore** a child on Christmas Day.
그녀는 크리스마스 당일에 아이를 출산했다.

명 곰

Loud noises will scare off black **bears**.
큰 소음은 흑곰을 겁먹게 할 것이다.

1163 □□□

amount
[əmáunt]

명 양, 액수

Ian lent a large **amount** of money to his friend.
Ian은 거액의 돈을 그의 친구에게 빌려주었다.

명 ((the ~)) 총액, 총계　동 합계가 ~에 달하다

The **amount** of time it takes to complete the test will vary from student to student.
시험을 끝마치는 데 걸리는 총 시간은 학생마다 다를 것이다.

1164 □□□

conduct
동 [kəndʌ́kt]
명 [kʌ́ndʌ̀kt]

동 실시하다, (특정한 활동을) 하다

We decided to **conduct** an experiment with eggs.
우리는 계란으로 실험을 하기로 결정했다.

동 지휘하다

That man will be **conducting** the orchestra tonight.
저 남자는 오늘 밤 오케스트라를 지휘할 것이다.

동 안내[인도]하다 (⊕ guide)

The tour guide **conducted** us through the art gallery.
관광 가이드는 우리를 미술관 곳곳으로 안내했다.

동 (열·전기 등을) 전도하다

The students learned that water **conducts** electricity.
그 학생들은 물이 전기를 전도한다는 것을 배웠다.

명 행동, 품행　동 행동[처신]하다 (⊕ behave)

He was rewarded for having excellent **conduct** at work.
그는 직장에서 훌륭한 품행에 대한 보상을 받았다.

1165 □□□

decline
[dikláin]

동 감소하다 (⊕ decrease)　명 감소, 쇠퇴

The wildlife population is **declining** due to deforestation.
야생 동물의 개체 수가 삼림 벌채로 인해 감소하고 있다.

동 거절하다 (⊕ refuse)

He **declined** the job offer after careful consideration.
그는 신중한 고민 끝에 그 일자리 제안을 거절했다.

1166 □□□

beat
[biːt]

통 이기다 (⊜ defeat)

If we **beat** them, we will win the competition.
우리가 그들을 이기면, 우리는 대회에서 우승할 것이다.

통 때리다, 치다, 두드리다   명 때리기, 구타

You will go to jail if you **beat** someone.
다른 사람을 때리면 너는 감옥에 갈 것이다.

통 (심장이) 고동치다   명 (심장) 고동, 맥박

Your heart **beats** to keep you alive.
네 심장은 네가 살아 있도록 하기 위해 뛴다.

명 박자, 비트

Let's dance to the **beat** of the music!
음악의 박자에 맞춰 춤을 추자!

1167 □□□

cast
[kæst]

통 던지다

Today is the last day to **cast** your vote.
오늘이 당신의 표를 던질 수 있는 마지막 날입니다.

통 배역을 맡기다   명 배역, 출연진

I watched that film because of its incredible **cast**.
나는 엄청난 출연진 때문에 저 영화를 봤다.

통 (그림자를) 드리우다

The clouds **cast** a large shadow over the town.
구름은 마을에 큰 그림자를 드리웠다.

1168 □□□

block
[blɑk]

명 (도시의) 블록, 구획

Go straight for four **blocks** and then turn right.
네 블록을 곧장 가신 다음 우회전하세요.

명 큰 덩어리

The villagers use **blocks** of ice for their water.
그 마을 사람들은 물을 위해 큰 얼음 덩어리를 사용한다.

통 막다, 차단하다

The goalie **blocked** the ball from going into the net.
그 골키퍼는 공이 골대로 들어가는 것을 막았다.

1169 ☐☐☐
fine
[fain]

형 건강한 (유 well)

Though she was sick yesterday, she feels **fine** today.
그녀는 비록 어제는 아팠지만, 오늘은 몸 상태가 괜찮다.

형 훌륭한, 우수한, (품질이) 고급의

He was an expert in **fine** foods and wines.
그는 고급 음식과 와인에 있어 전문가였다.

형 미세한

There is a lot of **fine** dust in the springtime.
봄철에는 미세 먼지가 많다.

명 벌금 (유 penalty) 동 벌금을 과하다

I got a **fine** for parking in front of that building.
나는 저 건물 앞에 주차해서 벌금을 물었다.

1170 ☐☐☐
address
명 [ǽdres, ədrés]
동 [ədrés]

명 주소 동 주소를 쓰다

It's important for children to know their **address**.
아이들이 자신의 주소를 아는 것은 중요하다.

명 연설 (유 speech) 동 연설하다

I will give an **address** to the university tonight.
나는 오늘 밤 그 대학에서 연설을 할 것이다.

동 (문제·상황 등을) 다루다, 처리하다 (유 handle)

We will **address** the problem later.
우리는 그 문제를 나중에 다룰 것이다.

· DAILY TEST ·

1-20 영어는 우리말로, 우리말은 영어로 바꾸시오.

1	state	_____	11	언급하다; 나타내다; 참조하다 _____
2	plain	_____	12	시설, 설비; 재능, 솜씨 _____
3	humble	_____	13	평평한; 아파트; 평평하게 _____
4	charge	_____	14	공평한; 상당한; 박람회 _____
5	observe	_____	15	성격; 특징; 등장인물; 문자 _____
6	press	_____	16	건강한; 훌륭한; 미세한; 벌금 _____
7	arrange	_____	17	작동, 운용; 수술 _____
8	decline	_____	18	기사, 논문; 조항, 항목 _____
9	beat	_____	19	양, 액수; 총액; 합계가 ~에 달하다 _____
10	dismiss	_____	20	주소; 연설; 다루다, 처리하다 _____

21-24 빈칸에 공통으로 들어갈 단어를 골라 쓰시오.

> bill   pupils   swear   submit

21 • Please _____ your essays before 7:00 p.m. tonight.

 • Either _____ to the rules or leave.

22 • Your class will have 15 _____.

 • Your _____ get smaller in bright light.

23 • You must _____ to tell the truth.

 • Students should not _____ at school.

24 • May we have the _____ now?

 • Politicians spent months debating the _____.

Answer   1 상태; 국가, 정부; 주; 진술하다 2 분명한; 무늬가 없는; 평원, 평야 3 겸손한; 겸손하게 하다; 보잘것없는 4 청구하다; 요금; 고소하다; 충전하다; 책임, 담당 5 관찰하다, 목격하다; 준수하다 6 누르다, 밀다; 언론, 보도 기관 7 결정하다; 배열하다 8 감소하다; 거절하다 9 이기다; 때리다; 고동치다; 박자, 비트 10 묵살하다; 해고하다; 해산시키다 11 refer 12 facility 13 flat 14 fair 15 character 16 fine 17 operation 18 article 19 amount 20 address 21 submit 22 pupils 23 swear 24 bill

---

1171 ☐☐☐
due
[du:]

형 ~하기로 예정된

I have an essay **due** next Tuesday.
나는 다음 주 화요일까지인 에세이가 있다.

형 ((~ to)) ~로 인한, ~ 때문[덕분]에

The machine's failure was **due** to a loose screw.
그 기계의 고장은 느슨한 나사 때문이었다.

1172 ☐☐☐
feature
[fíːtʃər]

명 특징

The main **feature** of this park is its massive water fountain.
이 공원의 주요 특징은 거대한 분수대이다.

명 용모, 이목구비

Models often have attractive **features**.
모델들은 대개 매력적인 이목구비를 가졌다.

1173 ☐☐☐
present
명형 [préznt]
동 [prizént]

명 선물

I got many **presents** on Christmas Day.
나는 크리스마스 날에 선물을 많이 받았다.

형 출석[참석]해 있는 (⊕ absent)

We will start when everyone is **present**.
우리는 모두가 출석하면 시작할 것이다.

형 현재의 (⊕ current)   명 현재

Who is the **present** leader of this club?
이 동호회의 현재 회장이 누구니?

동 제시하다, 보여주다

The scientists **presented** their findings to the CEO.
그 과학자들은 그들의 연구 결과를 최고 경영자에게 제시했다.

➕ presence 명 존재, 출석   presentation 명 1. 발표 2. 제출, 제시

1174 □□□
suit
[su:t]

명 양복 한 벌, 정장

You should wear a **suit** for the interview.
너는 면접에서 양복을 입어야 한다.

명 소송

She filed a **suit** against the business.
그녀는 그 회사에 소송을 걸었다.

동 적합하다, 어울리다 (유 fit)

Working a desk job doesn't **suit** me.
사무직으로 일하는 것은 나와 어울리지 않는다.

➕ suitable 형 적합한, 알맞은

1175 □□□
branch
[bræntʃ]

명 가지, 나뭇가지

The snowstorm broke off some of the tree
branches. 눈보라가 나뭇가지 몇 개를 부러뜨렸다.

명 지점, 지부

They're hiring for their new **branch** in Oldwoods.
그들은 Oldwoods에 있는 그들의 새로운 지점에서 일할 직원을 채용하고 있다.

명 분과, 부문

I learned that biology, chemistry, and physics are all **branches**
of science. 나는 생물학, 화학, 그리고 물리학이 모두 과학의 분과라고 배웠다.

동 갈라지다, 나뉘다

There's a path that **branches** off from this road.
이 도로에서 갈라지는 길이 있다.

1176 □□□
stress
[stres]

명 스트레스, 압박

My new job puts me under a lot of **stress**.
나의 새 직장은 나에게 많은 스트레스를 준다.

동 강조하다 (유 emphasize) 명 강조

Mr. Holly **stressed** the importance of reading the questions
carefully. Holly 선생님은 질문을 신중하게 읽는 것의 중요성을 강조했다.

➕ stressful 형 스트레스가[긴장이] 많은

1177 □□□
contract
- 명 [kántrækt]
- 동 [kəntrǽkt]

명 계약(서)   동 계약하다

You need to sign a **contract** before you start working.
너는 일을 시작하기 전에 계약서에 서명해야 한다.

동 수축하다 (반 expand)

Cement **contracts** in the winter, which can cause it to crack.
시멘트는 겨울에 수축하는데, 이것은 시멘트에 금이 가게 할 수 있다.

⊕ contraction 명 수축, 축소

1178 □□□
fit
[fit]

동 (모양·크기 등이) 꼭 맞다

I bought a new skirt, but it doesn't **fit**.
나는 새 치마를 샀는데 그 치마는 나에게 맞지 않는다.

형 건강한 (유 healthy)

I keep **fit** by jogging in the park every day.
나는 매일 공원에서 조깅을 함으로써 건강을 유지한다.

형 알맞은, 적합한 (반 unsuitable)   동 적합하다 (유 suit)

He isn't **fit** for this job.
그는 이 일에 적합하지 않다.

명 (옷 등의) 맞음새

This suit is a perfect **fit**!
이 정장은 (몸에) 완벽하게 맞는다!

1179 □□□
tough
[tʌf]

형 단단한, 튼튼한

The tires of a car are **tough**.
자동차의 타이어는 단단하다.

형 고된, 어려운

This class is known for being **tough**.
이 수업은 어렵다고 알려져 있다.

형 엄한, 냉정한

That teacher is **tough** on students that break rules.   저 선생님은 규칙을 어기는 학생들에게 엄하다.

term
[təːrm]

명 기간, 임기

In South Korea, the president serves for a five-year **term**.
대한민국에서 대통령은 5년의 임기를 수행한다.

명 용어

The scientific **term** for your skull is *cranium*.
해골을 일컫는 과학 용어는 두개골이다.

명 (계약 등의) 조건, 조항

People do not often read the **terms** of service carefully.
사람들은 흔히 서비스 약관을 자세히 읽지 않는다.

---

bond
[bɑnd]

명 결속, 유대 (❸ tie)

Our family has a close **bond**.
우리 가족은 긴밀한 유대 관계를 가지고 있다.

명 접착(제)   동 접합하다

That glue creates a nearly unbreakable **bond**.
저 풀은 거의 떨어지지 않는 접착력을 만들어 낸다.

명 보석금, 보증

She paid a $7,000 **bond** to be released from prison.
그녀는 감옥에서 석방되기 위해 7천 달러의 보석금을 냈다.

---

content
형동 [kəntént]
명 [kántent]

형 ((~ with)) (~에) 만족하는 (❸ satisfied)   동 만족시키다[만족하다]

I am **content** with my simple life as a farmer.
나는 농부로서의 내 단출한 삶에 만족한다.

명 내용(물)

The **contents** of this box are not yet known.
이 상자의 내용물은 아직 알려지지 않았다.

명 함량, 함유량

Do you know the sugar **content** of this drink?
너는 이 음료의 당 함유량을 아니?

1183 ☐☐☐
commit
[kəmít]

图 (죄 등을) 저지르다

Do you think he **committed** the crime?
너는 그가 범죄를 저질렀다고 생각하니?

图 (~에) 전념하다, 헌신하다

Doctors **commit** themselves to helping patients.
의사들은 환자들을 돕는 데 자신을 헌신한다.

➕ committed 휑 헌신적인　　commitment 뎽 1. 약속 2. 몰입, 전념

1184 ☐☐☐
discipline
[dísəplin]

뎽 훈련, 단련　图 훈련[단련]하다

You need **discipline** to master a skill.
기술을 숙달하기 위해서는 훈련이 필요하다.

뎽 규율, 질서

Discipline is taken very seriously at this school.
이 학교에서는 규율이 매우 엄격하게 적용된다.

图 훈육하다, 벌하다　뎽 징계, 징벌

Some parents are afraid to **discipline** their
children.　어떤 부모들은 자녀를 훈육하는 것을 두려워한다.

➕ disciplined 휑 훈련된, 단련된

1185 ☐☐☐
margin
[máːrʤin]

뎽 여백

I like to draw in the **margins** of my notebook.
나는 공책의 여백에 그림 그리는 것을 좋아한다.

뎽 (시간·득표수 등의) 차이

The law was passed by a very narrow **margin**.
그 법은 매우 근소한 차이로 통과되었다.

뎽 수익, 마진

Are there any ideas on how to raise our profit **margins**?
우리의 수익을 늘리는 방법에 대한 아이디어 좀 있을까요?

뎽 (실수 등의) 여지, 허용 범위

There is little **margin** for error in this mission.
이 임무에는 실수해도 되는 여지가 거의 없다.

1186 ☐☐☐
medium
[míːdiəm]

형 (치수·길이·크기 등이) 중간의

Do you have this shirt in a **medium** size?
이 셔츠가 중간 사이즈로 있나요?

명 매체, 매개

Film is used as a **medium** for communicating ideas.
영화는 생각을 전하는 매개로 사용된다.

1187 ☐☐☐
tissue
[tíʃuː]

명 【생물】 조직

Human **tissue** is often used in drug development.
인체 조직은 종종 약 개발에 사용된다.

명 티슈, 화장지

Can you pass me a **tissue**, please?
저에게 화장지 좀 건네주시겠어요?

1188 ☐☐☐
apply
[əplái]

동 ((~ for)) 신청하다, 지원하다

She went to the front desk to **apply** for the job.
그녀는 그 일자리에 지원하기 위해 안내 데스크로 갔다.

동 적용되다[하다]

This rule only **applies** if you are under 18 years old.
이 규칙은 네가 18세 미만인 경우에만 적용된다.

동 (크림·페인트 등을) 바르다 (🌐 put on)

Apply sunscreen every two hours for maximum protection.
최대한의 보호를 위해서 자외선 차단제를 두 시간마다 발라라.

➕ application 명 1. 적용 2. 지원 3. 응용 프로그램   applicant 명 지원자

1189 ☐☐☐
interest
[íntərèst]

명 흥미, 관심   동 (~의) 흥미를[관심을] 끌다

She was rarely **interested** in books or movies.
그녀는 책이나 영화에는 좀처럼 관심이 없었다.

명 이자, 이율

There is an **interest** of 4% on student loans.
학자금 대출에는 4%의 이자가 붙는다.

⊕ interesting 형 흥미로운　　interested 형 흥미를 가진
　interestingly 부 흥미롭게도, 놀랍게도

1190 ☐☐☐
major
[méidʒər]

형 주요한, 중대한 (반 minor)

Online bullying is a **major** problem in schools these days.
요즘 학교에서는 온라인상에서의 따돌림이 주요한 문제이다.

동 《~ in》 전공하다　명 전공 과목

All of her friends **majored** in psychology.
그녀의 모든 친구들은 심리학을 전공했다.

명 (군대의) 소령

To become a **major**, you have to be in the army for more than
ten years.　소령이 되려면 10년 이상 군에 복무해야 한다.

⊕ majority 명 대다수, 과반수

1191 ☐☐☐
subject
[sʌ́bdʒikt]

명 주제, 화제, 논제

These books cover the **subject** of human evolution.
이 책들은 인간 진화라는 주제를 다룬다.

명 과목, 교과

Math is a highly disliked **subject** in schools.
수학은 학교에서 매우 반감을 사는 과목이다.

명 대상

It's unclear who the **subject** of this photo is.
이 사진의 대상이 누구인지 불분명하다.

명 피지배자, 신하　형 지배 하에 있는

The people of India were once considered **subjects** of England.
인도인은 한때 영국의 피지배민으로 여겨졌다.

⊕ subjection 명 복종　　subjective 형 주관적인

DAY 40

command
[kəmǽnd]

몡 명령 (⊕ order)   동 명령하다

My dog is good at listening to my **commands**.
나의 개는 내 명령을 잘 듣는다.

몡 통솔, 지휘 (⊕ control)   동 통솔[지휘]하다

He quickly took **command** of the ship.
그는 재빨리 배의 통솔권을 잡았다.

➕ commander 몡 사령관, 지휘관

---

firm
[fə:rm]

혱 단단한, 견고한 (⊕ solid)

Sleeping on a **firm** mattress is good for your
back.   단단한 매트리스에서 자는 것은 등허리에 좋다.

혱 (사상·신념 등이) 확고한, 변치 않는

My mother is a **firm** believer in Hinduism.
나의 어머니는 확고한 힌두교 신자이다.

몡 회사, 사무소

I currently work for a law **firm** in Chicago.
나는 현재 시카고에 있는 법률 사무소에서 일하고 있다.

➕ firmly 뷔 강하게, 확고하게

---

bar
[ba:r]

몡 주점, 바

They're all going to the **bar** for drinks.
그들은 모두 술을 마시러 주점에 가는 중이다.

몡 빗장, 창살

The **bars** of a prison cell are hard to break.
감방의 창살은 부수기 어렵다.

몡 (막대 모양의) 덩어리

Can I please have a chocolate **bar**?
제가 초콜릿 바 하나를 먹어도 될까요?

동 막다, 금하다

Protesters are being **barred** from entering the building.
시위대는 건물 출입이 금지되고 있다.

1195 ☐☐☐
complex
형 [kəmpléks]
명 [kámpleks]

형 복잡한 (⊕ complicated)

Multiple surgeons were needed for the **complex** procedure.
그 복잡한 수술을 위해 여러 명의 외과의가 필요했다.

명 복합 건물, (건물) 단지

Let's go to the new shopping **complex** tonight!
오늘 밤에 새로 생긴 쇼핑 단지에 가자!

명 콤플렉스, 열등감

She has a **complex** about being short.
그녀는 키가 작은 것에 대해 콤플렉스가 있다.

⊕ complexity 명 복잡(성)

1196 ☐☐☐
launch
[lɔːntʃ]

동 시작[착수]하다 (⊕ start)   명 시작[착수]

We will **launch** the campaign in a month.
우리는 한 달 후에 그 캠페인을 시작할 것이다.

동 출시[출간]하다   명 (신제품의) 발표, 발매

The TV series was **launched** on September 22, 1994.
그 TV 시리즈는 1994년 9월 22일에 처음 선보였다.

동 (우주선·미사일 등을) 발사하다   명 발사

When did they **launch** the satellite into space?
그들은 언제 그 인공위성을 우주로 발사했니?

1197 ☐☐☐
scale
[skeil]

명 저울, 눈금

Bakers typically use a **scale** to measure ingredients.
제빵사들은 보통 재료를 계량하기 위해 저울을 사용한다.

명 규모

Scientists can estimate the **scale** of a tornado.
과학자들은 토네이도의 규모를 추정할 수 있다.

명 비늘

You should remove a fish's **scales** before eating it.
너는 생선을 먹기 전에 비늘을 제거해야 한다.

engage
[ingéidʒ]

동 관여하다[시키다]

The company is **engaged** with many local charities.
그 회사는 지역의 많은 자선 단체에 관여되어 있다.

동 (주의를) 사로잡다

I need to plan a lesson that will **engage** my whole class.
나는 학급 전체의 주의를 사로잡을 수업을 계획해야 한다.

➕ engagement 명 1. 참여 2. 약속, 계약 3. 약혼

---

square
[skwεər]

명 정사각형 형 정사각형 모양의

That vase is in the shape of a **square**.
저 꽃병은 정사각형 모양이다.

명 광장

Does this bus go to the town **square**?
이 버스가 마을 광장으로 가나요?

---

craft
[kræft]

명 기술, 기능

It takes years to master a **craft**.
하나의 기술을 숙달하는 데에는 수년이 걸린다.

명 (수)공예 동 공예품을 만들다

What a beautifully **crafted** necklace!
정말 아름답게 만들어진 목걸이구나!

명 배, 비행기, 우주선

A **craft** was left on the side of the lake.
호숫가에 배 한 척이 남겨져 있었다.

· DAILY TEST ·

1-20 영어는 우리말로, 우리말은 영어로 바꾸시오.

1	firm	_____	11	꼭 맞다; 건강한; 알맞은; 맞음새 _____
2	subject	_____	12	복잡한; 복합 건물; 콤플렉스 _____
3	major	_____	13	스트레스, 압박; 강조하다; 강조 _____
4	launch	_____	14	계약(서); 계약하다; 수축하다 _____
5	apply	_____	15	특징; 용모, 이목구비 _____
6	discipline	_____	16	기간, 임기; 용어; 조건, 조항 _____
7	margin	_____	17	(죄 등을) 저지르다; 전념하다 _____
8	content	_____	18	중간의; 매체, 매개 _____
9	interest	_____	19	명령; 통솔, 지휘 _____
10	engage	_____	20	선물; 출석해 있는; 현재의; 제시하다 _____

21-24 빈칸에 공통으로 들어갈 단어를 골라 쓰시오.

> tissue   bond   suit   square

21 · You should wear a _____ for the interview.

· She filed a _____ against the business.

22 · Our family has a close _____.

· She paid a $7,000 _____ to be released from prison.

23 · Human _____ is often used in drug development.

· Can you pass me a _____, please?

24 · That vase is in the shape of a _____.

· Does this bus go to the town _____?

Answer 1 단단한; 확고한; 회사 2 주제; 과목; 대상; 피지배자 3 주요한; 전공하다; 소령 4 시작하다; 출시[출간]하다; 발사하다 5 신청하다; 적용되다; 바르다 6 훈련; 규율; 훈육하다; 징계 7 여백; 차이; 수익; 여지, 허용 범위 8 만족하는; 내용(물); 함량 9 흥미, 관심; 이자, 이율 10 관여하다; 사로잡다 11 fit 12 complex 13 stress 14 contract 15 feature 16 term 17 commit 18 medium 19 command 20 present 21 suit 22 bond 23 tissue 24 square

PART
05

DAY 41-45

구성 원리로 익히는
필수 숙어

DAY 41

필수 숙어   구동사

along   쭉, 함께, 따라서

1201 ☐☐☐
come along

1. (사람·사물·기회 등이) 나타나다   2. 동행하다 (❸ accompany)

➜ come(오다) + along(함께) → 나타나다

Is it alright if I **come along** with you?
내가 너와 동행해도 괜찮니?

1202 ☐☐☐
get along

1. ((~ with)) (~와) 잘 지내다   2. 잘 해내다, 진척시키다

➜ get(되다) + along(함께) → 친하게 지내다

No one **gets along** with the new student.
아무도 그 새로운 학생과 잘 지내지 못한다.

How are you **getting along** with your group project?
너희 그룹 과제는 어떻게 되어 가니?

---

around   1. 근처에, 빙 둘러서, 여기저기에   2. 방향을 바꾸어

1203 ☐☐☐
go around

1. 방문하다, 돌아다니다   2. (병·소문 등이) 퍼지다 (❸ spread)

➜ go(가다) + around(근처에) → 근처에 가다 → 방문하다

A volunteer is **going around** to ask people for donations.
한 자원봉사자가 사람들에게 기부를 요청하기 위해 돌아다니고 있다.

News about a new teacher is **going around** the school.
새로운 선생님에 대한 소식이 학교에 퍼지고 있다.

1204 ☐☐☐
look around

1. 주위를 둘러보다   2. 구경하다 (❸ explore)

➜ look(보다) + around(빙 둘러서) → 둘러보다

I enjoy **looking around** museums and art galleries.   나는 박물관과 미술관을 구경하는 것을 즐긴다.

41

1205 □□□
turn around 1. 방향을 바꾸다 2. 뒤돌아보다

> ➜ turn(돌다) + around(방향을 바꾸어) → 다른 방향으로 돌다, 뒤돌아보다

We were going the wrong way, so we had to **turn around**.
우리는 잘못된 방향으로 가고 있어서 방향을 바꿔야 했다.

out 드러나서

1206 □□□
break out (화재·전쟁 등이) 발생[발발]하다

> ➜ break(갑자기 시작하다) + out(드러나게) → 갑자기 발생하다

Fires often **break out** in the state of California.
캘리포니아주에서는 화재가 종종 발생한다.

1207 □□□
figure out 이해하다, 알아내다

> ➜ figure(생각하다, 헤아리다) + out(드러나게) → 이해하다, 알아내다

Detectives can't **figure out** why he committed the crime.
탐정들은 왜 그가 범죄를 저질렀는지 알아내지 못한다.

1208 □□□
find out 발견하다, 알게 되다, 알아내다

> ➜ find(찾다) + out(드러나도록) → 발견하다, 알게 되다

We **found out** who was drawing on the wall.
우리는 누가 벽에 그림을 그리고 있었는지 알아냈다.

1209 □□□
turn out 판명되다, (결국) ~임이 드러나다 (⊕ prove)

> ➜ turn(~로 바뀌다) + out(드러나는 상태로) → ~로 드러나다

The thief **turned out** to be our neighbor.
그 도둑은 우리의 이웃인 것으로 드러났다.

away

1. 없어져, 사라져   2. 떨어져, 멀리

1210 □□□
throw away

1. 버리다 (❸ discard) 2. (기회 등을) 허비하다

> ➜ throw(내던지다) + away(없어져) → 내던져서 없어지게 하다 → 버리다

Throw away anything that you don't use anymore.
네가 더 이상 사용하지 않는 것은 무엇이든 버려라.

1211 □□□
pass away

죽다 (❸ die)

> ➜ pass(사라지다) + away(사라져) → 이 세상에서 사라지다 → 죽다

Sick with cancer, my grandfather **passed away** yesterday.
우리 할아버지는 암으로 아프셔서 어제 돌아가셨다.

1212 □□□
go away

가 버리다, 떠나다 (❸ leave)

> ➜ go(가다) + away(멀리) → 멀리 가 버리다

Can't you just **go away** and leave me alone?
너는 그냥 저리로 가서 나를 내버려 둘 수 없겠니?

1213 □□□
keep away
from

가까이 하지 않다, 멀리하다 (❸ stay away from)

> ➜ keep(~한 상태를 유지하다) + away(멀리) + from(~에서) → ~에서 멀리 있다

Keep away from my son!
내 아들로부터 떨어져!

1214 □□□
put away

(물건을) 치우다 (❸ put aside)

> ➜ put(두다, 놓다) + away(멀리, 저쪽으로) → (물건을) 저쪽에 두다

Put away your books so we can start the test.
우리가 시험을 시작할 수 있도록 여러분의 책들을 치우세요.

1215 ☐☐☐
run away

달아나다, 도망가다 (☻ flee)

→ run(도망치다) + away(멀리, 저쪽으로) ·· › 멀리 도밍쳐 버리다

You can't just **run away** from your problems.
너는 네 문제들로부터 그저 도망칠 수만은 없다.

back

원상태로, 되돌려

1216 ☐☐☐
go back

(사람·장소·주제·활동 등으로) 돌아가다 (☻ return)

→ go(가다) + back(원위치로) → 돌아가다

I need to **go back** to work in three hours.
나는 3시간 후에 일터로 돌아가야 한다.

1217 ☐☐☐
get back

1. 돌아오다 (☻ return) 2. 되찾다 3. 답장하다

→ get(어떤 장소에 이르다) + back(되돌아) → 돌아오다

The museum **got** the stolen artwork **back**.
그 박물관은 도난당한 미술 작품을 되찾았다.

I'll **get back** to you on that question.
나는 네게 그 질문에 대한 답변을 줄 것이다.

1218 ☐☐☐
pay back

1. (돈을) 갚다 (☻ repay) 2. 복수하다

→ pay(갚다) + back(되돌려) → (돈을) 갚다

I'll **pay** you **back** once I get my paycheck.
내가 급여를 받으면 너에게 돈을 갚을게.

This is to **pay** you **back** for what you did to my sister.
이건 네가 내 여동생에게 저지른 일에 대한 복수야.

into

~의 안으로, ~으로

1219 ☐☐☐
look into

조사하다, 연구하다 (☻ investigate)

→ look(주목하다, 둘러보다) + into(안으로) → (문제의 원인 등을) 조사하다

We're still **looking into** the cause of the virus's spread.
우리는 여전히 바이러스의 확산 원인에 대해 조사하고 있다.

1220 ☐☐☐
break into
1. (건물 등에) 침입하다 2. 갑자기 ~하기 시작하다

➔ break(밀고 나아가다) + into(안으로) → 침입하다

The criminal decided on which car to **break into**.
그 범죄자는 어떤 차에 침입할지 결정했다.

A man on the bus suddenly **broke into** song.
버스에 있던 한 남자가 갑자기 노래하기 시작했다.

1221 ☐☐☐
burst into
갑자기 ~하다

➔ burst(갑자기 ~하다) + into(~으로) → 갑자기 ~하다

The end of the movie caused Lucy to **burst into** tears.
영화의 결말은 Lucy가 갑자기 울음을 터뜨리게 했다.

1222 ☐☐☐
run into
1. 우연히 만나다 2. (차 등이) ~에 충돌하다

➔ run(급히 가다) + into(~으로) → 가다가 마주치다

I **ran into** Brian at the grocery store yesterday.
나는 어제 식료품점에서 Brian을 우연히 만났다.

The driver was speeding and **ran into** a tree.
그 운전자는 과속을 하다가 나무에 충돌했다.

1223 ☐☐☐
turn into
~이 되다, ~으로 변하다

➔ turn(변하다) + into(~으로) → ~으로 변하다

Ice **turns into** water when it melts.
얼음은 녹으면 물로 변한다.

by
지나서, 곁으로

1224 ☐☐☐
go by
1. (시간 따위가) 경과하다, 지나다 2. ~ 곁을 지나가다

➔ go(가다) + by(지나) → (시간이) 지나다

You will gain more knowledge as time **goes by**.
너는 시간이 지날수록 더 많은 지식을 얻게 될 것이다.

The children liked to watch the trains **go by** at the station.
그 아이들은 역에서 기차가 지나가는 걸 보는 것을 좋아했다.

1225 □□□
pass by

1. (시간이) 지나가다 2. ~ 곁을 지나가다

➔ pass(지나가다) + by(지나) → 지나가다

We **passed by** the bakery on the way to school this morning.
우리는 오늘 아침에 학교 가는 길에 빵집을 지나갔다.

Don't let opportunities **pass** you **by**.
기회를 놓치지 마라.

1226 □□□
stand by

1. 대기하다 2. 방관하다 3. 돕다, 지원하다 (⊜ support)

➔ stand(서 있다) + by(곁에) → 곁에 서 있다 → 대기하다

The doctor asked the nurse to **stand by** in case he needed help. 그 의사는 도움이 필요할 경우를 대비하여 간호사에게 대기해달라고 요청했다.

The government can't just **stand by** and do nothing. 정부는 그저 방관하고 아무것도 안 할 수 없다.

Everyone needs friends to **stand by** them in difficult times.
모든 사람들은 어려울 때에 도와줄 친구들이 필요하다.

with

1. ~을, ~에   2. ~와, ~와 함께

1227 □□□
deal with

1. 다루다, 처리하다 2. 거래하다

➔ deal(다루다) + with(~을) → ~을 다루다

Some problems are harder to **deal with** than others.
어떤 문제들은 다른 문제들보다 다루기 더 어렵다.

1228 □□□
cope with

(문제·일 등에) 대처하다 (⊜ handle)

➔ cope(대처하다) + with(~에) → ~에 대처하다

George found the stress of his job difficult to **cope with**.
George는 직장에 대한 스트레스에 대처하기가 어렵다는 것을 알게 되었다.

1229 ☐☐☐
agree with

1. ~와 의견이 일치하다 2. (음식·기후·일 등이) 체질에 맞다

➜ agree(일치하다) + with(~와) → ~와 일치하다

Friends don't always **agree with** each other.
친구끼리 항상 의견이 일치하는 것은 아니다.

This spicy food doesn't **agree with** me.
이 매운 음식은 내 체질에 맞지 않는다.

1230 ☐☐☐
go with

~와 조화되다, 어울리다 (⊜ match)

➜ go(어울리다) + with(~와) → ~와 어울리다

These pants **go with** this yellow shirt.
이 바지는 이 노란 셔츠와 어울린다.

1-3 두 문장의 뜻이 비슷해지도록, 빈칸에 들어갈 숙어를 골라 쓰시오.

throw away	cope with	keep away from

1 George found the stress of his job difficult to handle.
→ George found the stress of his job difficult to _____.

2 Stay away from my son!
→ _____ my son!

3 Discard anything that you don't use anymore.
→ _____ anything that you don't use anymore.

4-6 빈칸에 공통으로 들어갈 숙어를 골라 쓰시오.

agree with	pay back	stand by

4 • The doctor asked the nurse to _____ in case he needed help.
• Everyone needs friends to _____ them in difficult times.

5 • This is to _____ you _____ for what you did to my sister.
• I'll _____ you _____ once I get my paycheck.

6 • Friends don't always _____ each other.
• This spicy food doesn't _____ me.

7-8 괄호 안에서 문맥상 알맞은 것을 고르시오.

7 News about a new teacher is going (around / back) the school.

8 The thief turned (out / around) to be our neighbor.

Answer   1 cope with 2 Keep away from 3 Throw away 4 stand by 5 pay, back 6 agree with
7 around 8 out

for 1. ~을 위해, ~을 찾아 2. ~에 대해

1231 ☐☐☐
ask for

요구[요청]하다 (⊕ request, demand)

➜ ask(요구하다) + for(~을 위해, ~을 찾아) → ~을 요구하다

The teachers **asked for** new smart boards in their classrooms.
교사들은 그들의 교실에 새로운 스마트 보드를 요청했다.

1232 ☐☐☐
apply for

신청[지원]하다

➜ apply(신청하다) + for(~을 위해) → ~을 신청하다

Mary **applied for** a university scholarship.
Mary는 대학교 장학금을 신청했다.

1233 ☐☐☐
look for

~을 찾다

➜ look(둘러보다, 찾다) + for(~을 찾아) → ~을 찾다

Karen is **looking for** a new book to read.
Karen은 새로 읽을 책을 찾는 중이다.

1234 ☐☐☐
long for

~을 간절히 바라다 (⊕ desire)

➜ long(간절히 바라다) + for(~을 찾아) → ~을 간절히 바라다

The hiker **longed for** a cold glass of water.
그 도보 여행자는 차가운 물 한 잔을 간절히 바랐다.

1235 ☐☐☐
account for

1. 설명하다 2. ~의 원인이 되다 3. 차지하다

➜ account(설명하다) + for(~에 대해) → ~에 대해 설명하다

The snowstorm may **account for** the loss of power in the building.   눈보라가 그 건물 정전의 원인일지도 모른다.
Teenagers **account for** the majority of the pop star's fans.
그 팝 스타 팬의 대부분은 십 대가 차지한다.

care for

1. 돌보다 (❸ take care of) 2. 좋아하다

➔ care(돌보다) + for(~에 대해) → ~을 돌보다

It is a parent's duty to **care for** their children.
자녀를 돌보는 것은 부모의 의무이다.

I don't **care for** pizza, but I really like pasta.
나는 피자는 좋아하지 않지만, 파스타는 정말 좋아한다.

---

pay for

대가를 지불하다

➔ pay(지불하다) + for(~에 대해) → ~의 대가를 치르다

If you don't study hard in high school, you will **pay for** it later.
만약 네가 고등학교 때 공부를 열심히 하지 않는다면, 나중에 그에 대한 대가를 치를 것이다.

off

분리되어, 떨어져서

cut off

1. 잘라 내다, 베어 내다 2. (전기·수도 등을) 차단하다, 끊다

➔ cut(자르다) + off(분리시켜) → 잘라 내다, 베어 내다

James always **cuts off** the crust of his sandwiches.
James는 항상 샌드위치의 테두리를 잘라 낸다.

---

take off

1. (옷 등을) 벗다 (❸ remove) 2. 이륙하다

➔ take(취하다) + off(분리시켜) → (옷 등을) 몸에서 분리시키다

Please **take off** your coat and hang it in the closet.
당신의 코트를 벗어서 옷장에 걸어 주세요.

The pilot announced that the plane was ready to **take off**.
그 조종사는 비행기가 이륙할 준비가 되었다고 알렸다.

in

1. 안에, 안으로   2. ~에 대해, ~을 대상으로

come in

들어오다, 입장하다 (❸ enter)

➔ come(오다) + in(안으로) → 안으로 들어오다

Please **come in** and sit down.   들어와서 앉으세요.

1241 ☐☐☐
get in

1. 안으로 들어가다 2. 입학하다

➜ get(가다) + in(안으로) → 안으로 들어가다

Please **get in** the car so we can leave.
우리가 출발할 수 있도록 차에 타세요.

1242 ☐☐☐
check in

투숙[탑승] 절차를 밟다

➜ check(확인하다) + in(안으로) → 절차를 밟다

Make sure to **check in** at the front desk of the hotel when you arrive. 도착하면 반드시 호텔 안내 데스크에서 투숙 절차를 밟으세요.

1243 ☐☐☐
believe in

~의 존재를 믿다

➜ believe(믿다) + in(~에 대해) → ~의 존재를 믿다

Many people **believe in** ghosts.
많은 사람들이 유령의 존재를 믿는다.

1244 ☐☐☐
give in

항복[굴복]하다

➜ give(주다) + in(~을 대상으로) → (결정권 등을) 주다 → 굴복하다

Don't **give in** to your fears.
너의 두려움에 굴복하지 마라.

---

of (1)

1. ((기원·출처·원인)) ~으로부터, ~의 결과로
2. ((재료·구성 요소)) ~으로

1245 ☐☐☐
ask of

부탁하다, 요구하다

➜ ask(부탁하다) + of(~으로부터) → ~에게 부탁하다

I have something I need to **ask of** you.
나는 너에게 부탁해야 할 게 있어.

1246 ☐☐☐
die of

~로 죽다

➜ die(죽다) + of(~의 결과로) → ~의 결과로 죽다

My grandmother **died of** heart disease.
우리 할머니는 심장병으로 돌아가셨다.

1247 ☐☐☐
be made (up) of

~으로 구성되다[만들어지다]

➜ be made(만들어지다) + of(~으로) → ~으로 만들어지다

This watch **is made of** recycled plastic.
이 시계는 재활용된 플라스틱으로 만들어졌다.

1248 ☐☐☐
consist of

~으로 이루어지다[구성되다]

➜ consist(되어 있다) + of(~으로) → ~으로 이루어져 있다

The survey **consisted of** twenty questions.
그 설문 조사는 스무 개의 질문들로 구성되어 있었다.

---

of (2)

1. ~에 관해   2. ((분리·제거)) ~에서

1249 ☐☐☐
hear of

~에 관해 전해 듣다

➜ hear(듣다) + of(~에 관해) → ~에 관해 듣다

Mike hasn't **heard of** this theory before.
Mike는 이전에 이 이론에 대해서 들어본 적이 없다.

1250 ☐☐☐
talk of

~에 관해 말하다

➜ talk(말하다) + of(~에 관해) → ~에 관해 말하다

Jenny never **talks of** her time in France.
Jenny는 프랑스에 있었던 시절에 대해 절대 말하지 않는다.

1251 ☐☐☐
dispose of

버리다, 처분[처리]하다

➜ dispose(정리하다) + of(~에서) → 제거하다, 버리다

Factories need to **dispose of** their waste carefully.
공장은 폐기물을 주의하여 처분할 필요가 있다.

1252 ☐☐☐
get rid of

제거하다, 없애다

➜ get(어떤 상태가 되게 하다) + rid(없애다) + of(~에서) → ~에서 제거하다

Please **get rid of** the garbage on the floor.
바닥에 있는 쓰레기를 치워 주세요.

over

위쪽에, 넘어서

1253 ☐☐☐
run over

1. (차가 사람 등을) 치다 2. (그릇 등이) 넘쳐 흐르다

➔ run(차가 달리다) + over(위쪽에) → 차가 ~을 치다

Jake stopped the car because he thought he had **run over** an animal.
Jake는 그가 동물을 친 것 같아서 차를 세웠다.

1254 ☐☐☐
get over

(슬픔·어려움 등을) 극복하다[잊다]

➔ get(~하게 되다) + over(~을 넘어) → (병·슬픔 등을) 넘어서다

Terry had a hard time **getting over** the loss of her dog.
Terry는 그녀의 개의 죽음을 극복하는 데 힘든 시간을 보냈다.

to

1. ((관련·대상)) ~와 관련하여, ~을
2. ((방향·대상)) ~으로, ~에게

1255 ☐☐☐
relate to

~와 관련되다[관계가 있다]

➔ relate(관련되다) + to(~와 관련하여) → ~와 관련되다

Some people find it difficult to **relate to** others.
어떤 사람들은 다른 사람들과 관계 맺기를 어려워한다.

1256 ☐☐☐
refer to

1. ~을 언급하다 (⊜ mention) 2. (책 등을) 참고하다 3. ~을 가리키다

➔ refer(언급하다) + to(~을) → ~을 언급하다

James **referred to** the expansion of the Roman Empire in his presentation.   James는 그의 발표에서 로마 제국의 확장을 언급했다.
Please **refer to** the instruction manual before operating this device.   이 장치를 작동하기 전에 사용 설명서를 참고하세요.

1257 ☐☐☐
contribute to

1. ~에 기여하다 2. ~의 원인이 되다

➔ contribute(기여하다) + to(~에) → ~에 기여하다

Cars **contribute to** air pollution.
차량들은 대기 오염의 원인이 된다.

1258 □□□
appeal to

1. 간청하다 2. 마음에 호소하다, 흥미를 끌다 (❸ attract)

➔ appeal(마음에 호소하다) + to(~에게) → ~의 마음을 끌다

These clothes are old-fashioned and don't **appeal to** younger people.   이 옷들은 구식이며 젊은 사람들의 마음을 사로잡지 못한다.

1259 □□□
belong to

~에 속하다, ~ 소유이다

➔ belong(속하다) + to(~에) → ~에 속하다

What team do you **belong to**?
너는 무슨 팀 소속이니?

1260 □□□
get to

1. ~에 도착하다 2. (어떤 상태에) 이르다 3. ~하게 되다

➔ get(닿다) + to(~에) → ~에 도착하다

I didn't **get to** school until ten o'clock.
나는 열 시까지 학교에 도착하지 못했다.

· DAILY TEST ·

1-2 두 문장의 뜻이 비슷해지도록, 빈칸에 들어갈 숙어를 골라 쓰시오.

come in	appeal to

1 Please enter and sit down.
   → Please _____ and sit down.

2 These clothes are old-fashioned and don't attract younger people.
   → These clothes are old-fashioned and don't _____ younger people.

3-5 다음 우리말과 의미가 같도록 빈칸에 들어갈 숙어를 골라 쓰시오.

longed for	applied for	referred to

3 Mary _____ a university scholarship.
   Mary는 대학교 장학금을 신청했다.

4 The hiker _____ a cold glass of water.
   그 도보 여행자는 차가운 물 한 잔을 간절히 바랐다.

5 James _____ the expansion of the Roman Empire in his presentation.   James는 그의 발표에서 로마 제국의 확장을 언급했다.

6-8 빈칸에 공통으로 들어갈 숙어를 골라 쓰시오.

take off	care for	account for

6 • It is a parent's duty to _____ their children.
   • I don't _____ pizza, but I really like pasta.

7 • Please _____ your coat and hang it in the closet.
   • The pilot announced that the plane was ready to _____.

8 • Teenagers _____ the majority of the pop star's fans.
   • The snowstorm may _____ the loss of power in the building.

Answer   1 come in 2 appeal to 3 applied for 4 longed for 5 referred to 6 care for 7 take off
               8 account for

클래스카드

---

from 1. ~에서, ~로부터 2. ~하지 못하도록

1261 ☐☐☐
derive from

1. ~에서 유래하다[파생하다] (⊜ come from) 2. ~에서 얻다

→ derive(유래하다) + from(~에서) → ~에서 유래하다, 파생하다

Many English words are **derived from** words in other languages. 많은 영어 단어들은 다른 언어의 단어에서 유래된다.

1262 ☐☐☐
suffer from

(병·고통 등을) 앓다, ~로 고통받다

→ suffer(경험하다) + from(~로부터) → ~으로 고통을 겪다

He **suffered from** the illness for many years.
그는 여러 해 동안 그 병을 앓았다.

1263 ☐☐☐
result from

~에서 기인하다, ~이 원인이다

→ result(결과로서 생기다) + from(~로부터) → ~로부터 기인하다

His success **resulted from** his hard work.
그의 성공은 그의 노고 덕분이었다.

1264 ☐☐☐
prevent ~ from ...

~가 …하지 못하게 하다

→ prevent(방해하다) + from(~하지 못하도록) → 방해하여 ~하지 못하게 하다

The government **prevented** the criminal **from** leaving the country. 정부는 그 범죄자가 나라를 떠나지 못하게 했다.

1265 ☐☐☐
keep from

1. 삼가다, 억제하다 2. ~하지 못하게 하다

→ keep(삼가다) + from(~하지 못하도록) → ~하지 못하도록 막다

Nancy couldn't **keep from** laughing in class.
Nancy는 수업 시간에 웃지 않을 수 없었다.

---

on

1. 위에, 표면에, 덧붙여   2. 켜져, 계속해서

1266 ☐☐☐
get on

1. (버스·지하철 등을) 타다 (🌐 board) 2. ~을 착용하다

➜ get(가다, 이동하다) + on(위로) → 위로 가다 → ~에 타다

I am supposed to **get on** a flight to Boston this afternoon.
나는 오늘 오후에 보스턴행 비행기를 타기로 되어 있다.

1267 ☐☐☐
take on

1. 고용하다 (🌐 employ) 2. (일 등을) 떠맡다 (🌐 undertake)

➜ take(받아들이다) + on(덧붙여) → (사람을) 더 받아들이다 → 고용하다

Our company needs to **take on** more staff during the busy
season.   우리 회사는 바쁜 시기에 더 많은 직원을 고용해야 한다.
Don't **take on** too much work at one time.
한 번에 너무 많은 일을 떠맡지 마라.

1268 ☐☐☐
turn on

(물·가스·전기 등을) 나오게 하다, 켜다

➜ turn(~이 되게 하다) + on(켜져) → 켜다

Can you **turn on** the light for me?
나를 위해 불 좀 켜 주겠니?

1269 ☐☐☐
hang on

1. ((~ to)) (~을) 꼭 붙잡다 2. 견디다, 버티다 3. 기다리다 (🌐 wait)

➜ hang(매달리다) + on(계속해서) → 꼭 붙잡다, 견디다

Can you **hang on** for a moment so I can get my coat?
내 코트를 가져올 수 있게 잠시만 기다려 주겠니?

1270 ☐☐☐
hold on

1. 견뎌 내다, 참아 내다 2. 기다리다 (🌐 wait)

➜ hold(견디다) + on(계속해서) → 견뎌 내다, 기다리다

Try to **hold on** until help arrives.
구조대가 올 때까지 견뎌 주세요.

Please **hold on** until I am ready to go.
제가 갈 준비가 될 때까지 기다려 주세요.

up (1)   1. 위로, 똑바로   2. 계속하여   3. 다가가서, 맞먹어

1271 ☐☐☐
pick up

1. 줍다, 집어 올리다 2. (차로) 도중에 태우다

➔ pick(골라 집다) + up(위로) → ~을 집어 올리다

Can you help me **pick up** this heavy box?
내가 이 무거운 상자를 드는 것을 도와주겠니?

Daniel will **pick up** his son from school.
Daniel은 그의 아들을 학교에서 태워 올 것이다.

1272 ☐☐☐
hang up

1. (옷 등을) 걸다 2. 전화를 끊다

➔ hang(걸다) + up(위에) → ~을 걸다

After the laundry is finished, I need to **hang up** the clothes to
dry.   빨래가 끝나면 나는 옷을 말리기 위해 걸어 놓아야 한다.

I didn't want to talk to the salesman, so I **hung up** the phone.
나는 그 판매원과 이야기하고 싶지 않아서 전화를 끊었다.

1273 ☐☐☐
stay up

자지 않고 일어나 있다

➔ stay(~한 채로 있다) + up(일어난 상태로) → 일어나 있다

Many students **stay up** late to study for exams.
많은 학생들이 시험공부를 하기 위해서 늦게까지 깨어 있다.

1274 ☐☐☐
look up to

존경하다 (⊕ respect)

➔ look(보다) + up(위로) + to(~을 향하여) → ~을 존경하다

A lot of people **look up to** him as a role model.
많은 사람들이 그를 롤모델로서 존경한다.

1275 ☐☐☐
put up with

참고 견디다

➔ put(나아가다) + up(계속하여) + with(~와 함께) → 계속하여 함께 나아가다 → 견디다

Mr. Brown does not **put up with** rude behavior in his
classroom.   Brown 선생님은 교실에서 무례한 행동을 참지 않는다.

1276 ☐☐☐
catch up

1. 《~ with》 (~을) 따라잡다 2. 《~ on》 (~을) 만회하다

➜ catch(잡다) + up(다가가서) → 다가가서 따라잡다

I'll **catch up** with you at the library after my class.
수업이 끝나고 도서관으로 널 따라갈게.

1277 ☐☐☐
keep up with

(뒤떨어지지 않게) 따라가다, 유행을 따르다

➜ keep(유지하다) + up(나란히, 맞먹어) + with(~와) → ~와 나란한
상태를 유지하다

Donald is having trouble **keeping up with** the homework
for science class.
Donald는 과학 수업 숙제를 따라가는 데 어려움을 겪고 있다.

1278 ☐☐☐
make up for

(손실 따위를) 보상하다, 만회하다

➜ make(만들다) + up(맞먹게) + for(~에 대해) → 그 수준까지 만들다
→ 보상하다, 만회하다

Eric bought Sandy dinner to **make up for** missing her
birthday.
Eric은 Sandy의 생일을 지나친 것을 만회하기 위해 그녀에게 저녁을 샀다.

---

up (2)

1. 모두, 완전히, 끝까지   2. 나타나서, 드러나서

1279 ☐☐☐
end up

결국 ~하게 되다, 결국 ~이 되다

➜ end(끝나다) + up(모두) → 다 끝나서 결국 ~이 되다

If you don't hurry, you'll **end up** missing the bus.
네가 서두르지 않으면 결국에는 버스를 놓치게 될 것이다.

1280 ☐☐☐
dress up

잘 차려입다

➜ dress(옷을 입다) + up(완전히) → 옷을 잘 차려입다

Students are excited to **dress up** for the graduation
ceremony.   학생들은 졸업식을 위해 옷을 차려입게 되어 신났다.

1281 ☐☐☐
fill up

가득 채우다[차다]

➜ fill(채우다, 차다) + up(모두, 완전히) → 가득 채우다

We need to **fill up** the car with gasoline before we leave town.   우리는 마을을 떠나기 전에 자동차에 기름을 가득 채워야 한다.

1282 ☐☐☐
look up

(사전·컴퓨터 등에서) 찾아보다

➜ look(찾아보다, 조사하다) + up(철저히) → 철저히 뒤져서 찾아내다

He **looked up** information about the golf tournament.
그는 골프 토너먼트에 관한 정보를 찾아봤다.

1283 ☐☐☐
come up with   생각해 내다

➜ come(오다) + up(나타나도록) + with(~을 가지고) → ~을 생각해 내다

Einstein **came up with** the theory of relativity.
아인슈타인은 상대성 이론을 생각해 냈다.

---

down   1. 감소하여   2. 아래로   3. 기록하여   4. 경멸하여

1284 ☐☐☐
slow down

속도를 낮추다

➜ slow(속도를 낮추다) + down(감소하여) → 속도를 낮추다

Drivers must **slow down** in school zones.
운전자들은 어린이 보호 구역에서 속도를 낮춰야 한다.

1285 ☐☐☐
turn down

1. (소리 등을) 줄이다 (❀ lower) 2. 거절하다 (❀ refuse)

➜ turn(바꾸다, 되게 하다) + down(감소하게) → 줄이다

Please **turn down** the volume of your music.
음악 소리를 줄여 주세요.

Grant may **turn down** the offer from the company.
Grant는 그 회사의 제안을 거절할지도 모른다.

1286 ☐☐☐
cut down on

(양·비용·나쁜 습관 등을) 줄이다 (⊜ reduce)

➜ cut(줄이다) + down(감소하도록) + on(~을) → ~을 줄이다

Our neighborhood is trying to **cut down on** water usage.
우리 동네는 물 사용을 줄이려고 노력하는 중이다.

1287 ☐☐☐
fall down

1. 넘어지다 2. 떨어지다

➜ fall(넘어지다) + down(아래로) → 넘어지다

The sidewalk is slippery, so be careful not to **fall down**.
보도가 미끄러우니 넘어지지 않도록 조심하세요.

1288 ☐☐☐
hand down

(후대에) 전수하다, 물려주다

➜ hand(건네다) + down(아래로) → 후대에 물려주다

This ring has been **handed down** from generation to generation in our family.   이 반지는 우리 가문 대대로 전해 내려왔다.

1289 ☐☐☐
write down

적어 두다, 기록하다

➜ write(적다) + down(기록하여) → 기록하다

Please **write down** your name and phone number on the form.   양식에 당신의 이름과 전화번호를 적어 주세요.

1290 ☐☐☐
look down on

업신여기다, 깔보다

➜ look(보다) + down(경멸하여) + on(~을) → ~을 업신여기다

Some rich people **look down on** the poor.
어떤 부자들은 가난한 사람들을 업신여긴다.

· DAILY TEST ·

1-3 두 문장의 뜻이 비슷해지도록, 빈칸에 들어갈 숙어를 골라 쓰시오.

cut down on   hold on   look up to

1   Please wait until I am ready to go.

   → Please _____ until I am ready to go.

2   A lot of people respect him as a role model.

   → A lot of people _____ him as a role model.

3   Our neighborhood is trying to reduce water usage.

   → Our neighborhood is trying to _____ water usage.

4-6 빈칸에 공통으로 들어갈 숙어를 골라 쓰시오.

turn down   pick up   take on

4   • Don't _____ too much work at one time.

   • Our company needs to _____ more staff during the busy season.

5   • Please _____ the volume of your music.

   • Grant may _____ the offer from the company.

6   • Daniel will _____ his son from school.

   • Can you help me _____ this heavy box?

7-8 괄호 안에서 문맥상 알맞은 것을 고르시오.

7   I didn't want to talk to the salesman, so I hung (on / up) the phone.

8   Nancy couldn't keep (up with / from) laughing in class.

Answer   1 hold on   2 look up to   3 cut down on   4 take on   5 turn down   6 pick up   7 up   8 from

DAY 44

필수 숙어 유의어

1291 ☐☐☐
all of a sudden

갑자기

All of a sudden, lightning struck the tree in our backyard.
갑자기 번개가 우리 집 뒤뜰에 있는 나무를 강타했다.

1292 ☐☐☐
all at once

1. 갑자기 2. 한꺼번에

All at once, the power went out.
갑자기 전기가 나갔다.

1293 ☐☐☐
regard A as B

A를 B로 여기다[간주하다]

Many people **regard** tomatoes **as** vegetables.
많은 사람들이 토마토를 채소로 간주한다.

1294 ☐☐☐
think of A as B

A를 B로 여기다[간주하다]

Most of our group **thinks of** Kevin **as** the leader.
우리 모임의 대부분은 Kevin을 리더라고 생각한다.

1295 ☐☐☐
depend on

1. ~에 의지[의존]하다 2. ~에 달려 있다

Friends **depend on** each other for support.
친구들은 서로의 도움에 의존한다.

1296 ☐☐☐
rely on

~에 의지[의존]하다

You shouldn't **rely on** others to do your work for you.
너는 다른 사람들이 너를 위해 네 일을 해 주는 것에 의존하면 안 된다.

1297 ☐☐☐
at times

때때로, 가끔

At times, Hannah seems to lose focus in class.
때때로, Hannah는 수업 시간에 집중력을 잃는 것 같다.

1298 ☐☐☐
from time to time

때때로, 가끔

My grandfather loves to visit museums **from time to time**.
우리 할아버지는 가끔 박물관에 방문하는 것을 좋아하신다.

1299 ☐☐☐
not only A but (also) B

A뿐만 아니라 B도

Peter wants **not only** a new computer **but also** a new desk.   Peter는 새 컴퓨터뿐만 아니라 새 책상도 원한다.

1300 ☐☐☐
B as well as A

A뿐만 아니라 B도

John is good at science **as well as** math.
John은 수학뿐만 아니라 과학도 잘한다.

1301 ☐☐☐
be full of

~로 가득 차다

Martin **was full of** confidence as he walked onto the stage.   Martin은 무대로 걸어 올라갈 때 자신감으로 가득 차 있었다.

1302 ☐☐☐
be filled with

~로 가득 차다

Jason **was filled with** joy when his son was born.
Jason은 그의 아들이 태어났을 때 기쁨으로 가득 찼다.

1303 ☐☐☐
take part in

~에 참여[참가]하다

Scientists are looking for volunteers to **take part in** a new study.
과학자들은 새로운 연구에 참여할 지원자들을 찾고 있다.

1304 ☐☐☐
participate in

~에 참여[참가]하다

The school will **participate in** a national essay competition.   그 학교는 전국 수필 대회에 참가할 것이다.

1305 ☐☐☐
in the end

결국에는, 마침내

The hero saved the children **in the end**.
그 영웅은 결국 아이들을 구했다.

1306 ☐☐☐
after all

결국에는, 어찌 되었든

We brought our umbrellas, but we didn't need them **after all**.   우리는 우산을 가져왔지만, 결국에는 필요 없었다.

1307 ☐☐☐
at the cost of
~을 희생하고, ~의 비용을 지불하고

Some companies value quantity **at the cost of** quality.
일부 회사들은 품질을 희생하고 양을 중시한다.

1308 ☐☐☐
at the expense of
~을 희생하고, ~의 비용을 지불하고

Thieves try to get rich **at the expense of** others.
도둑들은 남을 희생시켜 부자가 되려고 한다.

1309 ☐☐☐
be sick of
~에 싫증이 나다

I **am sick of** having rice for lunch every day.
나는 매일 점심으로 쌀을 먹는 게 싫증 난다.

1310 ☐☐☐
be tired of
~에 싫증이 나다

I **was tired of** hearing Jenny tell the same story over and over.   나는 Jenny가 반복해서 같은 얘기를 하는 것을 듣는 게 싫증 났다.

1311 ☐☐☐
a great deal of
많은, 다량의

He was in **a great deal of** pain because of his illness.
그는 병 때문에 큰 고통을 겪었다.

1312 ☐☐☐
plenty of
많은, 다량의

There are **plenty of** seats left available on the flight.
비행기에는 이용 가능한 남은 좌석이 많다.

1313 ☐☐☐
along with
~와 함께, ~에 덧붙여

I'd like to order garlic bread **along with** the pasta.
저는 파스타와 함께 마늘빵을 주문하고 싶어요.

1314 ☐☐☐
in addition to
~에 더하여, ~뿐만 아니라

You will need to pay the service fee **in addition to** the tax.   너는 세금뿐만 아니라 서비스 비용도 지불해야 할 것이다.

1315 ☐☐☐
be in charge of
~을 책임지고[담당하고] 있다

Mr. Burton **is in charge of** the recycling program at our school.   Burton 선생님은 우리 학교에서 재활용 프로그램을 책임지고 있다.

1316 ☐☐☐
be responsible for
~을 책임지고[담당하고] 있다

I **am responsible for** feeding the monkeys at the zoo.
나는 동물원에서 원숭이들에게 먹이 주는 일을 담당하고 있다.

1317 ☐☐☐
by chance
우연히, 뜻밖에

The two friends met **by chance** in the subway station.
그 두 친구는 우연히 지하철역에서 만났다.

1318 ☐☐☐
by accident
우연히

It was **by accident** that penicillin was discovered.
페니실린이 발견된 것은 우연이었다.

1319 ☐☐☐
due to
~ 때문에

Due to the snowstorm, the highway is closed.
폭설 때문에, 고속도로가 폐쇄되었다.

1320 ☐☐☐
because of
~ 때문에

He lost the game **because of** a bad internet connection.
그는 부실한 인터넷 연결 때문에 게임에서 졌다.

1-4 두 문장의 뜻이 비슷해지도록, 빈칸에 들어갈 숙어를 골라 쓰시오.

| take part in | rely on | due to | along with |

1 Friends depend on each other for support.
→ Friends _____ each other for support.

2 Scientists are looking for volunteers to participate in a new study.
→ Scientists are looking for volunteers to _____ a new study.

3 You will need to pay the service fee in addition to the tax.
→ You will need to pay the service fee _____ the tax.

4 Because of the snowstorm, the highway is closed.
→ _____ the snowstorm, the highway is closed.

5-8 다음 우리말과 의미가 같도록 빈칸에 들어갈 숙어를 골라 쓰시오.

| as well as | all at once | at times | in the end |

5 The hero saved the children _____.
그 영웅은 결국 아이들을 구했다.

6 John is good at science _____ math.
John은 수학뿐만 아니라 과학도 잘한다.

7 _____, Hannah seems to lose focus in class.
때때로, Hannah는 수업 시간에 집중력을 잃는 것 같다.

8 _____, the power went out.
갑자기 전기가 나갔다.

Answer   1 rely on   2 take part in   3 along with   4 Due to   5 in the end   6 as well as   7 At times
             8 All at once

클래스카드

1321 ☐☐☐
for free
무료로

The café gave cookies to customers **for free**.
그 카페는 손님들에게 쿠키를 공짜로 줬다.

1322 ☐☐☐
free of charge
무료로, 무료의

Drink refills are **free of charge** when you buy a meal.
식사를 주문하시면 음료 리필은 무료입니다.

1323 ☐☐☐
instead of
~ 대신에, ~이 아니고

You should have told the truth **instead of** lying.
너는 거짓말이 아니고 진실을 말했어야 했다.

1324 ☐☐☐
in place of
~ 대신에

In the movie, Mulan joined the army **in place of** her father. 영화에서 뮬란은 그녀의 아버지를 대신하여 입대했다.

1325 ☐☐☐
make the most of
~을 최대한 이용[활용]하다

Make the most of the opportunities that are given to you. 당신에게 주어진 기회들을 최대한 이용하세요.

1326 ☐☐☐
make the best of
~을 최대한 이용[활용]하다

This is your only chance to study abroad, so **make the best of** it. 이번이 네가 해외에서 공부할 유일한 기회이므로 그것을 최대한 활용해라.

1327 ☐☐☐
on earth
《(의문·부정의 강조)》 1. 도대체 2. 조금도

How **on earth** did you get here so fast?
너는 도대체 여기에 어떻게 그렇게 빨리 도착했니?

1328 ☐☐☐
in the world
《(의문·부정의 강조)》 1. 도대체 2. 조금도

I don't know what **in the world** I would do without your help. 나는 너의 도움 없이 대체 내가 무엇을 할지 모르겠다.

1329 ☐☐☐
so far

지금까지

This vacation has been amazing **so far**.
이번 휴가는 지금까지는 굉장했다.

1330 ☐☐☐
until[up to] now

지금까지

I didn't realize how famous he was **until now**.
나는 지금까지 그가 얼마나 유명했는지 몰랐다.

1331 ☐☐☐
at a time

한 번에, 동시에

The library only allows you to borrow a few books **at a time**.   그 도서관은 네가 한 번에 몇 권의 책만 빌리게 해 준다.

1332 ☐☐☐
at the time

그 당시에, 그 즈음에

At the time, I didn't know you were moving to another country.   그 당시에 나는 네가 다른 나라로 이사 가는 줄 몰랐다.

1333 ☐☐☐
be known for

《(이유)》 ~로[때문에] 유명하다

This restaurant **is known for** its delicious curries.
이 식당은 맛있는 카레로 유명하다.

1334 ☐☐☐
be known as

《(자격·별칭)》 ~로 알려져 있다

Michael Jordan **is known as** one of the best basketball players of all time.
마이클 조던은 역대 최고의 농구 선수 중 한 명으로 알려져 있다.

1335 ☐☐☐
for oneself

1. 자신을 위해서 2. 스스로, 혼자 힘으로

Instead of ordering food, I decided to make dinner **for myself**.   음식을 주문하는 대신에, 나는 스스로 저녁을 만들기로 결정했다.

1336 ☐☐☐
by oneself

1. 홀로, 혼자서 (❸ alone) 2. 혼자 힘으로

Will you be able to complete the project **by yourself**?
너는 그 프로젝트를 혼자서 완료할 수 있겠니?

1337 □□□
in return

대답으로, 답례로

Kind people help others without asking for anything **in return**. 친절한 사람들은 아무런 대가를 요구하지 않고 타인을 도와준다.

1338 □□□
in turn

차례로

In turn, each of the students chose a topic for their report.
차례대로 각 학생들은 자신의 보고서 주제를 선택했다.

1339 □□□
in time

1. 일찍, 늦지 않게 2. 장차, 조만간

They arrived just **in time** for the start of the movie.
그들은 영화 시작 시간에 딱 맞춰 도착했다.

1340 □□□
on time

정각에, 제시간에

All students must be in class **on time**.
모든 학생들은 제시간에 교실에 있어야 한다.

1341 □□□
at least

적어도, 최소한

There were **at least** six people still trapped in the building. 그 건물 안에는 적어도 여섯 명의 사람들이 여전히 갇혀 있었다.

1342 □□□
at most

많아야, 기껏해야

This hall can hold 200 people **at most**.
이 홀은 기껏해야 200명의 사람들을 수용할 수 있다.

1343 □□□
be anxious about

~을 염려[우려]하다

It's natural to **be anxious about** big decisions.
큰 결정에 대해 염려하는 것은 자연스럽다.

1344 □□□
be anxious for[to do]

~을 갈망하다[몹시 바라다]

The fans **were anxious for** the concert to begin.
팬들은 그 콘서트가 시작하기를 몹시 바랐다.

1345 □□□
be bound for

~행이다

This train **is bound for** Oido.
이 기차는 오이도행입니다.

1346 □□□
be bound to do

1. 반드시 ~하다[하게 될 것이다] 2. ~할 의무가 있다

Our teacher said we **were bound to do** great things.
우리 선생님은 우리가 반드시 훌륭한 일을 하게 될 거라고 말씀하셨다.

DAY 45

1347 □□□
be concerned with

1. ~와 관련이 있다 2. ~을 신경 쓰다

His newest book **is concerned with** the future of our world.   그의 최신 도서는 우리 세계의 미래에 관련된 것이다.

1348 □□□
be concerned about[for]

~에 대해 염려하다

Leon **is concerned about** his grade in history class.
Leon은 역사 수업에서의 그의 성적에 대해 염려한다.

1349 □□□
take place

1. 일어나다, 발생하다 2. 개최되다

The event will **take place** on July 3.
그 행사는 7월 3일에 개최될 것이다.

1350 □□□
take the place of

~을 대신하다 (⊕ replace)

Nobody can **take the place of** a child's mother.
아무도 한 아이의 엄마를 대신할 수 없다.

1-3 두 문장의 뜻이 비슷해지도록, 빈칸에 들어갈 숙어를 골라 쓰시오.

instead of   until now   on earth

1   I don't know what in the world I would do without your help.
    → I don't know what _____ I would do without your help.

2   In the movie, Mulan joined the army in place of her father.
    → In the movie, Mulan joined the army _____ her father.

3   This vacation has been amazing so far.
    → This vacation has been amazing _____.

4-6 다음 우리말과 의미가 같도록 빈칸에 들어갈 숙어를 골라 쓰시오.

at least   for free   in turn

4   There were _____ six people still trapped in the building.
    그 건물 안에는 적어도 여섯 명의 사람들이 여전히 갇혀 있었다.

5   _____, each of the students chose a topic for their report.
    차례대로 각 학생들은 자신의 보고서 주제를 선택했다.

6   The café gave cookies to customers _____.
    그 카페는 손님들에게 쿠키를 공짜로 줬다.

7-8 괄호 안에서 문맥상 알맞은 것을 고르시오.

7   Nobody can (take place / take the place of) a child's mother.

8   The library only allows you to borrow a few books (at a time / at the time).

Answer   1 on earth 2 instead of 3 until now 4 at least 5 In turn 6 for free 7 take the place of
8 at a time

INDEX

interestingly 283
interfere 83
interference 83
interior 193
internal 226
international 83
interpret 83
interpretation 83
interpreter 83
interrupt 20
interruption 20
interval 83
invade 176
invasion 176
invent 206
invention 206
inventor 206
invest 220
investigate 219
investigation 219
investigator 219
investment 220
investor 220
involve 240
involved 240
involvement 240
iron 206
irritate 161
irritated 161
isolate 58
isolated 58
isolation 58
issue 264

jail 219
journey 41
judg(e)ment 10
judge 10

keep away from 291
keep from 304

keep up with 307

labor 219
laboratory 207
laborer 219
lack 116
landscape 178
latter 227
launch 285
lawyer 167
lay 255
leak 117
leakage 117
lean 182
leap 240
lecture 168
lecturer 168
legend 196
legendary 196
liberal 187
liberate 187
liberty 187
license 173
limit 117
limitation 117
limited 117
linguist 195
linguistic 195
liquid 208
literacy 97
literal 31, 96
literally 31, 96
literary 195
literate 97
literature 195
litter 214
loan 218
local 117
locate 118
location 118
logic 66, 167
logical 66, 167
logically 66, 167

long for 297
look around 289
look down on 309
look for 297
look into 292
look up 308
look up to 306
loose 13
lose 47
loss 47
loyal 240
loyalty 240
luxurious 10
luxury 10

maintain 119
maintenance 119
major 283
majority 61, 283
make the best of 316
make the most of 316
make up for 307
manage 119
management 119
manager 119
manipulate 119
manipulation 119
manual 118
manually 118
manufacture 217
manufacturer 217
margin 281
mass 241
master 118
masterpiece 193
mature 62
maximal 118
maximize 118
maximum 118
meanwhile 120
measure 66
mechanic 208
mechanical 208

INDEX

INDEX

INDEX

INDEX

MEMO

지은이

NE능률 영어교육연구소

NE능률 영어교육연구소는 혁신적이며 효율적인 영어 교재를 개발하고
영어학습의 질을 한 단계 높이고자 노력하는 NE능률의 연구조직입니다.

능률VOCA 〈고교기본〉

펴 낸 이	주민홍
펴 낸 곳	서울특별시 마포구 월드컵북로 396(상암동) 누리꿈스퀘어 비즈니스타워 10층
	㈜NE능률 (우편번호 03925)
펴 낸 날	2023년 1월 5일 초판 제1쇄 발행
	2023년 11월 15일 제5쇄
전 화	02 2014 7114
팩 스	02 3142 0356
홈 페 이 지	www.neungyule.com
등 록 번 호	제1-68호
I S B N	979-11-253-4057-7 53740
정 가	15,000원

NE 능률

고객센터

교재 내용 문의 : contact.nebooks.co.kr (별도의 가입 절차 없이 작성 가능)
제품 구매, 교환, 불량, 반품 문의 : 02-2014-7114   ☎ 전화문의는 본사 업무시간 중에만 가능합니다.

NE능률 교재 MAP

어휘

아래 교재 MAP을 참고하여 본인의 현재 혹은 목표 수준에 따라 교재를 선택하세요.
NE능률 교재들과 함께 영어실력을 쑥쑥~ 올려보세요!
MP3 파일 등 교재 부가 학습 서비스 및 자세한 교재 정보는 www.nebooks.co.kr 에서 확인하세요.

초1-2	초3	초3-4	초4-5	초5-6
	초등영어 단어가 된다 1	초등영어 단어가 된다 2 주니어 능률VOCA Starter 1	초등영어 단어가 된다 3 주니어 능률VOCA Starter 2	초등영어 단어가 된다 4

초6-예비중	중1	중1-2	중2-3	중3
주니어 능률VOCA 입문		주니어 능률VOCA 기본 능률VOCA 어원편 Lite	주니어 능률VOCA 실력	주니어 능률VOCA 숙어

중3-예비고	고1	고1-2	고2-3	고3
	능률VOCA 어원편 능률VOCA 고교기본 능률VOCA 숙어 TEPS BY STEP L+V Basic	능률VOCA 고교필수 2000	능률VOCA 수능완성 2200 특급 수능·EBS 기출 VOCA TEPS BY STEP L+V 1	

수능 이상/ 토플 80-89· 텝스 327-384점	수능 이상/ 토플 90-99· 텝스 385-451점	수능 이상/ 토플 100· 텝스 452점 이상		
TEPS BY STEP L+V 2	능률VOCA 고난도	TEPS BY STEP L+V 3		

10분 만에 끝내는 영어 수업 준비!

NE Tutor

NE Tutor는 NE능률이 만든 대한민국 대표 **영어 티칭 플랫폼**으로
영어 수업에 필요한 모든 콘텐츠와 서비스를 제공합니다.

www.netutor.co.kr

NE Tutor ▼
튜터 Mall
교재/수업자료
커리큘럼
스마트 문제뱅크
E-Book
스마트 클래스

— ⃞ ✕

· 전국 영어 학원 선생님들이 뽑은 NE Tutor 서비스 TOP 4! ·

교재 수업자료 ELT부터 초중고까지 수백여 종 교재의 부가자료, E-Book,
어휘 문제 마법사 등 믿을 수 있는 영어 수업 자료 제공

커리큘럼 대상별/영역별/수준별 교재 커리큘럼 & 영어 실력에 맞는
교재를 추천하는 레벨테스트 제공

한국 교육과정 기반의 IBT 영어 테스트 어휘+문법+듣기+독해 영역별 영어
실력을 정확히 측정하여, 전국 단위 객관적 지표 및 내신/수능 대비 약점 처방

문법 문제뱅크 NE능률이 엄선한 3만 개 문항 기반의 문법 문제 출제 서비스,
최대 50문항까지 간편하게 객관식&주관식 문제 출제

NE_Tutor